CÓMO HACER DISCÍPULOS

UN MODELO SIMPLE, COMPROBADO PARA HACER SEGUIDORES DE DIOS AUTOSUFICIENTES

DOUG BURRIER

DIFFERENT.LY PRESS

Derechos de autor © 2019, 2022, 2023 por Doug Burrier

Derechos reservados. Ninguna parte de esta publicación puede ser reproducida, distribuida o transmitida en cualquier forma o por cualquier medio, o almacenada en una base de datos o sistema de recuperación sin el permiso previo por escrito del editor, excepto según lo permitido por la ley de derechos de autor de los Estados Unidos de América. Para obtener permisos, póngase en contacto con: permissions@different.ly.

Publicado en 2024 por Different.ly Publishing
4443 Westside Farm Pl
30101, Acworth, Georgia
www.different.ly

Número ISBN: 978-1-7334021-6-3
Primera Edición.
Impreso en los Estados Unidos de América

El Discipulado Sostenible® es una marca registrada de Doug Burrier

Escritura tomada de la Santa Biblia, Nueva Versión Internacional ® NVI ®© 1999, 2015, 2022 por Bíblica, Inc. Utilizado con permisos. Derechos Reservados en todo el mundo.

Escrituras tomadas de la Nueva Biblia de las Américas (NBLA), Copyright © 2005 por The Lockman Foundation. Usadas con permiso. www.NuevaBiblia.com

Escritura tomada de El Mensaje. Derechos de autor © 1993, 1994, 1995, 1996, 2000, 2001, 2002. Utilizado con permisos de NavPress Publishing Group.

Las citas de las Escrituras marcadas (ESV) son de The ESV® Bible [The Holy Bible, English Version®), (La Santa Biblia, Versión Standard en Inglés) copyright © 2001 por Crossway, un ministerio editorial de Good News Publishers. Usado con permisos. Derechos Reservados.

Citas de las Escrituras tomadas de la New American Standard Bible® (NASB), Copyright © 1960, 1962, 1963, 1968, 1971, 1972, 1973,1975, 1977, 1995 por The Lockman Foundation. Usado con permisos. www.Lockman.org

*A todos los inmigrantes perdidos en el cristianismo,
que llegaron a esta gran fe llenos de esperanza,
que anhelan saber cómo seguir a Dios,
quieren entender Su Palabra,*

*pero viven en las calles de la cristiandad,
no preparados, no seguros, ni capaces
de encontrar vida abundante y vivir su sueño,*

*porque no encontraron un guía experimentado
que les enseñara el idioma,
que les diera dirección clara, y
mostrara cómo tomar riendas del largo camino.*

Deberíamos haber estado preparados para ellos...

CONTENIDO

PARTE I
INTRODUCCIÓN

1. Estado Del Discipulado — 5
2. La Salsa Secreta — 12
3. La Hamburguesa — 17

PARTE II
¿QUÉ ES EL DISCIPULADO?

4. Dos Modelos Irrefutables Del Discipulado — 31
5. "Ser" Viene Antes Que El "Hacer" — 48
6. La Respuesta Completa Para Las Iglesias — 55
7. ¿Qué Es El Discipulado? — 65

PARTE III
EL MODELO DEL DISCIPULADO SOSTENIBLE

8. La Evolución De Un Plan — 99
9. Plan Para Cuatro Años — 107
10. Implementando El Discipulado Integral — 113
11. Aprovecha el Camino Predecible — 122
12. Utiliza Las Siete Prácticas Básicas — 144
13. Personalizar El Proceso — 161
14. Comprende Tu Papel — 184

PARTE IV
LA GUÍA PASO A PASO

15. Lanza Tu Grupo De Discipulado-Uno — 207
16. Continúa Guiando A Los Discípulos En El Discipulado Dos — 269
17. Terminar Bien El Discipulado con El Discipulado Tres — 306
18. Nuestro Privilegio — 351

Acerca de Nosotros 357
Acerca del Autor 359
Otros Libros y Recursos de Ayuda 361
Notas 365

PARTE I

INTRODUCCIÓN

Yo he venido para que tengan vida y la tengan en abundancia.

— JESÚS

1

ESTADO DEL DISCIPULADO

Hacemos seguidores de iglesias, músicos, pastores y autores todo el tiempo. Eso es fácil. Lo que parece difícil y requiere de mucho más tiempo, es el hacer seguidores de un Dios que no se puede ver. ¿Qué pasaría si el hacer discípulos de Dios también pudiera ser fácil? ¡Pues lo es!

¿Cómo definirías "El discipulado"? ¿Qué es un discípulo? La mayoría de nosotros podríamos identificar rápidamente a un discípulo como un seguidor, y al discipulado como el proceso de hacer a un seguidor. Pero ¿son correctas estas respuestas? ¿Son útiles? ¿Realmente sabes cómo es o que parece ser un discípulo? ¿Cómo mides el éxito en la formación de discípulos? ¿Qué significa el seguir a Dios? y ¿Cuál es la manera más clara y sencilla para hacer discípulos?

No estás solo si te cuesta contestar a estas preguntas. Un proyecto de investigación conjunto entre Barna Grupo y Navigators[1], reveló una confusión entre líderes y seguidores con respecto al discipulado. Peor aún, los datos indicaron que la mayoría de los esfuerzos del discipulado son ineficientes e infructuosos con solo un 25% de cristianos que dijeron estar relacionados en un estudio de discipulado.[2]

El informe concluye:

Las iglesias necesitan nuevos modelos de discipulado. Los programas actuales captan solo a una minoría de cristianos, y la mayoría de los creyentes no dan prioridad en invertir en su crecimiento espiritual. Al mismo tiempo, los líderes de la iglesia desean tener un plan claro, pero carecen de sistemas que evalúen la salud espiritual del mismo.

El estudio mostró muy poca relación entre los cristianos sobre lo que era y lo que no era la actividad del discipulado. A los líderes de la Iglesia no les fue mejor; al contrario, ellos no pudieron ponerse de acuerdo sobre algunas definiciones particulares del discipulado, y solo el uno por ciento de los líderes dijeron que: "Las iglesias de hoy están haciendo un muy buen trabajo al discipular a los nuevos creyentes y a los jóvenes."

Existe también una brecha significativa entre las percepciones de los líderes de la iglesia y las personas que asisten a sus iglesias.

- El 60% de los líderes creen que a las iglesias no les está yendo bien en el discipulado, mientras que casi el 90% de los asistentes dicen que la iglesia hace o trata de hacer un buen trabajo de discipulado.
- El 88% de los líderes de la iglesia creen que los grupos pequeños tendrán un impacto significativo en el desarrollo de los discípulos, mientras que tan solo el 31% de las personas asistentes dicen que los grupos pequeños les han sido útiles.
- Los líderes de la iglesia mencionan tres obstáculos principales para discipular a las personas, dicen que existe la falta de compromiso en un (87%), las demasiadas ocupaciones de las personas en un

(85%), y otros dicen que son los hábitos pecaminosos en un (70%). En definitiva, ninguno de ellos están de acuerdo, y solo un 23% de ellos dicen que el problema realmente está en las muchas ocupaciones y en el afán de la vida diaria. La segunda y tercera barrera según los asistentes fue que "les tomará mucho trabajo " y/o bien dicen que "sus amigos no están interesados en cosas espirituales."

Ni los líderes, ni los asistentes tienen una definición clara del discipulado. Solo uno de cada cuatro cristianos está en una relación de discipulado y solo uno de cada cinco líderes está tratando de discipular a otra persona. ¿Ves las implicaciones? La Gran Comisión[3] instruye a los cristianos a "hacer discípulos," pero más de tres cuartas partes de los cristianos activos no están llevando a cabo "La Gran Comisión." Más de tres cuartas partes de los cristianos están conformándose con algo mucho menor del plan de lo que Dios tiene para ellos.

¿Cómo hemos llegado hasta aquí? La mayoría de las iglesias que encontramos anhelan que su gente sean "seguidores totalmente devotos de Cristo," pero pocas iglesias tienen un proceso integral para hacer discípulos. Luchan con los resultados, y la mayoría de ellos comparan la asimilación dentro de la iglesia con la educación bíblica de hacer discípulos. ¡Nada podría estar más lejos de La gran comisión de Jesús! Él quiere que hagamos seguidores de Él. La confusión sobre lo que es el discipulado y cómo hacer discípulos puede ser el mayor contribuyente a la ineficiencia del discipulado, y a la lucha constante de los creyentes que realmente quieren seguir a Dios. Yo era uno de esos desorientados en las calles del cristianismo.

La Iglesia me falló al no poder ayudarme a entender lo que significaba el ser discípulo y en el de hacer discípulos. La falta de un proceso de discipulado centrado en mí como individuo, creó un vacío enorme en los primeros años de mi fe. El afán de ser un "cristiano," en lugar de "ser un seguidor," me hizo ser un hacedor espiritualmente deficiente.

Mi viaje de discipulado fue muy desolado al principio. Todos querían que me convirtiera en cristiano, pero nadie quería caminar conmigo después de que me había convertido en uno. Alguien me prestó un libro "Los primeros pasos" para ayudarme a entender mi fe. En el primer capítulo me advirtió que, aunque ahora estaba emocionado, que pronto me desanimaría. Pero esto, al contrario, me animó a que debía "aguantar." Imagina ¡Qué inicio!

Fui salvo junto a un grupo de inadaptados de veintitantos años que también necesitaban ayuda. Hicimos lo que los veinteañeros hacen cuando la institución nos falla: comenzamos a hacer un estudio bíblico en nuestro propio apartamento. ¡Fue todo un desastre! Éramos un montón de patanes y exadictos reformados guiándonos unos a otros yendo en círculos, por lo que no llegábamos a ningún lado. Realmente lo intentamos. Realmente creímos. Pero no teníamos ni la menor idea de lo que estábamos haciendo. No teníamos profundidad, ni experiencia. Necesitábamos ancianos que nos apoyaran.

Estábamos abiertos a cualquier cosa o persona que nos prestara atención. Un tipo pentecostal un poco chiflado (no todos los pentecostales son chiflados) me dijo que si hablaba en lenguas sería lleno del espíritu Dios y todo cambiaría. Recuerdo estar atrapado durante horas y horas en una sala de oración mientras todos oraban para que yo "lo entendiera." Sí, e incluso murmuré algunas palabras a causa del agotamiento. Ese fracaso me llevó a cuestionar qué era lo que me pasaba. En otra ocasión, fui invitado a un estudio bíblico por una linda jovencita, quién me presentó a su maestro. Él estaba tan interesado en ayudarnos. Fui y mordí el anzuelo durante los primeros estudios bíblicos. En mi tercera visita, nos estábamos preparando para tomar la comunión, y la joven que me invitó me dijo: "¿Quieres hacer el amor conmigo ahora?" ¿Qué? le dije sorprendido. Ella continuó explicándome que hacer el amor era la mayor demostración del amor que todos compartimos en Dios... ¡Entendiste! estaba asistiendo a un culto. Pero fui lo suficientemente listo como para recordar a Pablo[4] diciéndome que dejara de hacer el amor fuera del matrimonio. Y me fui de allí, pero lastimosamente otros no se fueron. ¡Qué triste!

Deambulé de conferencia en conferencia. Mi caminar cristiano continuó de novedad en novedad. Me junte lamentablemente en ese entonces con la joven equivocada, todos lo sabían, pero nadie se detuvo para auxiliarme o aconsejarme. Necesitaba un guía honesto y experimentado. Mi primera relación de discipulado fue con Milam Beasley. Él nos explicó las escrituras, nos dio libros para leer y nos enseñó los fundamentos. Él me enseñó a devolver la ofrenda de agradecimiento a Dios por todo lo que Dios me da. Milam era un tipo normal. Nunca tuve un pastor, un líder de la iglesia o alguien con credenciales que se ofreciera a discipularme hasta que conocí a Joe Durham. Joe fue mi jefe en uno de mis primeros trabajos ministeriales. No era mucho mayor que yo, pero yo le importaba; él tenía muchos más años de experiencia. Él me mostró abundantes medios para aprender y me desafió. Luego fueron Reymundo y Orlando en Nicaragua. Estos dos hombres acumularon toneladas de aprendizaje y orientación traducidos y fragmentados para mí. Tuve algunos otros tipos de mentores, pero todavía no tenía compañeros con quiénes caminar diariamente. ¡Estaba solo! Pero, seguía intentándolo. Fui a estudios bíblicos e incluso me acerqué a dos pastores superiores y exitosos de mi comunidad. ¡Eso no funcionó! El primer pastor escuchó mis problemas y luego fue y se los contó a todos. El segundo me dijo que debía de agendar una cita con su secretaria.

Hambriento de respuestas consumí la Biblia de principio a fin varias veces. Leí todos los libros cristianos que pudiera encontrar. Leí y leí. Fui a seminarios y aprendí muchísima información, pero, aun así, nadie me discípulo. Encontré a un monje que caminó conmigo en el discipulado por un tiempo. Aprendí mucho sobre cómo ser un seguidor a través de Bob Coder (una estrella del rock y perforador de pozos para Dios), pero mi proceso de discipulado siguió siendo una escuela de golpes duros y de reuniones accidentales.

Años después de haber sido pastor, una querida amiga me dijo: "Ha sido genial verte crecer como líder durante todos estos años." Yo no sabía cómo sentirme; si estar feliz o estar un poco ofendido con lo que me dijo. Pero tenía razón. No sabía absolutamente nada cuando empecé, y nadie debió hacerme pastor. Si, yo no era quién debería haber sido llamado en ese entonces para hacer el trabajo. Afortunadamente, fui lo suficientemente testarudo como para no rendirme. Y seguí intentándolo. Finalmente llegué a un punto en el que era un seguidor y desarrollé relaciones continuas de discipulado con personas más inteligentes y diferentes a mí. Estas relaciones continúan aún hasta el día de hoy. Estas personas maravillosas son pacientes, me impulsan y me animan para que experimente mi siguiente mejor día mientras sigo a Dios.

Si alguien tiene alguna deuda conmigo en esta vida cristiana, sería por todos los años de metidas de pata, de arrepentimientos, de malos recuerdos y de tiempo perdido, que ahora es parte de mi historia. Mi historia pudo haber sido más limpia, mejor y mucho más productiva si alguien hubiera tenido un plan intencional para discipularme durante mi camino. Dios sabe que yo lo quería. Simplemente no fue así, no estaba donde debía de estar. La encuesta de Barna confirma este punto, con más de la mitad de las personas afirmando que: "Nadie se ofreció a discipularlos."

Creo que, ahora más que nunca, es hora de que los líderes de la iglesia examinen detenidamente, no sólo el estado del discipulado, sino más importante aún, el estado de la Iglesia. Lo mejor que podemos hacer es hacer discípulos (seguidores) para que puedan disfrutar de todo lo que Dios tiene para ellos. Las personas necesitan la oportunidad de tomar grandes decisiones, para poder sobrevivir a las tormentas de la vida y, lo más importante, tener una relación profunda con Dios.

Necesitamos tener un plan claro que realmente cumpla con estos objetivos hacia las personas que guiamos a Cristo. Necesitamos ejecutar este plan para los cristianos que deambulan por la puerta. No podemos ignorar esta maravillosa tarea. Hacer discípulos es un privilegio y una responsabilidad de todo cristiano.

Es hora de aclarar la confusión acerca de lo que es el discipulado. Es hora de un plan simple y exitoso para hacer discípulos. Es hora de ser intencionales, íntimos y de invertir en el éxito de las personas. Es hora de modelar ser un discípulo, de enseñar a través de la práctica exitosa y proporcionar un discipulado saludable para los demás. La iglesia debe regresar a una cultura de discípulos en Cristo, donde el éxito se mide en función de las elecciones y logros diarios de las personas. Las iglesias grandes, medianas y pequeñas deben asegurarse de que no están ganando personas para una fe superficial, con remordimientos, inseguras e inestables.

Pero debemos tener claro de ¿qué es un discípulo?, ¿qué es el discipulado? y el ¿cómo "hacer discípulos" efectivamente? antes de que podamos triunfar.

¿Tienes preguntas sobre lo qué es el discipulado? ¿Te gustaría tener un modelo simple y comprobado para hacer discípulos? Hay respuestas simples y universales con las que todos pueden estar de acuerdo. Compartiré nuestro modelo comprobado, el cual se adapta y funciona en cualquier cultura. Pero primero, permíteme compartir la salsa secreta de nuestra historia del éxito en el hacer discípulos.

2

LA SALSA SECRETA

Hacer discípulos se trata completamente de quién es alguien y en quién se convierte. No se trata de lo que hacen o de cómo lo hacen. Hacer es el resultado natural del ser.

He pasado mi vida resolviendo problemas: problemas personales, problemas corporativos, problemas de liderazgo, problemas de fabricación, problemas de transición y problemas de la iglesia. Ahora me enfoco en ayudar a las personas a evitar problemas, ayudando a los líderes a pensar de manera diferente y tomar mejores decisiones. ¿Qué genial es esto? Tengo un historial un poco enloquecedor, que va más allá de mí campo de estudios, rastreando y resolviendo la mayoría de los problemas que me han pedido que resuelva. Mi salsa secreta es la oración. Cuando las personas me invitan a ayudarles, mientras las escucho estoy orando. Mi viaje en el discipulado me ha enseñado que Dios lo sabe todo, que Él quiere que tengamos éxito, que resistamos y que sepamos que somos dotados de una manera única. Esas verdades alimentan mi creencia de que Dios puede inspirarme más allá de mi educación y de mi experiencia. He aprovechado esta salsa secreta una y otra vez para resolver problemas mucho más allá de mi experiencia.

Una de esas ocasiones fue resolver problemas de ventas y rentabilidad de la empresa KRC Power Steering. KRC es el único fabricante estadounidense de una competitiva bomba de dirección hidráulica. Aunque yo no tenía ninguna experiencia en producción, en motores, en inyección de aceleración o en fabricación, en KRC estaban desesperados, y me llamaron únicamente por mi historial de trabajo. Tomé el trabajo porque estaba deseoso de trabajar y fui lo suficientemente cándido para creer que Dios nuevamente lo resolvería todo. Resolvimos muchas cosas, como los procesos de ventas, la comunicación entre departamentos y los flujos de producción. Utilicé mi proceso habitual: el escuchar, el orar, y el resolver las cosas fáciles, escuchar, orar, y buscar las cosas no vistas y así sucesivamente repetí el mismo proceso una y otra vez. También trabajé junto al personal realizando todos los trabajos relevantes de cada uno durante un par de días. Escuchaba cómo la reparación de bombas costaba mucho más dinero, que generaba la mayor cantidad de ventas perdidas y que causaba la mayor cantidad de tiempo perdido para la compañía por la inactividad en producción. Así que aprendí a reconstruir, a probar y a ajustar las bombas de dirección hidráulica. No me tomó mucho tiempo ver cuál era el problema. Había un pequeño resorte que simplemente no funcionaba consistentemente con el uso. Escuché, busqué en Google y oré. Los ingenieros me llevaron a través del proceso y me explicaron lo que se suponía debía pasar. Me mostraron cómo agregar espaciadores de micrón para ajustar la tensión del resorte. El dueño y yo estábamos hablando, y me contó cómo incluso habían tratado de templar el resorte cocinándolo en aceite. Busqué en Google "metalurgia" y oré, y luego, más tarde, tuve uno de esos momentos en los que pensé: "¿Qué pasaría si hiciéramos este proceso en un orden diferente?" En pocas palabras, templamos ese pequeño resorte después de ajustarlo en lugar de hacerlo antes. Las soluciones combinadas cuadruplicaron las ganancias de KRC en noventa días. Ganamos un montón de dinero. Y aún no sé mucho sobre motores.

Pero no hay duda de que mi formación en la ciencia de las decisiones, resolución de problemas de contabilidad, finanzas y administración de empresas me ayudaron en este proceso. Pero fue mi salsa secreta la que me llevó al éxito más allá de mi entrenamiento y mi experiencia. Esto ha sucedido una y otra vez, y seguirá sucediendo.

Cada cosa exitosa tiene una salsa secreta. Nuestro modelo tiene una salsa secreta, y se puede ilustrar en la historia de mi vida y en la solución de problemas. Dos cosas me convierten en un solucionador de problemas: Soy un científico de decisiones; y soy un discípulo de Dios, quién lo sabe todo y está dispuesto a compartirlo.

Comencé la universidad como estudiante de Literatura Inglesa con una especialización en Filosofía. Me fascinó: Lord Alfred Tennyson, Platón, todo. Luego me vi obligado a tomar una asignatura optativa de negocios. Me registré en "Una introducción a la ciencia de decisiones." Esa clase se convirtió en el final de mi futuro en literatura y filosofía. Fui capturado, me perdí en el misterio de cómo los seres humanos toman en realidad sus decisiones; unas muy buenas y unas realmente muy malas. Estudié y continuamente sigo estudiando la ciencia de la toma de decisiones y la resolución de problemas, pero mi estudio no fue lo que me convirtió en un científico de decisiones. Las ciencias de la decisión resonaron en mí, y decidí convertirme en un científico de decisiones. El estudio sólo agregó preparación, confianza y muchas más capacidades a mi "llamado" para así poder convertirme en un científico de decisiones. La elección me convirtió en un científico de decisiones. El aprendizaje me convierte en un científico de decisiones más exitoso. La ciencia de la decisión impregna mi pensamiento, mis sueños y mis deseos. No resuelvo problemas sólo porque sé cómo, resuelvo problemas porque soy un científico de decisiones.

También soy un seguidor de Dios, pero no siempre fui un seguidor. Hubo un tiempo en que solo sabía de Dios. Escribí un comentario sobre el libro de Romanos cuando tenía dieciséis años, pero no era cristiano. Asistí a innumerables estudios bíblicos, pero me costaba vivir lo que había aprendido. No fue hasta que un hombre mayor me compartió en silencio lo que realmente significaba ser un verdadero seguidor, y ¡eso lo entendí! Escuché en lo más profundo el llamado de Dios ese día, y respondí. Oré para que Dios nunca me permita ser complaciente y tampoco permita que me desvíe de Su camino. Lo necesitaba, creí en Él y lo quería a Él. Fui tomado por Él. Me perdí en las verdades de Dios. En ese día, me convertí en un seguidor, me convertí en un discípulo. Has leído lo difícil que fue para mí aprender a seguir, pero todo este aprendizaje no me hizo discípulo; simplemente me hizo ser un seguidor más exitoso. Cada experiencia me acercó más a los increíbles caminos, promesas y verdades de Dios. Cada decisión de encontrar y aplicar una respuesta de Dios en mi vida me preparó, y me hizo sentir más seguro y capacitado para seguirlo. No le sigo sólo porque sé cómo seguir. Sigo porque soy su seguidor. Encontrar a Dios y seguirlo se impregnó en mi pensamiento, mis sueños y mis deseos. No sigo a Dios sólo porque sé cómo, sino que sigo a Dios porque soy un discípulo de Él. No hago discípulos porque sé cómo, hago discípulos porque yo soy un discípulo.

Allí radica la salsa secreta para el discipulado:

Hacer discípulos se trata completamente de quién es alguien y en quién se convierte. No se trata de lo que hacen o de cómo lo hacen. Hacer es el resultado natural del ser.

¡Eso es todo! Esto debería resonar en la mayoría de ustedes. Tú sabes que la salvación se trata de saber en quién creemos y en quién Él nos convierte. La salvación no se trata de lo que hacemos. El enfoque de cualquier esfuerzo de discipulado debe ser la persona: un seguidor. Las personas nunca seguirán (hacer) a menos que sean seguidores (ser). Nada de lo que hagan los convertirá en seguidores. Aprender, aplicar y hacer, les convertirá únicamente en seguidores exitosos. El discipulado agrega la preparación, confianza y capacidad para ser lo que ya somos: seguidores de Dios.

Parece revolucionario, pero es una Antigua verdad que Dios ya nos enseñó. Te mostraré la salsa secreta derramada en cada página y en cada párrafo de este libro.

3

LA HAMBURGUESA

"Por tanto, todo el que me oye estas palabras y las pone en práctica es como un hombre prudente que construyó su casa sobre la roca. Cayeron las lluvias, crecieron los ríos, soplaron los vientos y azotaron aquella casa; con todo, la casa no se derrumbó porque estaba cimentada sobre la roca."

— JESÚS, EN MATEO 7:24–25

El Big Mac de McDonald's con su salsa secreta, es la hamburguesa más vendida de todos los tiempos de la compañía. [1]Su salsa secreta es, sin duda, de lo que las personas hablan, pero el Big Mac no tendría éxito sin una buena hamburguesa. El pan, la carne de res y los demás ingredientes son la base del Big Mac. La salsa secreta es lo que hace que un Big Mac sea un Big Mac. El discipulado no es diferente a esto. El discipulado exitoso tiene una salsa secreta, pero necesita tener una base sólida.

Compartí la salsa secreta para un discipulado exitoso:

Hacer discípulos se trata completamente de quién es alguien y en quién se convierte. No se trata de lo que hacen o de cómo lo hacen. Hacer es el resultado natural del ser.

Ahora permíteme compartir la hamburguesa:

El discipulado exitoso siempre abarca ciertos principios bíblicos acerca de cómo Dios nos diseñó, sus deseos para nosotros y su manera de hacernos sus seguidores.

Hay tantas maneras en que las personas hacen discípulos. Nuestro equipo[2] lee, pregunta y estudia cada modelo que puedan encontrar con la esperanza de aumentar nuestras probabilidades de éxito. Hemos notado que varios métodos aparecen en todos los casos de éxito. Todos estos éxitos abarcan, a sabiendas o bien sin saberlo, principios bíblicos básicos sobre la humanidad, el seguir y el ser hecho un seguidor. Del mismo modo, algunos elementos claves hacen falta cuando observamos que el discipulado falla.

Podemos descubrir (o redescubrir) cómo hacer seguidores con éxito, o al entender cómo Dios diseñó a las personas, y cómo Dios interactúa con ellas, quiénes dice Dios que son y quiénes pueden ser. Las verdades bíblicas fundamentales para hacer discípulos recorren de principio a fin toda la Biblia, desde el comienzo de la humanidad hasta el día de hoy y son visibles en todo, desde la antropología hasta la economía, desde la fisiología hasta la psicología. Cada una de estas verdades forma una base sólida para hacer discípulos exitosos y sostenibles.

El Combustible Es La Palabra de Dios

El discipulado debe basarse en Su verdad, el registro más significativo de Su verdad se encuentra en la Biblia. La Biblia proporciona la historia de Dios interactuando con los seres humanos. Proporciona un sinfín de ejemplos de buenas y malas decisiones de la humanidad. Registra las verdades de Dios para nosotros a través de profetas, visiones y a través de Jesús. Registra directrices claras, instrucciones, mandamientos y advertencias. La Biblia contiene las verdades universales de Dios y los principios eternos los cuales fueron comunicados en diferentes maneras a diferentes personas en diferentes tiempos. Es un tesoro oculto que nos dice cómo seguir (o no seguir) a Dios.

Pablo le recuerda a Timoteo que la palabra de Dios es buena para prepararnos para toda buena obra.

> *Toda la Escritura es inspirada por Dios y útil para enseñar, para reprender, para corregir y para instruir en la justicia, a fin de que el siervo de Dios esté enteramente capacitado para toda buena obra.*
>
> — 2 TIMOTEO 3:16–17

El escritor en el Salmo 119:103–105 canta:

> *"¡Cuán dulces son a mi paladar tus palabras! ¡Son más dulces que la miel a mi boca! De tus preceptos adquiero entendimiento; por eso aborrezco toda senda de mentira. Tu palabra es una lámpara a mis pies; es una luz en mi sendero.*

En Proverbios 22:6, vemos la importancia de las palabras de Dios para hacer discípulos de nuestros hijos:

> *Instruye al niño en el camino correcto y aún en su vejez no lo abandonará.*

Una y otra vez, el registro de las verdades eternas de Dios es el fundamento garantizado para ser discípulos y hacer discípulos. No hay nada más grande que conocer Sus verdades para que podamos vivir la mejor vida posible siempre. La historia de las buenas y malas decisiones de los seres humanos fortalecen el fundamento para seguir. No hay nada mejor que aprender con el ejemplo. Irónicamente, menos del 20% de los cristianos (incluyendo los que están en discipulado) han leído la Biblia de principio a fin Casi la mitad de todos los cristianos nunca la han leído o tan sólo han leído unos pocos versículos de la Biblia.[3]

La palabra de Dios cobra vida también en muchos recursos de apoyo temáticos y libros sobre situaciones difíciles y desafiantes de la vida. Estos recursos de apoyo complementan la Biblia y realmente nos ayudan a seguir a Dios, al aplicar sus verdades y a entender exactamente quiénes somos. *La Búsqueda de Significado* de Robert S. McGee es un clásico que nos ayuda con nuestra nueva identidad y autoconfianza. *Esta Patente Oscuridad* de Frank E. Peretti abrirá los ojos de muchos a la realidad de la guerra espiritual. *Mero Cristianismo* de C.S. Lewis y *Sentaos, Andad, Estad Firmes* por Watchman Nee nos ayudan a entender lo que significa ser y vivir como cristiano. La lista de obras duraderas siguen y siguen y el impacto que estas puedan tener en nuestro discipulado también.

La palabra de Dios es el combustible para ser un discípulo; pero también es el combustible para crear un modelo sostenible para hacer discípulos. Cuando aplicamos sus verdades eternas sobre el cómo hacer discípulos, el discipulado tiene éxito. La formación de discípulos es modelada para nosotros a lo largo de la Biblia. La creación de discípulos es parte de la historia registrada por Dios en la Biblia. Vemos cómo se hicieron grandes discípulos en el Antiguo y en el Nuevo Testamento. La historia bíblica incluso registra dos modelos irrefutables para hacer discípulos.

El discipulado sostenible está basado en la Biblia. Todo lo que hacemos mientras hacemos discípulos, cada ¿cómo? y cada ¿por qué?, se encuentra dentro del contexto de la Biblia y se basa en estos dos modelos irrefutables. Exploraremos los dos modelos bíblicos, dos conceptos claves del discipulado y una definición amplia del discipulado en la siguiente sección: "¿Qué es el discipulado?"

Hacer Discípulos Es Intencional

La Biblia también revela que hacer discípulos no se hace accidentalmente, se hace con intención. Hacer discípulos es una prioridad para aquellos que lo hacen con éxito. Los mayores éxitos del discipulado se encuentran en la masa de individuos desconocidos y apasionados que siguieron a Dios hacia una vida próspera, la cual la transmiten a través de las relaciones individuales o en grupos pequeños no programados. Estas máquinas de hacer discípulos son las personas que recordamos cuando pensamos en quién nos ayudó a seguir a Cristo. Milam Beasley fue uno de esos hombres para mí. Él fue intencional. Su lugar era un grupo pequeño. Su trabajo no fue remunerado ni rastreado. Su vida y pasión eran sus herramientas. Él sólo enseñaba la palabra de Dios. Le importaban en sobremanera. Esto lo hizo intencionalmente, año tras año, grupo tras grupo. No pudo ser detenido.

Las organizaciones e iglesias que tienen éxito en hacer discípulos también son intencionales. Hacer discípulos es el latido del corazón de su misión. Su ministerio es simplemente el resultado de esto. Las organizaciones exitosas invierten en su gente, el tiempo de su gente y el dinero de su gente en hacer discípulos. A estas organizaciones les apasiona que las personas prosperen en su caminar personal. Estas iglesias están motivadas únicamente por lo que "puede ser" cada individuo. Ellos hacen discípulos de manera intencional y apasionada. No se les puede detener.

Jesús hizo discípulos. Él los entrenó, los envió, los interrogó y, justo antes de dejarlos, dijo: "Ve, y haz seguidores de Dios." Los dejó con una sola prioridad intencional: la prioridad de Dios. Los hacedores de discípulos exitosos hacen discípulos intencionalmente y con prioridad. Saben lo que están haciendo. Conocen bien su objetivo final.

La Definición Es Simple

Puedes ser tan intencional como quieras, pero si no sabes lo que estás tratando de lograr, simplemente intencionalmente fracasarás. Parte del trabajo de mi vida ha sido viajar por el mundo y entrenar equipos increíbles para lograr sus grandes metas. Siempre que empiezo, hago esta pregunta: "¿Qué es lo primero y lo más esencial para lograr grandes metas y hacer algo grande en este mundo?" Recibo todo tipo de respuestas, como el tener un gran equipo, tener recursos de apoyo, tener pasión o el tener un gran plan. Pero estoy buscando tan sólo una sola respuesta.

Para hacer algo grande, primero debes saber lo que se quiere lograr.

Sé que es obvio, pero piensa en la simplicidad. Tienes que saber cuál es el trabajo antes de que puedas tener éxito en él. ¿Cómo puedes hacer un seguidor de Dios si ni siquiera sabes cómo distinguir a uno? Si no podemos definir qué es el discipulado, ¿cómo lograremos hacer el trabajo? ¿Qué haremos?

Si quieres tener éxito en hacer discípulos, necesitas una definición simple del discipulado. Necesitas una descripción simple del trabajo y qué se requiere para hacerlo. El estudio de Barna reveló que tanto los líderes como los seguidores se enfrentan con la misma simple definición de ¿qué es el discipulado? Creo que el problema es que la mayoría de nosotros estamos tratando de definir algo equivocado. Creo que cada líder puede definir fácilmente qué es el discipulado.

El discipulado es el proceso de hacer seguidores discípulos de Dios.

La definición de discipulado es simple. No es precisamente la respuesta que queremos. Queremos definir el proceso, pero cuando intentamos definirlo, comenzamos a ver que hay numerosas maneras de hacer discípulos. Si queremos una definición simple de discipulado, necesitamos retroceder a la pregunta original: ¿cuál es el trabajo que se necesita hacer? Necesitamos hacer discípulos. Entonces, ¿qué es un discípulo?

Un discípulo es un seguidor de Dios.

¿Qué significa ser un seguidor de Dios? ¿Cómo distinguir a un seguidor?

Un seguidor de Dios cree en Dios y ha aceptado el perdón, el amor y la gracia incondicional de Dios y ahora tiene una relación con Dios. Ha decidido vivir su vida "a la manera de Dios" porque cree que Dios lo creó. Está hambriento de aprender, aplicar y sintetizar las verdades de Dios para su vida, para que pueda prosperar en su diseño establecido por Dios. Se está preparando, está confiando y se está capacitando para vivir su mejor vida en la tierra.

Ahí lo tenemos. Ahora que sabemos cómo es un seguidor, ¿cómo podemos llevar a las personas a ese entendimiento? ¿Cuál es el trabajo que hay que hacer? Necesitamos ayudar a las personas a aprender y aplicar todas las verdades de Dios para que estén preparadas, seguras y capacitadas para vivir vidas plenas. Aquí está nuestra definición práctica de cómo hacer discípulos basados en el objetivo final de nuestro trabajo:

Hacer discípulos presenta a las personas con Dios, quién las ama, las entiende, y les ayuda a comprender quiénes son y quiénes pueden ser, les ayuda a aplicar las verdades transformadoras y las libera para estar preparadas, seguras y capacitadas para vivir su mejor vida en la tierra por siempre.

Hay dos elementos esenciales en el discipulado: El evangelismo y la enseñanza. El evangelismo es fácil de definir y necesario para hacer seguidores. Nadie seguirá a Dios diariamente si no lo elige. Necesitamos hablarles a las personas acerca de Cristo. El evangelismo es esencial para hacer seguidores de Dios. Cada proceso en hacer discípulos necesita asegurarse de que los seguidores sepan cómo compartir intencionalmente con otros las Buenas Nuevas acerca de Cristo. Cada uno de nosotros necesita tener una respuesta buena y rápida para el desarrollo próspero de nuestras vidas.[4]

Algunos de nosotros luchamos por entender el primer elemento de hacer discípulos (evangelismo). Este esfuerzo por entender cómo hacerlo generalmente comienza cuando tratamos de descubrir cuál es nuestro papel dentro del segundo elemento del cómo hacer discípulos: "enseñando a las personas cómo seguir." ¿Y cómo lo haremos exactamente?

> *Les ayudamos a entender quiénes son y quiénes pueden ser. Les ayudamos a aplicar las verdades transformadoras de Dios y los dejamos preparados, seguros y capacitados para vivir su mejor vida en la tierra.*

Los hacedores de discípulos exitosos son solamente intermediarios que llevan a las personas a Dios. La relación apropiada siempre será y debe de ser entre Dios (a quién se ha de seguir) y el discípulo (el seguidor). Los hacedores de discípulos son tan sólo guías que llevan a las personas por el camino que ellos mismos ya han caminado. Los hacedores de discípulos son sólo maestros intencionales de las verdades bíblicas que ya han aprendido y aplicado. Los hacedores de discípulos son el acelerador de lo que cualquiera podría hacer por su propia cuenta. Son quiénes ayudan a los seguidores de Dios a evitar desastres innecesarios y el evitarles esto les evita navegar en su vida por pruebas innecesarias.

> *El discipulado agrega: preparación, confianza y capacitación para ser lo que ya somos: seguidores de Dios.*

En el discipulado exitoso se trata de la transformación de los individuos. Necesitamos usar la Biblia, ser intencionales y saber lo que estamos tratando de lograr; pero fracasaremos si no logramos alcanzar a nuestro público objetivo.

El Enfoque Son Los Individuos

El discipulado tiene que alcanzar al individuo como individuo, únicamente para el beneficio del individuo. El objetivo es permitir que las personas encuentren a Dios (y sus verdades) para que puedan ser transformadas. No estamos tratando de convertir a las masas en discípulos. El discipulado masivo no funciona. El pueblo de Dios es único, es diferente e individual. Una misma herramienta no nos sirve para todos en la formación de discípulos. Las verdades de Dios son duraderas, eternas y universales, pero su aplicación y sus métodos vienen en diferentes maneras, diferentes momentos y para diferentes personas.

Hacer discípulos requiere de nosotros: que observemos, oremos y guiemos a las personas desde donde están hasta su siguiente paso, hacia un lugar más cercano y profundo a Dios. Cada modelo exitoso de hacer discípulos se centra en el individuo. Hacer discípulos debe hacerse de manera interactiva e íntima, independientemente al tamaño del grupo. Nuestras investigaciones y pruebas mostraron que la efectividad del discipulado aumenta a medida que disminuye la distancia entre el líder y el seguidor. La efectividad también aumentó a medida que aumentamos el tiempo juntos. El discipulado tiene que ver con las personas y las lecciones de la vida real, las cuales se aprenden mientras se tiene una vida cercana.[5] Hacer discípulos requiere que vivas, trabajes, camines, y navegues a través de esos lagos tormentosos y empujes a aquellos a quienes haces discípulos. Esto fue lo que Jesús hizo.

Los discípulos siguen a Dios. La relación siempre será entre Dios y su discípulo. Milagrosamente Él se dedica en forma individual e íntima con cada seguidor simultáneamente. Él alcanza a las personas en donde están. Él llega a las personas precisamente como son. Él personaliza su discipulado en nosotros, y para nosotros, con toda su infinita sabiduría y capacidad. Nunca seremos capaces de hacer lo que Dios hace. No tenemos esa misma capacidad. Sólo podremos discipular a un cierto número de personas a la vez.[6] No podemos alcanzar el corazón de aquellos a quienes hacemos discípulos. Ni siquiera podemos saber lo que está sucediendo dentro de ellos, sin que Dios nos inspire.

Lo que podemos hacer es discipular a los individuos como individuos. Podemos usar un modelo fluido de discipulado que nos permita hacer discípulos individuales con éxito. Podemos discipular íntimamente a varias personas simultáneamente. Podemos personalizar el discipulado a la cultura y a cada individuo. Podemos tratarlos como si fueran la única persona en el mundo.[7]

También podemos llegar a ellos únicamente si les interesa su propio beneficio. Hacer discípulos exitosos no tiene nada que ver con nuestras iglesias, misiones o necesidades. Dios nos usará a cada uno de nosotros en su gran obra, pero Él no nos escogió, salvó ni transformó para ser obreros. Él nos salvó porque somos Su creación. Él nos salvó porque nos ama. Él nos salvó para que podamos tener una relación real con Él, nuestro creador. Jesús vino para que tuviéramos vida en abundancia. Hacer discípulos se trata de que estos individuos encuentren su verdadera identidad y que vivan tal y como son. Podemos y debemos hacer discípulos para su propio beneficio.

La salsa secreta del Big Mac de McDonald's no es nada sin el Big Mac.

A pesar de que nunca me propuse a desarrollar un modelo de discipulado, tenemos uno. ¡Y Funciona! pero irremediablemente depende de cuatro fundamentos. Lo sabemos por nuestros fracasos al promover estos cuatro principios. Lo sabemos por nuestro olvido en inculcar estos cuatro principios en aquellos a quienes entrenamos. Lo sabemos a través de la observación y medición del éxito de otros.

- El modelo usa las verdades de Dios para alimentar el proceso.
- El modelo requiere intencionalidad.
- El modelo tiene una definición simple del trabajo a realizar.
- El modelo se centra enteramente en los individuos.

El discipulado sostenible en su esencia se basa en estos cuatro principios que ninguno de nosotros poseemos. Estos principios son los principios de Dios. Salomón lo dijo mejor:

Hay quién llega a decir: «¡Mira que esto sí es una novedad!». Pero eso ya existía desde siempre, entre aquellos que nos precedieron. Nadie se acuerda de las generaciones anteriores, como nadie se acordará de las últimas. ¡No habrá memoria de ellos entre los que habrán de sucedernos!

— ECLESIASTÉS 1:10-11

La creación exitosa de discípulos se hizo generaciones antes de que Jesús caminara sobre esta tierra. La redescubrimos mientras Jesús caminaba por la tierra, Cada vez que Dios interactúa con las personas, cuando las atrae de vuelta a una vida próspera, y cuando les enseña a seguirle de una manera simple.

Estos cuatro principios fundamentales, son en conjunto el ¿por qué?, el ¿cómo? y el valor de hacer discípulos, están ahí para que los redescubramos.

PARTE II
¿QUÉ ES EL DISCIPULADO?

4

DOS MODELOS IRREFUTABLES DEL DISCIPULADO

Queridos hermanos, lo que escribo no es un mandamiento nuevo, sino uno antiguo que han tenido desde el principio.[1]

— EL APÓSTOL JUAN

El discipulado no es algo nuevo. El discipulado ha sucedido desde el comienzo del Antiguo Testamento, a través de los tiempos del Nuevo Testamento, hasta nuestros días. Vemos a Dios discipular a Adán y a Eva. Vemos a Dios discipular a Caín. Vemos a Dios discipular a Noé. La lista continúa. El discipulado ha sido un antiguo viaje entre los seguidores y Dios.

El discipulado sostenible es en realidad un re-descubrimiento del modelo antiguo del discipulado de Dios. Los métodos pueden ser nuevos, y podemos usar nuevos recursos de apoyo, pero el modelo es antiguo. Se puede adaptar para las generaciones venideras como lo ha sido para las generaciones anteriores a nosotros. El discipulado sostenible es simplemente un reflejo de cómo Dios ha discipulado a sus seguidores desde el comienzo de nuestro tiempo en la tierra.

Y la manera de hacer discípulos de Dios ha sido intencionalmente conservada para nosotros en dos modelos bíblicos irrefutables. ¿Qué mejor lugar para ir y encontrar un modelo de discipulado que la Biblia?

Del Antiguo Testamento

Un modelo conciso de discipulado del Antiguo Testamento se encuentra en Deuteronomio 6, en donde Dios llama a su pueblo a ser discípulos y luego les muestra cómo hacer discípulos. Deuteronomio 6: 3-4 no sólo llama a los israelitas a seguir a Dios, sino que revela el valor de los seres humanos siguiendo a Dios.

> *Escucha, Israel, y esfuérzate en obedecer. Así te irá bien y serás un pueblo muy numeroso en la tierra donde abundan la leche y la miel, tal como te lo prometió el Señor, el Dios de tus antepasados. Escucha, Israel: El Señor nuestro Dios es el único Señor.*
>
> — DEUTERONOMIO 6:3-4

Dios tenía promesas para Israel y para todos aquellos que lo siguieran. Dios sabía quiénes serían. Él los creó. Él los vio apartarse de la gloria de su plan original. Anhelaba devolverlos a su gloria, y como un padre amoroso, se acercó con un plan. Les mostró cómo vivir. Les mostró cómo prosperar. Y les mostró cómo ayudar a otros a prosperar.

Ama al Señor tu Dios con todo tu corazón, con toda tu alma y con todas tus fuerzas. Grábate en el corazón estas palabras que hoy te mando. Incúlcaselas continuamente a tus hijos. Háblales de ellas cuando estés en tu casa y cuando vayas por el camino, cuando te acuestes y cuando te levantes. Átalas a tus manos como un signo, llévalas en tu frente como una marca y escríbelas en los postes de tu casa y en los portones de tus ciudades.

— DEUTERONOMIO 6:5–9

Directamente de la boca de Dios viene la instrucción. Sigue, luego enseña y recuerda a tus hijos todas las maravillas, verdades y mandamientos de Dios. Primero, sé un discípulo (un seguidor, un estudiante) y luego haz discípulos (seguidores, estudiantes). ¡Me encanta la practicidad de este modelo! Primero me rindo, luego me entrego y sigo las instrucciones vivificantes de Dios; luego las transmito a mi familia de manera práctica.

Qué tan increíble sería la vida de los niños, si sus madres y padres los discipularán desde el primer día de nacidos. Dios es tan eficiente, que su modelo no requiere de personal especializado en niños dentro de una iglesia. Tengo un amigo que es un creyente radical cuya iglesia no tiene niños, ni jóvenes o ningún otro programa que no sea para únicamente adultos. Personalmente, como dije antes, creo es un poco radical. Creo que hay valor en la variedad de maestros y valor en que los niños sean niños estando juntos en entornos infantiles. Pero él tiene razón cuando dice: "Es mi responsabilidad."

Mis hijos se burlaban de mí cuando crecieron. También se cansaron de mí durante su adolescencia. Los despedía todos los días, diciendo: "Elige a Dios. ¡Recuerda que cada decisión cuenta! ¡Que tengas un gran día! ¡Te amo!" Puedo escuchar a mi hija, Jordan, diciendo: "¡Ya lo sé, lo sé!" Escucho a Isaac, de catorce años, haciéndome eco: "Elige a Dios, bla, bla." Cada día, cada momento era una oportunidad para mostrarles las maravillas, enseñarles lecciones de vida de Dios y la historia de su pueblo.

Yo empecé a hacer esto desde que nacieron, les decía "Oye. ¿Quién te dio esa cabeza llena de cabello? ¿Tú sabes quién fue? ¡Yo sí sé! ¡Dios! Dios te dio esa cabeza llena de cabello." Preparé el camino desde sus primeros años. Recuerdo la primera vez que uno de ellos encontró dinero en un estacionamiento. Les pedí que lo llevaran a la tienda más cercana y lo entregaran allí. Los dependientes de la tienda trataban de devolverlo, diciendo que no era de ellos. Y contestamos: "Bueno, no es nuestro, tal vez la persona que lo perdió vendrá a buscarlo, sólo sabemos que no es nuestro." "Haz a los demás" es una de las muchas lecciones bíblicas. La aplicación continuó aún en sus errores de preadolescencia; cuando eran preadolescentes y les decía: "Sabes que la Biblia dice ojo por ojo y diente por diente cuando se trata de castigar a las personas por hacer el mal. Dios nos está diciendo que el castigo debe ajustarse al crimen. déjame preguntarte, ¿cuál crees que sería el castigo que se ajusta a tu crimen?"

Teníamos un método de disciplina de tres strikes basado en las verdades de Dios. La primera vez que hacían algo malo, asumimos que lo hacían porque no sabían que era malo. Yo les enseñaba porqué la acción no era buena ni para ellos ni para su futuro. La segunda vez que repetían la acción, les recordaba los valores aprendidos la primera vez y les comunicaba claramente la disciplina que vendría si lo volvían a hacer. La tercera ofensa conllevaba la disciplina que se ajustaba a la ofensa. Jordan era una niña muy habladora. Cuando su nombre apareció en la pizarra de la maestra por tercera vez, no se le permitió divertirse hablando con los otros niños de su grupo. La tercera vez que no cuidó sus juguetes, le trajo una semana sin juguetes.

Discipular y modelar y esto incluía que yo fuese honesto con ellos. Incluía no tener reglas que no tuvieran una base bíblica. A nuestros hijos se les permitió correr, siendo ruidosos en nuestra casa porque los niños están diseñados para correr y ser ruidosos. No existe ninguna escritura que les dijera que se callaran para que yo pudiera ver la televisión, así que mejor la apagaba y corría a jugar con ellos. Hay versículos para eso.

Debido a Deuteronomio 6, nunca tuvimos devocionales familiares o estudios bíblicos, pues les enseñaba las verdades de la Biblia durante los dieciocho años de sus vidas "en el camino." Esto fue tan efectivo. Fue un privilegio. Fue asombroso cuando otros líderes reforzaron esas verdades. Marshall Segal, escritor para DesiringGod.org, escribe:

> "La realidad, sin embargo, es que siempre hemos estado involucrados en hacer discípulos, incluso desde el nacimiento—pero no siempre en hacer discípulos para Jesús. Tú eres un discípulo. La pregunta es: ¿A quién sigues?"[2]

Marshall tiene razón. Mis hijos iban a seguir a alguien, o a algo. La pregunta era "¿A quiénes y qué tan buenos serían esos líderes o ideas?" Marshall también escribió:

> "*Tienes* discípulos. La pregunta es: ¿Cómo influencias tú a las personas que te observan y que te rodean?"

Yo no estaba tratando de hacer robots de mis hijos. Les estaba ofreciendo verdades de vida eterna a estas pequeñas personitas para que hicieran una elección. Eventualmente probaron estas verdades y enseñanzas. Todos los adolescentes lo hacen. De hecho, los niños deben probar lo que se les ha enseñado. Si es bueno, durará y permanecerá. Mis hijos algún día decidirán por sí mismos a quién seguirán. Mi objetivo era darles una excelente oportunidad de elegir sabiamente.

Este objetivo requería también que yo modelara estas verdades. Tuve que ser honesto conmigo mismo acerca de mis fracasos. Tuve que modelar el perdón y la gracia, y del cómo levantarme después de mis fallas. Tuve que aplicar las verdades de Dios a mi vida y compartir este proceso con ellos.

También estaba haciendo algo más que aprendí de este gran

modelo de discipulado del Antiguo Testamento. Les estaba enseñando todo durante el camino, mientras se levantaban y mientras se acostaban. ¿Notaste el método de discipulado que Dios recomienda?

> *Incúlcaselas continuamente a tus hijos. Háblales de ellas cuando estés en tu casa y cuando vayas por el camino, cuando te acuestes y cuando te levantes.*
>
> — DEUTERONOMIO 6:7

Las Pistas de Blue fue uno de los programas de televisión más efectivos para la enseñanza de primera infancia. Se dice que *Las Pistas de Blue* superó a *Plaza Sésamo* al mejorar su modelo.[3] ¿Cómo lo hicieron? Sólo había un episodio a la semana. El mismo episodio se transmitía de lunes a viernes durante cada semana. *Las Pistas de Blue* repetía enseñanzas importantes una y otra vez, convirtiéndose en el programa infantil más exitoso de la historia. Los episodios eran atractivos e interactivos, y los niños nunca se cansaron de su contenido.

Enseñar las verdades una y otra vez a lo largo del camino ilustra algunos puntos increíbles.

- No siempre "lo entenderemos" la primera vez.
- Algunas verdades se aplican a muchas situaciones y se repetirán en nuevas maneras.
- La cultura se construye a través de muchas lecciones pequeñas.
- La verdad es mucho más relevante cuando se aplica inmediatamente.
- En el camino se necesitan respuestas y ni dirección.

Es importante que los discípulos sepan que ninguna persona es igual o tiene las mismas experiencias que otra; sin embargo, las verdades de Dios se aplican a todos a lo largo del camino. El modelo de Dios para el discipulado personaliza la verdad universal e inmutable a la experiencia y el temperamento de cada seguidor. El modelo del discipulado de Dios se basa en la verdad eterna, no en ninguna modificación de ella. Nuestros modelos deben imitar su modelo.

Aprender en el camino nos libera de sermones de una hora sobre temas que no se aplican a nosotros. El modelo del discipulado de Dios no se trata de conferencias, educación o reglas. Se trata de instrucción en tiempo real sobre cómo aprovechar al máximo la vida. El modelo de Dios enseña e inspira al estudiante a ver el valor de elegir el camino de Dios. Éste revela el valor de seguir a Dios a través de la historia, la promesa y la aplicación a la situación inmediata. El modelo de Dios no hace robots, no impone reglas y no exaspera[4] a sus seguidores. El modelo del discipulado de Dios tiene que ver con el mejor y más increíble resultado a largo plazo para el niño y el estudiante.

Este modelo del Antiguo Testamento también revela la manera más efectiva de ser un hacedor de discípulos. Los hacedores de discípulos efectivos están presentes. El discipulado no es una clase, un mensaje o un evento de una vez a la semana. Aprender a ser un discípulo, y hacer discípulos, es una experiencia todo-incluido, es ensuciarse las manos mientras hacemos el trabajo. Los hacedores de discípulos efectivos viven la vida con aquellos a quienes lideran. Están en el servicio, en el éxito, son constantes y empáticos en los desafíos y los fracasos. Los hacedores de discípulos efectivos modelan la aplicación de las verdades de Dios. El discipulado efectivo es relacional e íntimo.

El discipulado sostenible tiene resultados tan increíbles que personas de otras iglesias nos han pedido que les ayudemos a ellos a convertirse en discípulos. Modestamente es aleccionador. (¡Si tan sólo supieran!) Recibimos solicitud tras solicitud de discipulado a distancia. Hemos comprobado varios grupos a distancia, pero ninguno de ellos ha tenido tanto éxito como el discipulado en el camino. Hay métodos y ciencia para involucrarse "en el camino." El discipulado es interactivo.

Amo la practicidad de Deuteronomio 6. Amo aún más, que en el modelo del Antiguo Testamento está reflejada la forma en que Jesús hizo discípulos.

Del Nuevo Testamento

El modelo del Nuevo Testamento para el discipulado es, por supuesto, la forma en que Jesús hizo discípulos. Jesús no dejó una guía paso por paso sobre cómo hacer discípulos, pero sus métodos son fácilmente evidenciados. Él modeló para nosotros cómo hacer discípulos.

El modelo del Antiguo Testamento se puede observar mientras estudiamos un pasaje que se refleja a lo largo de la enseñanza bíblica. El modelo del Nuevo Testamento se observa a medida que exploramos cómo se hicieron discípulos a través del tiempo en una situación específica. Observamos el modelo del Nuevo Testamento directamente en cómo Jesús discipuló a sus doce seguidores. Todos los hechos de Jesús no fueron registrados en el Nuevo Testamento.[5] Del mismo modo, la mayoría de lo que Jesús hizo para hacer discípulos tampoco está registrado. No vemos las largas noches, las bromas alrededor de la fogata, o la corrección que hizo en el camino cuando Pedro contó una mala broma ni la guía de Jesús mientras los discípulos juzgaban a otros que no estaban siguiendo bien. Hay tanto que no sabemos, pero lo que sí sabemos es que cada parábola, cada situación, cada desafío y cada verdad que se basaron en las verdades de Dios. Sabemos que Jesús:

- los llamó a rendirse,
- los discipuló en el camino,

- les hizo preguntas difíciles,
- los ponía en residencia (oportunidades para practicar),
- los liberó,
- tardó tres años en hacer discípulos,
- los discipuló como individuos, y
- los discipuló a menudo en grupos más pequeños.

La belleza del modelo del Nuevo Testamento (en contraste con el modelo del Antiguo Testamento); es que es perfecto para el discipulado "No sólo para mis hijos." El modelo del Nuevo Testamento está diseñado para que yo haga un discípulo de otro adulto, no necesariamente miembro de la familia. Jesús fue un modelo, maestro y mentor para aquellos que lo siguieron. Somos sabios al observar e imitarlo mientras hacemos discípulos. Por supuesto, estamos guiando a otros a seguirlo a Él, no a seguirnos a nosotros. Esto es muy importante.

La Rendición es Esencial

El primer llamado de Jesús para sus discípulos fue que renunciaran a todo, lo eligieran y lo siguieran a Él. Desde su primer llamado,

> *Vengan, síganme, dijo Jesús, y los haré pescadores de hombres. Al instante dejaron las redes y lo siguieron.*
>
> — MATEO 4:19–20

y a través de cada momento de discipulado, Jesús dejó en claro que sólo puedes seguir algo si te entregas a lo que estás siguiendo. Puedes seguir al mundo, al pecado o a Dios, pero sólo seguirás a aquel a quién tú te quieras entregar.

> *Luego Jesús dijo a sus discípulos: Si alguien quiere ser mi discípulo, que se niegue a sí mismo, tome su cruz y me siga.*
>
> — MATEO 16:24

Jesús no hizo discípulos de aquellos que no querían seguirlo. No podía. Su llamado era que lo siguieran a Él. Ese es nuestro llamado para las personas: Que sigan a Dios. Si siguen a Dios, podemos hacer discípulos.

Durante el Camino

Los discípulos pasaron unos tres años, día tras día, caminando, aprendiendo, y sirviendo junto a Jesús, haciendo ministerio y viviendo en comunidad con Él. Estaban literalmente siguiendo a Jesús. Los discípulos de la actualidad aún pueden hacer esto. Pueden seguirlo momento a momento a través del Espíritu Santo. Los discípulos fueron hechos en el camino. Si vamos a hacer discípulos, debemos hacer lo mismo.

Jesús hizo esto con Pedro cuando Pedro dudaba. Lo hizo cuando alimentaron a los cinco mil. Lo hizo cuando fue llamado al funeral de Lázaro. Lo hizo cuando Pedro quiso defenderlo de los soldados que lo arrestaron. Jesús discipuló en el camino.

Preguntas Difíciles

Jesús también hizo preguntas difíciles mientras hacía sus discípulos. Los hizo pensar. Los llamó para ser enseñados, para aprender y a sintetizar las verdades de Dios. Preguntando cosas cómo,

> *¿Pueden acaso beber el trago amargo de la copa que yo voy a beber?*
>
> — MATEO 20:22

a medida que Él se expandía su entendimiento sobre su posición y responsabilidad. Ellos no podían hacer lo que Él hacía. No necesitaban hacer lo que Él hacía. ¡Él era Dios! Ellos eran seguidores.

Jesús llamó a quiénes hizo sus discípulos, a ir más allá de la educación hacia la aplicación. Los llamó a ser transformados aplicando las instrucciones de Dios. En sus últimos momentos, les reveló el modelo definitivo de madurez a través de una pregunta difícil.

Porque, ¿quién es más importante, el que está a la mesa o el que sirve? ¿No lo es el que está sentado a la mesa? Sin embargo, yo estoy entre ustedes como uno que sirve.

— LUCAS 22:27–28

Jesús no sólo enseñó. Él causó el aprendizaje. Él causó la aplicación. Esto es quizás uno de los aspectos más subestimados del discipulado. Tendemos a educar en lugar de causar aprendizaje y causar su aplicación. Las preguntas difíciles son las que causan la aplicación y sintetizan las verdades transformadoras de Dios.

Situaciones Desafiantes

Jesús puso a sus discípulos en situaciones difíciles. Algunas de esas situaciones fueron proactivas, mientras que otras fueron reactivas. Jesús pudo haber tenido un gran plan, pero la alimentación milagrosa de miles de personas con una pequeña canasta de interminables alimentos fue una situación reactiva y desafiante para los discípulos. Comenzó con una pregunta desafiante:

> *Cuando Jesús alzó la vista y vio una gran multitud que venía hacia él, dijo a Felipe: ¿Dónde vamos a comprar pan para que coma esta gente? Esto lo dijo sólo para ponerlo a prueba, porque él ya sabía lo que iba a hacer. Ni con el salario de más de seis meses de trabajo podríamos comprar suficiente pan para darle un pedazo a cada uno respondió Felipe.*
>
> — JUAN 6:5–7

"Pasa la canasta," Él dijo. ¿Te imaginas cuánta fe se necesitó para hacer esto? Graciosamente, después de que todos comieron Jesús les dijo a los discípulos: "Ahora recojan las sobras, para que nada se desperdicie."

Otro ejemplo, es la primera vez que envió a los doce discípulos para evangelizar y sanar físicamente a las personas. Los envió sin nada—sin dinero, sin comida, sin nada.[6] La lista de situaciones desafiantes, proactivas y reactivas para los discípulos sigue y continua. Podemos modelar y crear situaciones desafiantes a medida que hacemos discípulos. Podemos extender o estirar su fe a medida que hacen mucho más de lo que nunca pensaron hacer al aplicar las verdades de Dios, y encontrar esperanza en quiénes son en Cristo. Las oportunidades son infinitas. Desde el evangelismo hasta las misiones hasta la oración y milagros asombrosos. Dios continúa en el negocio del desafío.

La Residencia
A medida que aprendían tenían oportunidades para practicar.

Jesús empujó a los discípulos fuera del nido a medida que aprendían y aplicaban las verdades de Dios. Aún no estaban completamente solos. Él estaba allí para ayudarles y enseñarles. Él todavía estaba allí ayudándoles a sintetizar y a aplicar. Jesús fue muy real y presente para guiar, modelar, y enseñar, era su mentor, pero Él los hizo hacer el trabajo que se necesitaba hacer.

Jesús los envió. Él les dio el poder de Su Espíritu. Les dijo que fueran, y ellos lo hicieron. Sus discípulos tuvieron un éxito increíble en hacer la obra del ministerio. También enfrentaron dentro del aprendizaje, el fracaso y las pruebas del trabajo. Marcos 9 narra cómo una multitud había traído a un niño poseído por un demonio para ser sanado por Jesús. El padre del niño le dijo a Jesús,

"Así pedí a tus discípulos que los expulsaran, pero no lo lograron."

Jesús enseñó a la multitud y sanó al niño en ese momento. Los discípulos habían echado fuera demonios. Jesús les había dado ese poder. La multitud lo había visto. Los discípulos lo habían visto. Pero esta vez, no pudieron curar al niño. Después de que Jesús sanó al niño, le preguntaron,

"¿Por qué no pudimos expulsarlo?"

Jesús estaba allí para seguir enseñando.

"Este tipo de demonio sólo puede ser expulsado a fuerza de oración y ayuno."

Jesús los envió a servir, a enseñar, a sanar y a hacer ministerio. Habían caminado por el camino con Él, observando y viendo a Dios obrar. Su fe y confianza crecieron en la residencia, Él les hizo hacer el trabajo, bajo una red de protección.

Los Liberó

La culminación del modelo del Nuevo Testamento es liberar al discípulo para guiar, servir, y ministrar por su cuenta. El discípulo está preparado y capacitado. Está listo para ir a la línea fronteriza para la batalla. En 1933, un hombre llamado Dawson Trotman fundó una organización cristiana mundial llamada los Navegantes. Los Navegantes tuvieron un tremendo éxito en hacer discípulos.

Todo comenzó cuando se le pidió a Trotman que visitara a un marinero, llamado Les Spencer, y compartiera la palabra de Dios con él. Cuando uno de los compañeros de barco de Spencer le preguntó el secreto de su vida cambiada, Spencer llevó a Trotman y le dijo "Enséñale lo que me enseñaste a mí."

"¡Enséñale tú!" respondió Trotman.[7]

El libro de los Hechos cobró vida en ese momento. La vida de Spencer fue tan transformada al seguir a Dios que un compañero de barco se dio cuenta y quiso ser como Spencer. Trotman confió en la obra de Dios en Spencer y lo liberó para que pudiera hacer la obra. Jesús preparó a los discípulos y luego les dijo:

"Vayan y hagan discípulos."[8]

Él completó su trabajo, dejándolos a ellos hacer su trabajo. Ahora eran las manos y los pies de Dios en la tierra.[9] Si ellos no completan el trabajo, este no será hecho. Él los envió a hacer discípulos.

Tomó Tiempo

El modelo del Antiguo Testamento tomó la primera parte de sus vidas mientras los padres modelaron, enseñaron y guiaron a sus hijos en el camino. El modelo del Nuevo Testamento tomó alrededor de tres años, ya que Jesús hizo lo mismo para cualquiera que lo siguiera.

El discipulado no es una solución rápida, pero proporciona una solución para toda la vida. El discipulado toma tiempo porque toma tiempo asimilar las verdades de Dios. Se necesita tiempo para aprender por cuenta propia. Se necesita tiempo y trabajo para aprender a aplicar las verdades en diversas situaciones. Se necesita tiempo para practicar. Se necesita tiempo para experimentar.

El discipulado es el largo camino del éxito de un cristiano.

Discipulado Individual

Jesús pasó tiempo con sus discípulos de diferentes maneras. Hubo momentos en que les enseñó con las multitudes. El número de discípulos varió de doce a cientos y de nuevo a doce. Apartó a dos o a tres a un lado para experimentar, para ser desafiados y ser enseñados. Enseñó individualmente uno a uno. Se dirigió directamente a uno o dos frente a los demás. Se dirigió a los discípulos como grupo, respondiendo a sus preguntas (reactivo) y abriendo las escrituras para ellos (proactivo).

Él enseñó las verdades universales de Dios de muchas maneras diferentes, pero Jesús observó a sus discípulos a lo largo del camino, y les enseñó como individuos. Les mostró cómo las verdades de Dios eran relevantes para sus vidas individuales. Se dirigió a sus necesidades espirituales. Respondió a sus problemas individuales incluso cuando respondió a sus quejas grupales.

Jesús también hizo esto para los discípulos potenciales. Él habló directamente al recaudador de impuestos.[10] Llamó a Zaqueo en el árbol.[11] Habló a individuos en medio de sus situaciones. Él personalizó el ¿dónde? y el ¿cuándo? al hacer discípulos, a pesar de que las verdades universales se aplican a todos. Cuando el joven rico vino a Él, preguntándole qué más debía hacer para seguirle, Jesús le dijo,

"Si quieres ser perfecto, anda, vende lo que tienes, y dáselo a los pobres, y tendrás tesoro en el cielo. Luego ven y sígueme."

— MATEO 19:21

Claramente, Jesús no llamó y no llama a todos a vender todo lo que tienen para seguirlo, pero el joven rico necesitaba dejar ir su seguridad para seguirle. Su sumisión requería soltar todo su dinero. La verdad universal de la entrega a seguirle tenía una aplicación específica para este hombre.

El discipulado es en el mejor de los casos, una inversión real e interactiva para ayudar a los humanos creados individualmente en diversas situaciones a aprender a seguir a Dios justo en donde están.

Dos Modelos, Un Propósito

Tanto el modelo del Antiguo Testamento como el del Nuevo Testamento tienen el mismo propósito: mostrarnos cómo vivir la mejor vida posible, viviendo de acuerdo con nuestro diseño. Las leyes, mandamientos, verdades, cultura e instrucciones de Dios están destinadas a dar vida, no a quitarla. El camino de Dios es en realidad un viaje de regreso a nuestra relación original con Dios y su plan para vivir completamente.

Seguir a Dios y ser hecho discípulo se trata enteramente de ser transformado por dentro. Seguir a Dios permite a las personas abrazar la mejor manera de vivir para que puedan prosperar. Jesús dijo,

"*Yo he venido para que tengan vida, y la tengan en abundancia.*"

— JUAN 10:10

No hay duda de que un seguidor de Dios querrá compartir con otros el cómo seguir, pero ese no es el propósito expreso de Dios para nosotros cuando nos convertimos en sus discípulos. Dios nos rescata para que podamos restaurar nuestra relación con nuestro creador y ser devueltos a una vida abundante. Dios quiere transformarnos a medida que seguimos su camino.

Quiénes somos, es lo primero. Nuestra relación con Dios es lo primero. Si no somos transformados, hay muy pocas esperanzas de que alguna vez transformemos a alguien más. La meta del discipulado está centrada en quiénes somos.

Si no estamos completos en Él, es poco probable que soportemos bien las pruebas al alcanzar a otros y cambiar al mundo. Si no estamos llenos de Él, no habrá nada que dar a los demás. En pocas palabras, el *ser* viene antes que el hacer.

5

"SER" VIENE ANTES QUE EL "HACER"

Hacer que las personas hagan lo correcto no es el objetivo de hacer discípulos.

Ya les compartí cómo crie a mis hijos y de cómo decidí enseñarles las verdades de Dios durante el camino. Ya sea que les enseñara a no correr con tijeras, a volver a poner mis herramientas en su lugar, a estar más tranquilos en clase o a tratar bien a sus amigos, siempre tuve un sólo objetivo y un método en mente. ¿Cuál era ese objetivo? Estaba totalmente enfocado en quiénes serían mis hijos cuando tuvieran treinta y cinco años. No me preocupaba que tuvieran una comprensión completa en ese momento. Estaba totalmente concentrado en que tuvieran la mejor vida posible a los treinta y cinco. Les enseñé verdades mucho más allá de sus cortos años (proactivamente) mientras les enseñaba cómo lidiar con cada tonta situación que se les presentara en el camino (reactivamente). Les enseñé la verdad inmediata y luego la extendí hacia el futuro diciendo cosas como: "Quiero que tengas amigos increíbles cuando tengas treinta y cinco años. Si eres egoísta como ahora, no tendrás amigos. Quieres amigos que compartan contigo, entonces, necesitas aprender a compartir."

Les enseñé las consecuencias inmediatas, pero estaba en los resultados futuros. Les enseñé que quiénes son hoy, tiene un impacto positivo o negativo en su vida futura, y elegí enseñarles las verdades eternas de Dios a lo largo del camino.

Les enseñé por qué la verdad es importante. Conocer la verdad es lo primero. Aplicar la verdad es lo segundo. Sin embargo, la verdad rara vez se aplica bien si no vemos el valor en su aplicación. El valor es el "¿por qué?" Compartí el ¿por qué? junto con el "¿qué?" tanto para su presente, como para su futuro.

Mi objetivo sigue siendo que sean lo más completos posible aún cuando tengan treinta y cinco años. No hay forma de predecir lo que sucederá en su camino hacia los treinta y cinco, y mucho menos a lo que se enfrentarán cuando tengan esa edad. No puedo saber cosas que no conozco, pero puedo ayudarlos a "ser" completos, sabios, preparados y capaces para enfrentar esos momentos. Aquí está de nuevo, la salsa secreta del discipulado exitoso, hacer discípulos exitosos trata con el "ser."

Jesús dijo: "Tú puedes amar porque yo te amé primero."[1]

Soy amado y luego amo—simple. Soy un discípulo antes de poder hacer un discípulo—simple. Me entrego antes de poder seguir—simple. Puedo continuar, pero siempre es cierto que "ser" viene antes que el "hacer."

El objetivo del discipulado no es hacer que las personas hagan lo correcto. El propósito del discipulado es precisamente el propósito de Jesús: dar a las personas una vida abundante y satisfactoria,

"yo he venido para que tengan vida, y la tengan en abundancia."

— JUAN 10:10

Este propósito sólo se cumple si "son" cristianos, si "son" seguidores, y si "son" llenos de su Espíritu. El objetivo de "hacer está basado en el "ser." Puedo prometer que, si hacemos esto bien, los "hechos" sucederán. Fuimos creados a imagen de Dios, luego vino el jardín (del Edén) y el resto de la vida sólo sucedió. La meta del discipulado es:

a ser transformados según la imagen de su Hijo.

— ROMANOS 8:29

Ser hijo de Dios, ser su seguidor, completo, sabio, pacífico, ser como Él es la meta. Ser es la corona de piedras preciosas de la relación con Dios. El Ser es la meta.

Si voy a hacer discípulos, mis metas y propósitos deben alinearse con las metas y propósitos de Dios. Pierdo mi tiempo si sólo trato de hacer que las personas hagan lo que deben hacer. En cambio, sí enseño, si modelo y aconsejo a las personas para que "sean" lo que Dios diseñó que fueran, conquistarán el mundo, se levantarán de sus fracasos y podrán pescar; en lugar de esperar a ser alimentadas en el próximo servicio de adoración.

La meta del discipulado es enseñar a aquellos que lo deseen, presentando la razón y el valor de las verdades de Dios. Necesitamos explicarles quiénes pueden "ser" y cómo esto puede cambiar su mundo. También debemos, a lo largo del camino, afirmarles quiénes ya "son en Èl." El discipulado se trata de la transformación de la persona, y no de su educación o formación.

Veamos el ejemplo de un mayordomo. El trabajo de un verdadero mayordomo se basa en su identidad como mayordomo y no en lo que hace. Un mayordomo no tiene ningún propósito si no tiene a quién servir. Un mayordomo no tiene nada si no tiene un "señor" o "amo." Ahora, antes de que alguien se moleste y diga: "Nadie debería tener que servir a otra persona," estoy de acuerdo. Hacer que alguien sirva es hacer que alguien haga algo por alguien. Pero una persona que es un verdadero siervo elige servir. Si soy el mejor mayordomo de todos los tiempos, entonces quiero servir. Mi propósito en la vida es servir.

Un verdadero siervo no se define por lo que hace, sino por quién es. Una persona quién es siervo está contenta junto a la puerta esperando a quién servir. Es su vida, su pasión y su propósito. Es un siervo en el fondo, así que sirve con clase, precisión y excelencia. Un siervo no necesita que se le recuerde servir. Un siervo vive para servir. Un siervo está viviendo para la oportunidad de satisfacer la próxima necesidad. Se trata del ser y muy poco del hacer. El hacer es el resultado del ser.

Al igual que el verdadero siervo elige servir, el primer paso para ser un seguidor (discípulo, estudiante) de Dios es elegir ser un seguidor. Un verdadero seguidor ha elegido seguir, quiere seguir, anhela seguir y ama seguir. Cuando me convierto en cristiano, Dios hace una transformación espiritual en mí. Él me perdona, me justifica, me reconcilia, me llena de su espíritu, y mucho más. Dios cambia mi identidad de huérfano a hijo. Él me hace (ser) un heredero de todas sus riquezas. Pedro escribió estas palabras inspiradoras (todas enfocadas en ser):

Según el plan de Dios el Padre, ustedes fueron elegidos por medio del Espíritu, quién nos apartó para ser parte de su pueblo. Y así cuando Jesucristo derramó su sangre en la cruz, nos limpió de pecado y pudimos obedecerlo.

— 1 PEDRO 1:2 NVIS

Pablo enfatiza la idea de ser antes de hacer—de quiénes somos en Cristo y en quiénes nos estamos convirtiendo en la tierra.

Así, todos nosotros, que con el rostro descubierto reflejamos como en un espejo la gloria del Señor, somos transformados a su semejanza con más y más gloria por la acción del Señor, que es el Espíritu.

— 2 CORINTIOS 3:18

ser renovados en la actitud de su mente

— EFESIOS 4:23

El objetivo del discipulado es revelar a las personas quiénes son como seguidores y ayudarlos a adherirse a esa identidad. Una vida abundante y satisfactoria producirá un hacer abundante y satisfactorio.

Yo era un ministro de jóvenes hace mucho tiempo, y Dios nos bendijo con tener influencia. Uno por uno, los estudiantes vinieron a Cristo tal como estaban—asustados, cargados, hechos un desastre y con muy poca moralidad. Eran un grupo muy diverso, pero amaban a Dios, y fueron entendiendo poco a poco. Cuanto más abrazaban su nueva identidad, sus acciones eran diferentes provocando una transformación profunda en sus vidas. Algunos lideres chapeados a la antigua no estaban contentos con mi trabajo. Querían que limpiara a esos chicos rápidamente y los hiciera "parecer cristianos." Querían que me centrara en el hacer de la vida. En una oportunidad, me llamaron a la oficina del pastor para reunirme con una madre muy enojada. Estaba preocupada por que su hijo mirara el busto de una de las nuevas jovencitas del grupo. La señora expresó "Ella usa esas mallas ajustadas, tan apretadas y que resaltan su busto. Usted tiene que hacer algo. Mi hijo se está distrayendo. Tiene que enseñarle a esa joven a vestirse." Yo dije algunas cosas tontas, como: "¿En serio? ¿Usted ha visto a esta joven?, ella ni siquiera tiene busto," y, "El problema de lujuria de su hijo es el problema de lujuria de su hijo," pero esto fue antes decirle una cosa inteligente que me cambió para siempre.

"¿Qué tal si le damos a esta jovencita algo de tiempo para aprender más acerca de Dios y le damos tiempo para ser transformada externamente, así como Dios ya la está transformando interiormente? Podemos obligarla a cambiar su forma de vestir, pero la forma en que se viste nunca afectará *quién es* verdaderamente por dentro. Qué tal si nos concentramos en su identidad, y dejamos que ella lo entienda por sí misma. Ella lo hará."

Y eso fue exactamente lo que sucedió. Se hizo amiga de otras jóvenes quiénes eran seguidoras y comenzó a involucrarse en el discipulado. En poco tiempo, se vistió más modestamente sin que nadie le dijera ni una sola palabra sobre cómo vestirse. Estaba aprendiendo cuán preciosa era ella para Dios, cómo Él la amaba y cuánta dignidad tenía en Él. ¡Ella se valoró a sí misma! Y mucho más allá de cambiar en su vestir—ella se convirtió en una mujer de Dios.

Una vez más, el discipulado es la ejecución amplia en el largo camino del cristiano. No estoy seguro de que alguna vez hayamos podido alcanzar a ese hijo o a su madre. Simplemente ellos nunca lo entendieron. La Madre quería cambiar el exterior de esa niña para satisfacer su necesidad. Ella quería que mejoráramos su exterior antes que su interior. Cuando nos enfocamos en el exterior primero, llevamos a las personas a la vergüenza, a esconderse y a sentirse mal por quiénes son. Cuando nos enfocamos en el exterior primero, promovemos la teología de que la justicia está basada en obras.

Los cristianos cometen este grave error, una y otra vez, de centrarse en el hacer de la vida en lugar del ser en la vida. El discipulado trata de quiénes somos en Cristo. Presentarle a una persona su nueva identidad es un gran privilegio. Mostrarle el amor y respeto de Dios hacia ella es increíble. Esto se pone cada vez mejor a medida que caminamos junto a ellas, animándolas, enseñándolas y viéndolas convertirse en quiénes ya son, sin tener que escribir reglas específicas para ellas.

Una de las primeras lecciones en el discipulado debe ser comparar la antigua vida con la nueva vida. En nuestra vida antigua, adaptábamos las verdades de Dios a nuestros planes y parámetros, pero como seguidores, nosotros debemos y queremos adaptarnos a las verdades y planes de Dios. Ajustamos la visión de nosotros mismos a la visión de Dios a nuestro nuevo ser. Ajustamos nuestro comportamiento a las instrucciones de Dios para que podamos disfrutar más nuestro nuevo ser y de la nueva vida que se nos ha regalado. Lo que éramos en este mundo se transforma para parecerse cada vez más a como fuimos creados interiormente.

Cuando las personas siguen a Dios, se convierten en algo nuevo. Es una verdad simple y pequeña que cambiará todo lo que haces cuando haces discípulos. Concéntrate en quiénes son y en quiénes se están convirtiendo, en lugar de lo que están haciendo o harán.

6

LA RESPUESTA COMPLETA PARA LAS IGLESIAS

El discipulado es la ejecución amplia en el largo camino del cristianismo.

Nuestro equipo tiene el privilegio de trabajar con muchas iglesias y ministerios diferentes. Trabajamos con ministerios independientes, denominacionales, para-eclesiásticos, grandes, pequeños, nuevos, innovadores, unos estancados, otros activos y otros antiguos. Una y otra vez, sus preocupaciones parecen caer en las mismas categorías.

- Finanzas
- Veinte por ciento haciendo el ochenta por ciento del trabajo y ofrendando
- Obstáculos y barreras personales para el cambio
- Voluntarios agotados
- Personal exhausto
- Estancamiento y efectividad del ministerio
- Confusión y división

Irónicamente, hay cientos de ministerios y consultores para

ayudar con estos problemas, pero los problemas permanecen. Las iglesias se están muriendo, lo que significa que el impacto de Cristo está menguando dentro de las comunidades en todo el mundo.

Y se pone peor. Los servidores jóvenes no son cuidados y están siendo empujados mucho más allá de su llamado. Son empujados más allá de sus límites, sin recibir la educación y liderazgo personalizado que necesitan. Las iglesias están tan ocupadas haciendo ministerio para otros que a menudo olvidan de cubrir, proteger y defender a sus servidores y líderes. El consejo o junta directiva de líderes son posesivos. Las nuevas ideas no pueden ser escuchadas. La gente quiere una iglesia poderosa, pero no está abierta a la autoconciencia y al cambio. Cientos de líderes frustrados mal preparados, se retiran o están iniciando nuevos ministerios que los consumen y que rara vez tienen éxito.

Mi corazón está orientado hacia las iglesias pequeñas y medianas donde estas luchas son mucho más evidentes e intensificadas. Pero incluso las organizaciones más grandes tienen estas mismas luchas. Las iglesias grandes luchan por tener un impacto a nivel individual. Es frustrante para todos. Las conferencias, el intercambio de personal, la renovación del ministerio, las mejoras en la construcción y el mercadeo y publicidad no parecen estar resolviendo el problema.

La esperanza, sin embargo, no es difícil de alcanzar. Las personas pueden ser impactadas y acercarse mucho más a Dios. Las finanzas pueden mejorar. Los obstáculos de cambio del personal pueden convertirse en un impulsor. Toda la comunidad puede invertir su tiempo, talento y tesoros. Los voluntarios agotados pueden sentirse renovados, descansados, y emocionados nuevamente. El personal puede estar contribuyendo constantemente en lugar de estar agotados. ¿Y la confusión? Bueno, puede convertirse en unidad. Y ¿Cuál es la respuesta? Ya lo sabes.

Hacer discípulos es la respuesta a todo esto.

La iglesia es el resultado natural del discipulado de Dios. Las iglesias saludables son el resultado natural de discípulos sanos. Un edificio lleno de personas entusiastas y completas es una iglesia entusiasta y completa. Las malas iglesias son el resultado natural de malos discípulos. Sé que es muy simple, pero tiene que decirse: la iglesia está formada por personas. Los cristianos naturalmente se reúnen y forman iglesias. Simplemente es así. Si eres la desastrosa iglesia de Corinto o la iglesia más estable en Tesalónica, ambas estaban determinadas por todas las personas que las conformaban.

Hacer discípulos es la respuesta a todo esto.

Estoy muy orgulloso de la iglesia donde nos reunimos para adorar, servir y vivir.[1] Hemos sido parte de la fundación de tres escuelas, cuatro iglesias, cuatro ministerios para-eclesiásticos e innumerables campos misioneros. Dirigimos una guardería en la comunidad, un estudio de grabación profesional, una agencia de consultoría, y patrocinamos un grupo de teatro cristiano realmente grandioso, que ayuda a los niños a divertirse y crecer en confianza. Tenemos dieciocho empleados de tiempo completo, cuatro de medio tiempo y diez bi-vocacionales. Hemos participado en establecer y fundar dos iglesias. Donamos más de un cuarto de millón de dólares a misiones y líderes de misiones el año pasado. Y sólo somos cien personas.

De esas cien personas, unas ochenta se llamarían a sí mismas socias en el ministerio. Alrededor del 90 por ciento de los socios diezman, sirven en un ministerio y participan en un esfuerzo misionero cada año. Trabajamos con un principio de unanimidad. No hay división. Hay muy poco drama. No hay chismes. A nuestro personal le gusta que seamos personales y afirman que son apoyados, defendidos y bien cuidados. Brindamos entrenamiento y beneficios universitarios. Nuestros voluntarios aman lo que están haciendo. Nuestro líder principal está respaldado por cuatro maestros y lideres capacitados, cada uno encaminado a dirigir, fundar y establecer iglesias. Nuestra grupo de Alabanza tiene algunos compositores increíbles, y no discuten entre sí en sus prácticas los domingos por las mañanas. Casi todos los líderes ministeriales tienen un reemplazo completamente capacitado listo para el próximo reto. ¿Es más fácil porque nosotros somos más pequeños? En realidad, no, la mayoría de las iglesias pequeñas batallan con lo mismo. Nosotros batallábamos mucho más antes de empezar a pensar en hacer discípulos.

Pero permíteme ser más claro, no hacemos discípulos para tener un ministerio fuerte, creciente y financieramente seguro. Si ese es tu objetivo, serás llevado a las peores profundidades. ¡Todos nosotros debemos hacer discípulos porque queremos que cada persona tenga la vida más increíble que pueda tener! El hecho de que estas personas sean increíbles y hagan iglesias increíbles es simplemente la substancia, es la salsa secreta.

No vivo para la iglesia. Vivo para las personas. No moriré por la iglesia. Moriré por el pueblo. Cuando digo: "Amo la iglesia donde nos reunimos para adorar," estoy diciendo: "Amo *quiénes son* las personas que están allí y no *lo que hacen.*" Todo lo que se debe hacer puede desaparecer y estaré bien mientras seamos quiénes somos hasta hoy: ¡Seguidores de Dios!

Mira nuevamente la lista de desafíos que nuestro equipo ha evidenciado al trabajar con varios de estos ministerios. ¿Cuál es la respuesta bíblica a cada uno de ellos?

- **Las finanzas son ajustadas.** O estamos gastando imprudentemente o las personas no están diezmando, o ambas cosas. Sin embargo, la Biblia nos dice cómo administrar el dinero, nos enseña a dar una ofrenda de agradecimiento de un diezmo a Dios. ¿Entonces preguntamos? ¿Por qué las personas no diezman? ¿Por qué estamos tomando malas decisiones? ¡No estamos siguiendo las verdades de Dios!

- **Veinte por ciento haciendo el ochenta por ciento del trabajo y ofrendando.** O estamos haciendo demasiado o las personas no están trabajando y dando. La Biblia claramente nos dice a todos que nos sirvamos unos a otros y pongamos la obra del ministerio en alta prioridad. Pero el ministerio descrito en la Biblia no se parece en nada al ministerio orientado y ocupado en eventos que hacemos hoy. La Biblia nos dice que descansemos. ¿Por qué entonces unos pocos estamos haciendo demasiado? ¿Por qué entonces las otras personas no están sirviendo? ¡No estamos siguiendo las verdades de Dios!
- **Obstáculos y barreras personales para el cambio.** O estamos proponiendo cambios mundanos al ministerio o alguien está siendo una barrera para lo que Dios quiere. La Biblia nos dice que nos sometamos a los demás, nos dice cómo debemos ser espiritualmente. Nuestros líderes, nos dice que abracemos nuevas ideas, nos dice que respetemos las viejas verdades y nos dice que la iglesia es de Dios. Entonces, ¿por qué no podemos hacer todos los cambios necesarios? No estamos siguiendo las verdades de Dios.

Podría seguir, ¿pero entiendes lo que trato de decir? Las verdades de Dios deben de aplicarse a cada situación que la iglesia encuentra (reactivo) y deben ser el fundamento de nuestra cultura y nuestra práctica (proactivo). Nosotros, las personas, (todos) necesitamos ajustar nuestras vidas ministeriales a las verdades de Dios en todo, desde el descanso hasta la efectividad.

Muchos usan el capítulo dos de Hechos como la definición clásica del ministerio de la iglesia. Probablemente hay un encabezado en tu Biblia justo encima de este pasaje que dice: "Los

Creyentes Forman una Comunidad/Iglesia." Aquí está, la cita clásica:

> *Se mantenían firmes en la enseñanza de los apóstoles, en la comunión, en el partimiento del pan y en la oración. Todos estaban asombrados por los muchos prodigios y señales que realizaban los apóstoles. . . . No dejaban de reunirse unánimes en el Templo ni un solo día. De casa en casa partían el pan y compartían la comida con alegría y generosidad, alabando a Dios y disfrutando de la estimación general del pueblo. Y cada día el Señor añadía al grupo los que iban siendo salvos.*
>
> — HECHOS 2:42-43; 46-47

Y así se desarrolla el modelo de ministerio que tú y yo hemos aprendido a lo largo del tiempo. Los cinco propósitos de la iglesia son los siguientes:

- Hermandad
- Discipulado
- Alabanza y Adoración
- Ministerio
- Evangelismo

Curiosamente, nadie incluye los versículos 44-45 en esta declaración de propósito:

> *Todos los creyentes estaban juntos y tenían todo en común: vendían sus propiedades y posesiones, y compartían sus bienes entre sí según la necesidad de cada uno.*

Esos dos versículos ilustran la entrega absoluta y el sacrificio de estos primeros seguidores. Estos cinco propósitos resaltados por tantos líderes son excelentes resultados de seguidores que se unen. Son grandes objetivos para las personas, pero ¿notaste que el énfasis está en el "hacer" y no en el "ser"? No es de extrañar que muchos de nosotros veamos la iglesia como algo que "hacemos" en lugar de algo que "somos." Expandamos el contexto de esta nueva iglesia mirando hacia atrás un poco a los versículos 37–39:

> *Cuando oyeron esto, todos se sintieron profundamente conmovidos y dijeron a Pedro y a los otros apóstoles: Hermanos, ¿qué debemos hacer? Arrepiéntase y bautícese cada uno de ustedes en el nombre de Jesucristo para perdón de sus pecados, contestó Pedro, y recibirán el don del Espíritu Santo. En efecto, la promesa es para ustedes, para sus hijos y para todos los que están lejos; es decir, para todos aquellos a quienes el Señor, nuestro Dios, llame.*

¿Lo ves? Los resultados (de hacer) de los versículos 42–47 se basan enteramente en personas convencidas. Lo que los seguidores hicieron fue el resultado directo de en quiénes se convirtieron: seguidores de Cristo. Fueron traspasados hasta el corazón cuando escucharon las verdades de Dios, clamaron, se ajustaron a su verdad y se convirtieron en cristianos verdaderos. Se convirtieron en seguidores de Cristo absolutamente vendidos, entregados, convencidos y arrepentidos. Estas personas radicalmente transformadas (transformadas a un alto costo en su sociedad) se reunieron e "hicieron iglesia."

Su sacrificio, dedicación, adoración, unión, rendición—todo esto—fue precedido por su nueva identidad. Una iglesia es una unión de creyentes. Si son seguidores de Dios y si han tomado su cruz para seguir a Jesús, entonces serán naturalmente una gran iglesia.

¿Te imaginas ser parte de una iglesia que vive en paz y en armonía unos con otros? Como Pablo lo expresa,

> *Por tanto, si sienten algún estímulo en su unión con Cristo, algún consuelo en su amor, algún compañerismo en el Espíritu, algún*

afecto entrañable, llénenme de alegría teniendo un mismo parecer, un mismo amor, unidos en alma y pensamiento.

— FILIPENSES 2:1–2

El camino hacia una iglesia modelo (con la que todos sueñan) no se encuentra en las declaraciones del "hacer" de Pablo, sino en sus preguntas del "ser." Si pertenecemos a Cristo, si vivimos en su amor, si somos socios conjuntamente en el Espíritu, si somos humildes, entonces podemos estar de acuerdo cuando nos reunimos. El esfuerzo individual es lo primero. La vida comunitaria viene en segundo lugar. Cuando todos seguimos a un líder, nos volvemos imparables.

¿Qué hay del crecimiento de la iglesia? La iglesia tiene tantos obstáculos que superar debido a la mala reputación que tiene en este mundo. La única manera de superar estos obstáculos de reputación es cambiando la reputación. Y esa transformación se da un enfrentamiento a la vez, a medida que los individuos modelan ser seguidores de Dios ante el mundo. Sin la transformación de los individuos, y por ende de la iglesia, nadie verá al Señor.

Busquen la paz con todos y la santidad, sin la cual nadie verá al Señor.

— HEBREOS 12:14

El discipulado es la respuesta para que el individuo tenga una vida plena, y es la respuesta que creará naturalmente una gran iglesia. También es la respuesta para llegar a nuevas personas y *hacer* nuevos discípulos. El único propósito de cada cristiano (y luego, por extensión, el propósito de la iglesia) es hacer discípulos. Hacer discípulos es la cultura, la meta, el objetivo—no para que tengamos grandes iglesias, sino para que cada individuo tenga una vida plena en esta tierra y en la venidera. Hacer discípulos precede a todo dentro del cristianismo.

Hacer discípulos es la respuesta a todo esto.

Esta es la respuesta a todo, sin embargo, no es una solución rápida. Tenemos que invertir en el largo camino y su ejecución extensa de guiar a las personas a una vida totalmente devota—para su propio bien. El modelo del Antiguo Testamento nos indica que es durante la crianza de un niño. El modelo del Nuevo Testamento puede durar tan solo tres años y hasta doce.[2] No podemos ayudarnos a nosotros mismos, ayudar a otros y ayudar a construir iglesias saludables rápidamente. Por eso decimos que el discipulado es un camino largo, una ejecución extensa, y, desafortunadamente, muchas personas lo evitan o cambian este largo camino por un camino más corto.

Creo que todos queremos participar en la transformación de vidas. Creo con todo mi corazón que la mayoría de los líderes cristianos quieren ver a las personas convertidas en verdaderos seguidores. Solo que hay demasiado bullicio alrededor. Estamos tan ocupados haciendo ministerio que no podemos concebir dejar de "*hacer*" para arreglar los problemas del "*ser.*" Tenemos un corazón para hacer discípulos, pero no tenemos el tiempo. ¿Qué pasaría si pudiéramos cambiar la cultura de la iglesia para hacer del discipulado una prioridad sin abandonar los buenos proyectos? El Consejo de Misiones Norteamericanas (NAMB) ha hecho un gran trabajo enfrentando un desafío similar. El liderazgo de NAMB reconoció que había una escasez de pastores calificados para llegar a los millones de personas no alcanzadas en los Estados Unidos. Se enfrentaron a los crueles hechos y asumieron el desafío de preparar a estos futuros líderes. En lugar de detener su trabajo principal, lo expandieron recortando el trabajo no estratégico, enfocando y canalizando los recursos de apoyo hacia su objetivo. El problema no está resuelto aún, pero su proceso en desarrollo en donde más pastores están siendo preparados de una mejor manera para el futuro está ganando terreno. Hacer discípulos debe ser nuestra directriz principal porque...

Hacer discípulos es la respuesta a todo.

Hacer discípulos es un plan simple, ingenioso, natural, y bíblico totalmente enfocado en los individuos. Edifica la Iglesia. Honra a Dios. Se centra en quiénes son los creyentes y aplaude los haceres que resultan naturalmente. Este viaje nos acerca más en una relación con Dios y nos bendice grandemente.

7

¿QUÉ ES EL DISCIPULADO?

Lo que hacemos en el discipulado no es el discipulado. El discipulado es ¡hacer discípulos!

Hacer discípulos presenta a las personas con Dios, quién las ama y las entiende; les ayuda a entender quiénes son y quiénes pueden ser, les ayuda a aplicar las verdades transformadoras de Dios y las libera para vivir su mejor vida en la tierra.

El discipulado agrega preparación, confianza y habilidad para ser lo que ya somos: ¡Seguidores de Dios!

Discipular es guiar a otra persona hacia verdades transformadoras y experiencias con Dios. Es el proceso donde el conocimiento se convierte en sabiduría, la oración se convierte en conversación y las personas son llamadas a ser quiénes están diseñadas a ser.

El proceso y la práctica del discipulado son "el hacer," pero éste está completamente enfocado en quiénes somos y en quiénes nos estamos convirtiendo en Cristo. El **proceso** del discipulado formal tiene un término de duración. La **práctica** nunca termina. El proceso se desvanece en la práctica a medida que nos convertimos en seguidores preparados, confiados, seguros y capacitados.

La práctica es un estilo de vida, de aprendizaje y de elecciones—cada una de éstas es una decisión para adaptarnos a Dios y no para pensar neciamente que podemos adaptarlo a Él a nosotros. La práctica del discipulado nos lleva a momentos en los que debemos aceptar nuestra humildad para recibir su gloria.

El proceso de discipulado nos lleva al entendimiento hacia aquel a quién nos hemos comprometido a seguir. Nos trae al conocimiento de quiénes somos, qué recursos de apoyo tenemos y cómo podemos vivir vidas plenas y completas. El proceso cambia a medida que pasamos de ser enseñados a aprender por nuestra propia cuenta. La verdad nos hace firmes y sólidos en nuestra fe y en las verdades de Dios. La estabilidad nos lleva a una vida próspera en esta tierra en las buenas y en las malas. El proceso nos lleva a una comprensión de la unidad.

Los discípulos como es de esperarse; se unen al trabajo comunitario de ser luz para el mundo. Nosotros somos, como manos, pies, y cabezas capaces, (e incluso traseros para sentarnos), nos convertimos en el cuerpo de Cristo. Todo el mundo tiene un valor crucial. La madurez en Cristo y la unidad son el fin natural del discipulado formal. Pablo escribió acerca de esto a la Iglesia de Éfeso:

> *Él mismo constituyó a unos como apóstoles; a otros, profetas; a otros, evangelistas; y a otros, pastores y maestros, a fin de capacitar al pueblo de Dios para la obra de servicio, para edificar el cuerpo de Cristo. De este modo, todos llegaremos a la unidad de la fe y del conocimiento del Hijo de Dios, a una humanidad perfecta que se conforme a la plena estatura de Cristo.*
>
> — EFESIOS 4:11–13

El proceso intencional del discipulado equipa a cada seguidor para hacer la obra de Dios y edificar el cuerpo de

Cristo. Pero perdemos de vista la meta final del discipulado: "El que seamos maduros en el Señor, hasta llegar a la medida completa del estándar de Cristo."

El discipulado nos hace crecer, nos proporciona el combustible para la santificación y nos lleva a la madurez. Nos conforma a la imagen de Cristo. El objetivo final es, en quién se convierte cada creyente, y luego la iglesia. Pero este proceso formal e intencional se desvanece dentro de un estilo de vida práctico.

> *Así ya no seremos niños, zarandeados por las olas y llevados de aquí para allá por todo viento de enseñanza y por la astucia y las artimañas de quiénes emplean métodos engañosos. Más bien, al vivir la verdad con amor, creceremos hasta ser en todo como aquel que es la cabeza, es decir, Cristo. Por su acción todo el cuerpo crece y se edifica en amor, sostenido y ajustado por todos los ligamentos, según la actividad propia de cada miembro.*
>
> — EFESIOS 4:14–16

¿Puedes ver las afirmaciones que Pablo dice acerca de nosotros?

- Estamos preparados.
- Somos constantes.
- Hemos manifestado la fe.
- Nos hemos convertido en una pieza necesaria del cuerpo.
- Estamos sanos, y el cuerpo está sano.

Cada seguidor tiene una obra especial que beneficia internamente a los creyentes y externamente al mundo, pero el discipulado sigue basado en quiénes nos hemos convertido individualmente y luego como cuerpo. El discipulado es: ser enseñado, aprender independientemente, sintetizar, aplicar y luego enseñar o guiar a otros. Todo esto acontece a lo largo de un camino claro y bíblico.[1] El camino puede comenzar con un proceso formal, pero se convierte en una práctica de por vida de crecimiento y madurez. Como dice la última frase de Pablo: " todo el cuerpo crece y se edifica en amor."

El discipulado debe llevarnos a un lugar saludable, lleno de amor y crecimiento. Desde el momento en que somos salvos, estamos completos en Cristo. Sin embargo, hay otro momento, y ese es cuando nos encontramos preparados, confiados y capacitados para vivir con Dios en esta tierra. Un mentor anciano dijo: "Cuanto más te acerques a Dios, más grandes se verán las pequeñas verdades y los errores." A medida que nos acercamos, con entereza y constancia, encontraremos muchísimas oportunidades para seguir creciendo. Aplicaremos rápidamente nuevas verdades a nuestra vida actual. Volveremos a aplicar las viejas reglas traídas nuevamente a primer plano por el Espíritu Santo en nosotros. Juan escribe:

> *Queridos hermanos, lo que escribo no es un mandamiento nuevo, sino uno antiguo que han tenido desde el principio. Este mandamiento antiguo es el mensaje que ya oyeron. Por otra parte, lo que escribo es un mandamiento nuevo, cuya verdad se manifiesta tanto en la vida de Cristo como en la de ustedes, porque la oscuridad se va desvaneciendo y ya brilla la luz verdadera.*

— 1 JUAN 2:7-8

Iremos más profundo a medida que "lo vivamos." Exploraremos y buscaremos muchos más momentos con nuestro Padre Celestial. Seguiremos activa e independientemente a nuestro Dios. Nuestra relación con Dios será de padre a hijo o hija, de maestro a estudiante y de guía a alguien que busca prosperar como ser humano en la tierra. Somos discípulos. Hemos pasado el misterioso punto del "no retorno"[2] y estamos dentro por nuestra propia elección. Nos encontramos viviendo la práctica del discipulado.

Ser discípulo es un viaje de por vida de fracasos, éxitos, de caer, levantarnos y de aprendizaje.

La práctica del discipulado la vivimos en el discipulado mutuo. Todos somos estudiantes con un solo maestro. Nuestros mentores en el proceso se convierten en nuestros colegas en la práctica. Caminamos conjuntamente. Nos acercamos más. Nos completamos mutuamente mientras tenemos comunión con Dios.

El discipulado, como práctica, se enfoca en la santificación en esta tierra. La santificación es como tomar un baño. Se trata de controlar la carne, conformar nuestras vidas a las verdades de Dios y llegar a ser más como Cristo. Es como lavar la suciedad espiritual de nuestras vidas cada vez que la encontremos. El discipulado como práctica está siempre consciente de las verdades de Dios—orar sin cesar, tomar cautivo cada pensamiento, evaluar, ajustar y aplicar todo para que podamos ser en esta tierra quiénes Dios ya nos hizo.

El discipulado como práctica abarca cada momento de nuestras vidas. La práctica es que procuremos buscar continuamente quiénes somos realmente y dónde estamos en este momento. Pedro y Santiago lo entendieron cuando escribieron lo siguiente:

pues ya saben que la prueba de su fe produce perseverancia. Y la perseverancia debe llevar a feliz término la obra, para que sean perfectos e íntegros sin que les falte nada.

— SANTIAGO 1:3–4

Esto es para ustedes motivo de gran alegría, a pesar de que hasta ahora han tenido que sufrir diversas pruebas por un tiempo. El oro, aunque perecedero, se acrisola al fuego. Así también la fe de

> *ustedes, que vale mucho más que el oro, al ser acrisolada por las pruebas demostrará que es digna de aprobación, gloria y honor cuando Jesucristo se revele.*
>
> — 1 PEDRO 1:6–7

Nuestro objetivo debe ser hacer discípulos que puedan valerse por sí mismos. El proceso inicial requiere esfuerzo y requiere muchos ajustes. Se necesita tiempo y dedicación para leer, escuchar, observar, hablar a través de aplicaciones, aplicar, ser comprobado y aprender. Pero necesitamos llevar a los discípulos a un punto crítico donde ya hayan leído y aprendido lo suficiente para que puedan asimilar rápidamente las verdades de Dios y aplicarlas por su cuenta en su vida. El objetivo del proceso es que los discípulos estén preparados, seguros y capacitados para vivir independientemente la práctica aprendida.

Una vez que aprendo a caminar con Dios, tengo más tiempo en mis manos para otras cosas, como ayudar a otros a aprender, servir a los demás y disfrutar de mi caminar con Dios.

Estas nuevas actividades en realidad reflejan mi transformación de en lugar de ser egoísta y autodidacta a *ser* un seguidor de Dios, teniendo la identidad de siervo. El discipulado como práctica está en curso. Nunca dejaré de crecer, de aprender y de crecer si continúo siguiéndolo. Todos volvemos, de vez en cuando, a los primeros pasos de arrepentimiento e iluminación.[3] Siempre estaremos aprendiendo y él nos estará enseñando constantemente. Hace unas semanas, estaba tomando café en la parte trasera de nuestra casa.

Dios me habló y dijo: "Quieres que la iglesia crezca para tu éxito?

Le dije "Me arrepiento," quebrantado hasta la médula.

Nuestra iglesia es una iglesia pequeña pero fuerte. Tenemos algunas sillas vacías. Al parecer no somos tan buenos en el evangelismo. Tengo varios de mis amigos que son evangelistas increíbles, llegan a miles de personas en sus iglesias. Yo anhelo tener este mismo impacto; pero a veces el deseo se va un poco más a los número de asistentes que equivalen a parte del éxito que a los números de personas que han regresado al padre. Dios conoce mi corazón—yo amo a las personas. Él me ama lo suficiente como para decirme que me estaba desviando del camino y me estaba orientando más al desempeño. Fue un momento difícil para mí, pero estoy agradecido de que Dios esté comprometido en que yo le siga.

El ciclo de discipulado nunca se detiene. A menudo, te lleva de vuelta a momentos de convicción y arrepentimiento. Aquellos a quienes has guiado a Dios mantendrán tus pies en el fuego. Aquellos con los que caminas te desafiarán. Estoy agradecido por mis compañeros y amigos que me empujan a ser lo mejor posible. Quiero ser lo mejor que pueda—de eso se trata la práctica del discipulado.

El discipulado se centra al principio en hacer discípulos (un inicio formal), y luego se convierte en una práctica que está continuamente en curso. Pero ya sea en el proceso o en la práctica, algunas características siempre estarán presentes en el discipulado sostenible.

El Discipulado Es Práctico

El discipulado tiene un lado práctico. Jesús era un siervo, así que debemos aprender a ser siervos. Él fue la declaración del amor de Dios para el hombre, así que debemos aprender a ser nosotros también voceros de esta declaración, ¡de este amor! El discipulado nunca tuvo la intención de ser teológico, filosófico, o intoxicante. Dios quiere que disfrutemos de la vida y de una relación plena con Él. Sus caminos y su guía es siempre práctica para nosotros.

El discipulado sostenible se enfoca mucho en el "ser," pero no hay nada malo con el "hacer" que proviene del "ser." Los haceres son prácticos, útiles y transformadores. Anoche, en nuestra casa Amber (mi esposa) y yo estábamos sentados con algunos nuevos amigos. Amber estaba atando una cuerda de oración. Katie Beth, de nueve años, le preguntó: "¿Qué estás haciendo?"

"Atando una cuerda de oración," respondió Amber.

"¿Qué es una cuerda de oración? ¿Es como un rosario?" preguntó la mamá de KB.

Le explicamos que no se parece en nada a un rosario tradicional. De hecho, la cuerda de oración es el antecesor del rosario por más de mil años.[4] Aprendí sobre las cuerdas de oración de Partheneous, un monje ortodoxo. Él me enseñó sobre la cuerda de oración y los beneficios de la oración meditativa para mi vida diaria. La Biblia está llena de instrucciones para que oremos unos por otros, oremos por los santos, oremos y meditemos. Una cuerda de oración es una herramienta práctica que proviene del llamado práctico de Pablo a "orar sin cesar." Partheneous también me enseñó la forma tradicional de usar una cuerda de oración, sentarse en silencio y hacer cien oraciones. Estos momentos de oración me transformaron de alguien que decía que estaba orando y escuchando a alguien que realmente lo estaba "haciendo" con un poco más de estructura. Esto fue muy práctico.

Otro ejemplo de la practicidad de las verdades de Dios vino de Bob Coder. Conocí a Bob mientras aprendí a perforar pozos de agua para los necesitados. Bob me discipuló, y como parte de esa inversión, me hizo leer un capítulo de Proverbios al día durante varios meses. El día veintidós del primer mes, leí:

No te comprometas por otros ni salgas fiador de deudas ajenas; porque, si no tienes con qué pagar, te quitarán hasta la cama en que duermes.

— PROVERBIOS 22:26–27

¿Alguna vez has hecho un préstamo? ¿Alguna vez te has arrepentido de haberlo hecho? He hecho ambas cosas. ¿Qué tan simple es esta verdad proverbial sobre lo que asumimos en este contrato? Es muy práctico. En el sexto día del segundo mes, leí esto,

> *Hijo mío, si has salido fiador de tu vecino, si has hecho tratos para responder por un extraño, si te has comprometido verbalmente, enredándote con tus propias palabras, entonces has caído en manos de tu prójimo. Si quieres librarte, hijo mío, este es el camino: Ve corriendo y humíllate ante él; procura deshacer tu compromiso No permitas que se duerman tus ojos; no dejes que tus párpados se cierren. Líbrate, como se libra del cazador la gacela, como se libra de la trampa el ave.*
>
> — PROVERBIOS 6:1–5

Una vez más, una verdad práctica sobre ser fiador. La próxima vez que alguien me pida que firme un préstamo, simplemente podré decir: "De ninguna manera. Dios me ha enseñado a no hacerlo." La evidencia y la advertencia fueron claras. Dios quería que yo tuviera la mejor vida, y ser fiador era una oportunidad para el estrés, la división y problemas que no necesitaba. A medida que pasé de ser enseñado a aprender y sintetizar las verdades de Dios por mi cuenta, aprendí que había aún más verdad práctica sobre este asunto. Encontré Proverbios 22:7 años después.

> *Los ricos son los amos de los pobres; los deudores son esclavos de sus acreedores.*
>
> — PROVERBIOS 22:7

Más tarde, aprendí sobre los peligros del "debo tenerlo ahora" a lo largo del Nuevo Testamento. Aprendí cómo el deseo por tener cosas puede consumirnos y alejarnos de Dios. Aprendí cómo no debía participar en la posible destrucción de otros.

Ahora había razones más profundas para no ser fiador. No me corresponde a mí decidir si alguien debe tener algo o no. Tampoco era mi deber ponerlos en peligro o poner en peligro nuestra relación. El discipulado se convirtió en una práctica para mí, y comencé a decir que no. Al mismo tiempo, también aprendí a compartir con ellos algunos versículos salva–vidas para que los lean a lo largo del camino.

Desde la oración hasta las finanzas, tanto en el proceso como en la práctica, en cada fase, el discipulado siempre será práctico, ya que expone y aplica las verdades de Dios a la vida diaria. El discipulado le permite a Dios transformar mi vida de manera muy práctica. Hacer discípulos siempre debe enfocarse en aplicar de forma simple verdades evidentes a nuestras vidas. Al guiar a otros, debemos ayudarles a descubrir cómo cada verdad de Dios se aplica de manera útil a su vida en esta tierra.

El Discipulado Es Un Esfuerzo Comunitario

El proceso de llegar a estar preparado, seguro y capacitado fue diseñado por Dios para ser un esfuerzo comunitario. Pablo enseña,

> *Él mismo constituyó a unos como apóstoles; a otros, profetas; a otros, evangelistas; y a otros, pastores y maestros,* ***a fin de capacitar al pueblo de Dios para la obra de servicio, para edificar el cuerpo de Cristo.*** *De este modo, todos llegaremos a la unidad de la fe y del conocimiento del Hijo de Dios, a una humanidad perfecta que se conforme a la plena estatura de Cristo.*
>
> — EFESIOS 4:11–13

El diseño de Dios usa líderes equipados para edificar su iglesia, uno a uno. En el Antiguo Testamento, vemos a Dios usando profetas, líderes, reyes y, quizás lo más importante, padres. La comunidad de líderes es responsable de discipular a los nuevos seguidores, pero el discipulado continúa en una comunidad más amplia a medida que cada uno de nosotros está más preparado, más seguro y capacitado. Lo vemos en las comunidades de creyentes que criaron hijos en los tiempos del Antiguo Testamento. Lo vemos en el Nuevo Testamento también.

> *Más bien, al decir la verdad con amor, iremos siendo cada vez más parecidos a Cristo, quién es el jefe de la iglesia. Él hace que todos en la iglesia estén unidos. Los une por medio del trabajo que cada uno **hace para que todos tengan una fe fuerte y se amen cada vez más**.*
>
> — EFESIOS 4:15–16 NVIS

Todos los que están siendo preparados ayudan a otros a estar preparados. La confianza infunde confianza en aquellos que están creciendo en confianza. La forma de aplicar las verdades de Dios pasa de aquellos que las aplican a aquellos que están aprendiendo. La comunidad de seguidores se discipulan unos a otros en procesos formales y en prácticas diarias. Los compañeros y amigos participan en el discipulado continuo. Desde el clásico versículo del hierro,

> *El hierro se afila con el hierro y el hombre en el trato con el hombre.*
>
> — PROVERBIOS 27:17

hasta el versículo alentador que habla de tener varios consejeros,

> *Cuando falta el consejo, fracasan los planes; cuando abunda el consejo, prosperan.*
>
> — PROVERBIOS 15:22

vemos que todos los que siguen a Dios son parte de nuestro discipulado. Dando y recibiendo, nos empujamos mutuamente hacia una vida transformada y próspera. Los ejemplos siguen y siguen, pero no hay duda de que el discipulado en el proceso y en la práctica es un esfuerzo comunitario en el que cada uno de nosotros participamos. Necesitamos defender, construir y sostener una cultura comunitaria de discipulado.

El Discipulado Es Para Todos

De la misma manera que el discipulado es un esfuerzo comunitario, es para todos. Nunca debe restringirse a unos pocos elegidos. Todos deben tener acceso al proceso. Cada individuo debe ser nuestro objetivo. Todos deben poder participar.

Muchos artículos y textos sobre hacer discípulos incluyen referencias e instrucciones sobre cómo seleccionar discípulos. La mayoría de esas referencias se remontan al trabajo del Dr. Robert Coleman sobre cómo entrenar evangelistas.[5] El discipulado, como proceso y práctica, es totalmente diferente al de capacitar líderes o entrenar evangelistas. Pablo le enseñó a Timoteo cómo escoger líderes para la iglesia:

> Lo que me has oído decir en presencia de muchos testigos, encomiéndalo a creyentes dignos de confianza, que a su vez estén capacitados para enseñar a otros.
>
> — 2 TIMOTEO 2:2

El trabajo del Dr. Coleman se centra en seleccionar y capacitar específicamente a los próximos líderes de la Iglesia—aquellos que evangelizarán el mundo. El discipulado precede a esta selección. El discipulado sostenible no puede limitarse a aquellos que están siendo calificados pues éste es el proceso por el cuál llegan a ser calificados. Estamos llamados a ir al mundo entero y hacer discípulos.

Las iglesias modelo tienen una cultura de discipulado. Si le preguntaras a un miembro de una iglesia modelo: "¿Qué es lo más importante que los creyentes hacen en tu iglesia?," él respondería: "El discipulado." Bill Hull, quién ha dedicado su vida a promover el discipulado, lo dice de esta manera: "Dios no ha prometido bendecir nuestros buenos motivos, sueños e innovaciones. Él ha prometido bendecir su plan. Su plan es que los discípulos hagan otros discípulos—todo lo demás es secundario."

El discipulado que busca que cada persona tenga el mejor día de su vida da como resultado una iglesia que tiene el mejor día de su vida. Los seguidores entregados y devotos de Dios son la piscina de la cual podemos seleccionar líderes, pero todos deben aprender a nadar. Todos tienen la oportunidad de ser discipulados y estar preparados, seguros y capacitados para disfrutar la vida que Dios les ha dado. Debemos estar abiertos a caminar con cualquiera que esté dispuesto a seguir a Dios en el proceso o en la práctica del discipulado.

El Discipulado Es Íntimo

Seguir a Dios a lo largo del camino y hacer discípulos requiere que tengamos el tiempo, pasión duradera y caminemos con aquellos que discipulamos en medio de todo el desorden y bullicio de esta vida. El discipulado sostenible es íntimo en proceso y práctica, y su intimidad se basa en:

- transparencia,
- confianza,
- humildad,
- empatía, e
- interacción.

Se necesita transparencia para decirle a alguien dónde se encuentra exactamente en la vida. Para permitir que Dios le transforme. Para compartir un momento de "yo he estado allí."

El momento más difícil en mi vida hasta ahora ha sido sufrir un divorcio. Mi amigo Mark cree que el quebrantamiento y el dolor de todo esto me permitió alcanzar a personas a quiénes otros líderes de la iglesia nunca llegaron. Tom[6] había estado en discipulado durante unos seis meses cuando me llamó una noche bien tarde, diciendo. "Ya no puedo vivir con su engaño. No es saludable para los niños. Sé que probablemente no quieres hablar de esto, pero necesito saber si soy la peor persona por considerar el divorcio." Gracias a Dios por la transparencia y al restaurante la Casa del Wafle donde me reuní con él. Hablamos de lo que Dios dice sobre el divorcio, el matrimonio y el amor de principio a fin. Exploramos lo que Dios dice, y animé a Tom a aplicar las verdades de Dios a su situación. Lloramos. Me destrozó por dentro tener que revivir recuerdos. Pero sabía que las verdades bíblicas y las lecciones que aprendí anteriormente podrían ayudarle. La transparencia es el primer bloque para la construcción de la intimidad. La confianza es el segundo bloque.

Los discípulos necesitan poder confiar en ti. Necesitan saber que siempre trabajarás por su beneficio. Necesitamos ser confiables. No debemos abandonarlos. Debemos mantener sus asuntos en privado y trabajar conjuntamente para el bien de todos. He oído confesión tras confesión como: "Estoy teniendo problemas con pornografía"; "Tuvimos sexo anoche"; "Ya no estoy seguro de sí creo en Dios"; y la lista continúa. Aquellos a quienes guías no confiarán en ti para ayudarlos a encontrar y aplicar las verdades de Dios a su situación si tú no eres digno de su confianza. Necesitan saber que tú, así como Dios, nunca los abandonarás, que no compartirás con otros sus secretos y, sobre todo, que creerás en quiénes *son* y en quiénes pueden llegar a ser.

La humildad es el tercer bloque de construcción de la intimidad tanto para nosotros como para aquellos a quienes lideramos. Mi definición favorita de "humildad" se encuentra en La Biblia *el Mensaje*, donde parafrasean "humilde" como

Y no te tomes a ti mismo demasiado en serio—toma a Dios en serio.

— MIQUEAS 6:8 (EL MENSAJE)

Se necesita humildad para pensar que podrías ser digno de liderar a alguien. Vas a necesitar humildad para animar a alguien en un área donde fallaste tantas veces. La humildad también te ayudará a evitar los peligros del juicio. Los discípulos necesitan humildad para aprender de alguien. Necesitan humildad para ajustar sus elecciones a las verdades de Dios. La humildad de los líderes y seguidores también abre la puerta a la empatía.

La empatía construye intimidad. El juicio construye distancia. Jesús modeló la empatía en lugar del juicio.[7] Las personas que están equivocadas saben que están equivocadas. Necesitan más salvación y menos juicio. Aquellos a quienes lideras deben saber que sabes que Dios es el único juez. Tienes que ser capaz de ponerte en medio de su preocupación y humillación cuando su desempeño no está a la altura de lo que realmente *son* en Cristo. Tienes que sentir por aquellos a quienes lideras. Tienes que identificarte con su posición y poder ayudarlos a aplicar las verdades de Dios para que vean su amor, perdón, gracia y esperanza para sus vidas. La intimidad requiere que creamos en aquellos que nos siguen. Requiere que nos esforcemos por salvar, guardar y proteger a aquellos que ya están completos en Cristo,[8] ayudándoles a descubrir su mejor vida por siempre.

La intimidad también requiere interacción porque se desvanece con la distancia y la desconexión. La interacción requiere que dediquemos tiempo a aquellos a quienes lideramos. La interacción exige que aquellos a quienes lideramos sirvan, rían y vivan junto a nosotros. El discipulado exitoso implica interacción. El líder, el compañero y el seguidor deben invertir su energía en el proceso. Debe haber comunicación. Debe haber tiempo para orar, explorar y discutir. Mis grupos favoritos de discipulado nunca quieren irse de la casa donde nos reunimos. Su discipulado va mucho más allá del tiempo regular de reunión. Estas personas aman pasar el rato, compartir la vida y hacer cosas juntos—se han convertido en mis compañeros y me han dejado ser su compañero. Las noches largas y tardías no son un inconveniente para las personas que interactúan de manera saludable.

La intimidad se ejerce de manera diferente durante el proceso y la práctica del discipulado. Al hacer discípulos, la intimidad permite que un líder guíe a un seguidor a un lugar en el que él o ella ya han estado. En el discipulado, la sumisión, la intimidad y la interacción son mucho más parecidas a la relación entre hermanos—son ilimitados y ampliamente abiertos. Entonces, tanto el proceso como la práctica del discipulado requieren de intimidad.

El discipulado sostenible modela transparencia, confianza, humildad, empatía e interacción. Debemos proporcionar cada una de estas cosas a aquellos a quienes hacemos discípulos. Debemos motivarlos a abrazar cada una de estas cualidades para que puedan sacar el máximo provecho del discipulado.

El Discipulado Es Persistente, Riguroso y Arriesgado

Hacer discípulos y ser discípulos requiere que nos enfrentemos a nosotros mismos, que nos inclinemos al desafío y que elijamos a Dios. Mi hermano solía correr maratones y ahora corre carreras ultra (que son carreras de más de cincuenta millas). Dan compartió esto sobre la resistencia durante uno de los momentos más débiles de mi vida:

> *Cuando corres mucho, sientes que te estás quedando sin energía. Primero, tu cuerpo parece que se va. Sientes que no puedes dar un paso más. Tus piernas arden, tus pulmones duelen y tu cuerpo te dice que no puedes dar un paso más. Pero tú sabes que puedes. Tu mente te empuja y tu cuerpo sigue. Encuentras más energía. Es*

como si tu mente anulara esas señales iniciales de tu cuerpo. Pero entonces tu mente comienza a irse también. Empiezas a preguntarte si puedes o no hacerlo. Empiezas a dudar y pensar que no puedes dar un paso más. Te estás quedando sin energía mental, pero en algún lugar muy adentro de ti, sabes que puedes aguantar más. Entonces tu corazón se activa, desde muy adentro, la fuerza y la energía aumentan. Ahora estás corriendo, y sigues corriendo.

El discipulado es como correr esta maratón. Tu carne, esa parte demasiado humana de ti, lucha contra ti y llega al punto de quebrantamiento. Las verdades y promesas de Dios surgen en tu mente, y sabes que puedes dar un paso más. Y lo haces hasta que tu mente comienza a irse. Luego cuestionas estas verdades y las promesas. Llegas a otro punto de quebranto. Pero si resistes, tu espíritu entra en acción. El Espíritu de Dios en lo profundo de ti entra en acción, proporcionándote la energía y la resistencia que ni siquiera tú sabías que tenías. Ahora estás corriendo más allá de ti, transformándote, paso tras paso. Estás corriendo en una manera sostenible.

Este, por supuesto, es el largo y extenso camino para convertirte en discípulo que Pablo describe en Romanos 6–8.[9] Él nos enseña a correr con resistencia, a soportar y ganar el premio de nuestra fe, y a correr en el Espíritu. La implacabilidad es la razón por la que Watchman Nee nos enseña primero a ser completos y permanecer en Cristo antes de caminar en esta vida o enfrentarnos al enemigo.[10]

El discipulado es persistente. Requiere que evaluemos cada pensamiento y que lo midamos contra las verdades que hemos aprendido acerca de vivir para siempre nuestra mejor vida. Pablo escribió esto a los creyentes de Corinto:

… pues, aunque vivimos en el mundo, no libramos batallas como lo hace el mundo. Las armas con que luchamos no son del mundo, sino que tienen el poder divino para derribar fortalezas. Destruimos argumentos y toda altivez que se levanta contra el

conocimiento de Dios, y llevamos cautivo todo pensamiento para que obedezca a Cristo.

— 2 CORINTIOS 10:3-5

Es una elección de seguirlo en todo momento. Es aprender a escuchar al Espíritu que nos recuerda sus verdades y nos anima a seguirlas. Es arriesgado a medida que intensificamos la relación con aquellos a quienes "hacemos discípulos."

Necesitamos recordar que el proceso de aprender, ajustarse y ser transformado es algo mental, físico y espiritualmente agotador. Se necesita tiempo para crecer fuerte. Debemos animar a aquellos a quienes lideramos. Así como en una maratón, debemos proveerles "estaciones de ayuda" y proporcionarles descanso, aliento y, a veces, es necesario hacer pausas.

El discipulado también es riguroso. Enfrentamos nuestros mayores temores y guiamos a otros a enfrentar los suyos durante el discipulado. Los empujamos a "lo que es correcto" sin tener miedo para que cada uno de nosotros tengamos siempre nuestra mejor vida. Ningún rincón o grieta es seguro, oculto o reservado en el proceso o práctica del discipulado. Es riguroso porque tenemos un enemigo común que atacará con crecientes golpes a medida en que nos convertimos en quién Dios nos ha hecho. Nuestro enemigo nos ataca con recuerdos y remordimientos mientras ataca nuestro valor propio. Planta dudas y continúa poniéndolas mientras ataca nuestro destino de estar preparados, tener confianza y estar capacitados. Cuando las cosas se vuelven inflexibles, la empatía y la esperanza son los mejores regalos que podemos ofrecer a aquellos a quienes discipulamos.

El discipulado en el proceso y la práctica es un trabajo arriesgado. La intimidad y la interacción requeridas traen sentimientos de riesgo. ¿Qué tan difícil es compartir lo que realmente piensas acerca de un versículo? ¿Qué tan arriesgado es someterse y seguir a otro que te está guiando a Dios?

Me caí de un acantilado cuando tenía veintidós años. Caerte

no es la gran cosa. No te consideran un verdadero escalador hasta que te has caído. Caerse es parte del saber escalar mejor. Tienes que probar cosas nuevas. Tienes que saltar. Tienes que esforzarte para ir mejorando. Y te caerás. Solo que aprendes y deseas tener lo que llamamos caídas controladas. Mi caída no fue controlada. Los dispositivos colocados en la roca me fallaron en ese momento, y caí casi unos sesenta pies sobre una losa de granito. Las personas me preguntan si ahora le tengo miedo a las alturas. Yo les contesto que no le tengo miedo a las alturas. Ni siquiera tengo miedo a caerme. Pero siento el riesgo en ese momento en el cual estoy en lo alto y sin control—ese es un riesgo que me congela. El cual puede ser aterrador.

Sentir esa exposición en su vida es un riesgo en el discipulado lo cual es la vida real. Los discípulos pueden preguntarse si su transparencia los va a consumir, así como han visto a otros consumirse. Pueden tener cicatrices de su último momento de intimidad y apertura que tuvieron con otros. Tenemos que recordar el riesgo que estas personas sienten. Los sentimientos son reales incluso si sabemos que no están en riesgo. Los sentimientos de riesgo pueden hacer que nos congelemos y nos aislemos de compartir en la comunidad que es parte de nuestro discipulado. El discipulado en proceso y práctica se siente arriesgado incluso cuando no lo es.

El discipulado sostenible es persistente, riguroso y arriesgado. Debemos haber resistido una larga carrera antes de alentar a alguien para que corra esta misma carrera. Debemos habernos enfrentado a nosotros mismos antes de pedir a los demás que se enfrenten a ellos mismos. Necesitamos haber sido arriesgados antes de pedir a otros que se arriesguen. Siempre necesitamos recordar cómo nos sentimos nosotros cuando comenzamos ésta misma práctica de discipulado.

El Discipulado Es Fácil

El discipulado es fácil. Jesús lo hizo sin un solo libro. Los papás pueden hacerlo día a día y momento a momento. No se requiere de un título universitario. El discipulado es el simple proceso y práctica de seguir a Dios. Es el proceso y la práctica de ajustarse a sus verdades vivificantes, fortalecedoras e increíbles. El discipulado es como comer el postre para el desayuno en lugar de sólo comer avena. Es ganar la lotería espiritual.

El discipulado sólo requiere decir sí, y estar disponible para seguir a Dios.

No debe hacerse más difícil de lo necesario. Tal vez hay un poco de ironía con esta sección en comparación a la sección anterior "El discipulado es persistente, riguroso y arriesgado," pero a pesar de los desafíos que podemos enfrentar, el discipulado se trata simplemente de decir que sí. Sí a la bendición. Sí a las pruebas. Sí a los desafíos. Sí al perfeccionamiento. Sí a mí mejor vida.

Mike[11] estaba en el discipulado. Estaba tan tenso, orientado al rendimiento y concentrado en el "hacer" y no en el "ser." Su líder le preguntó un día si su hija iría al campamento de la iglesia. Esta fue la conversación:

"No estoy seguro de que tengamos el dinero," dijo Mike.

"Escuché que están regalando un cupo gratuito para cualquier niño que lea la Biblia de principio a fin antes del campamento."

"Mi hija no puede hacer eso."

"¿Por qué no? Apuesto a que puede leerla sólo unas pocas páginas al día."

"¿Cómo puede hacerlo ella si yo personalmente no puedo? ¿Cómo puede ella entender y procesar todo esto si yo no puedo?" respondió Mike.

"Oye, sabes que se supone que sólo deberías estar leyendo, ¿verdad? Sabes que no tienes que entender y saberlo todo en la primera fase. Sólo lee y entiende lo que puedas."

Mike suspiró.

La hija de Mike es una adolescente inteligente. Y ella podía leer fácilmente la Biblia de principio a fin, pero Mike tenía la irracional creencia de que ella no podía porque él no creía poder. Mike estaba dificultando su propio discipulado. Todo lo que tenía que hacer era seguir las instrucciones de su líder. Todo lo que necesitaba hacer era leer, pero él estaba pensando demasiado en todo lo demás. Mike pensó que tenía que entenderlo todo. Él estaba luchando con los mismos problemas de desempeño que muchos de nosotros tuvimos que dejar a un lado para poder seguir a Dios (y sólo ser sus discípulos).

Su líder hizo todo lo posible para resolver este problema. Trató de mostrarle el camino fácil de como seguir a Dios: sé quién eres, y en dónde estás en este momento, simplemente camina y pasa al siguiente lugar. Mike nunca cambió su forma de hacer las cosas. Nunca dejó de hacerlo más difícil. Curiosamente, su hija simplemente siguió a su líder y continúo leyendo la Biblia. Hacer discípulos es fácil si nosotros, como líderes, seguimos los sencillos modelos de discipulado de Dios.

Caminamos con ellos, los guiamos a las verdades de Dios, los animamos, les explicamos lo que sabemos y los empujamos a decir sí a Dios. Ser un discípulo también es fácil. Simplemente sigues. Necesitamos transferir esta idea de que el seguir es simple.

El discipulado sostenible no es un campo de entrenamiento de la marina. Al contrario, es aprender a andar en bicicleta con ruedas de entrenamiento. El discipulado no es sólo para la élite. Es para todos, y es un proceso fácil y agradable. No es ser arrojado a una piscina para aprender a nadar. Es aprender a nadar con un gran instructor que estará allí en cada brazada que des. No debe ser difícil para los seguidores. No necesitamos hacer de éste un proceso sobrehumano o de superhéroes. Del mismo modo, aquellos que están siendo hechos discípulos necesitan simplemente relajarse y caminar a través del proceso. (¡Cuántas veces he dicho esto a los seguidores nuevos!) habrán desafíos, requiere intimidad y es riguroso, pero el discipulado es simplemente un proceso de aprender y aplicar las verdades de Dios momento a momento.

El Discipulado Es La Aplicación De La Verdad Eterna

El discipulado tiene que ver con la verdad de Dios aplicada a nuestras vidas; por lo tanto, las verdades eternas de Dios son la base del discipulado exitoso. Sus verdades son lo que las personas siguen. Seguirlo se trata de aplicar sus instrucciones y sus principios para una vida increíble en cada momento.

El discipulado sostenible se enfoca en cada momento, en cada reunión y en cada aplicación. Guiamos a los discípulos a leer la Biblia de principio a fin tres veces durante este proceso. El primer paso es como bucear en una piscina por primera vez. Los discípulos no tienen idea de cómo nadar. El primer paso al discipulado se enfoca en lo que llama su atención, en lo que entienden y en lo que los confunde. Su experiencia impulsa el proceso mientras discuten parte de la Biblia cada semana. El segundo paso es aprender a nadar dando vueltas alrededor. El discípulo, ahora con experiencia en natación, se pone en marcha para explorar la piscina, comienza a responder sus propias preguntas y hace preguntas mucho más complejas. El tercer paso asimila todo lo que ha aprendido y se centra en la capacidad de comunicar esas verdades a los demás y usar esas verdades en el liderazgo.

No hay nada más grande que las palabras de Dios para transformar a los humanos. Pablo escribe a los romanos,

> *A la verdad, no me avergüenzo del evangelio, pues es poder de Dios para la salvación de todos los que creen: de los judíos, primeramente, pero también de los que no son judíos. De hecho, en el evangelio se revela la justicia que proviene de Dios, la cual es por fe de principio a fin, tal como está escrito: El justo vivirá por la fe.*

— ROMANOS 1:16–17

El escritor de Hebreos enseña,

Sin duda, la palabra de Dios es viva, eficaz y más cortante que cualquier espada de dos filos. Penetra hasta lo más profundo del alma y del espíritu, hasta la médula de los huesos y juzga los pensamientos y las intenciones del corazón. Ninguna cosa creada escapa a la vista de Dios. Todo está al descubierto, expuesto a los ojos de aquel a quién *hemos de rendir cuentas.*

— HEBREOS 4:12–13

Los discípulos son empujados a aplicar las verdades de Dios a su pasado, presente y futuro. Son enseñados a:

- enfrentar la verdad,
- medirse a sí mismos contra ellas,
- ajustarse a ellas,
- guardarlas para su uso futuro, y
- conectarlas con todo el contexto de la Biblia.

Leer la Biblia de principio a fin nos proporciona un contexto que nos impide malinterpretar y aplicar erradamente las "verdades." Leer de principio a fin resume los principios y verdades de Dios a través del tiempo. Leer de principio a fin no se trata de lo que quiero aprender—se trata de lo que puedo aprender. Se trata de aprender cosas que nunca supe que existían. Leer de principio a fin, afirma y expone cosas que otros nos han enseñado. Plantea preguntas. ¿Dónde dice la Biblia que hacerse un tatuaje es un pecado? ¿En el versículo acerca de marcar nuestros cuerpos como los paganos estaban en duelo? ¿O es ese pasaje sobre el no llorar la pérdida como aquellos sin esperanza? ¿O se trata de no parecerse al mundo? ¿Nos parecemos al mundo cuando tenemos tatuajes? Todas estas son grandes discusiones de segundo y tercer paso del discipulado. Estas son preguntas difíciles que nos hacen aprender, aplicar y crecer.

El regalo más grande que podemos dar a las personas es la exposición basada en la aplicación de principio a fin a la mística, poderosa y transformadora Palabra de Dios. Nadie es demasiado joven. Ningún pasaje es demasiado aburrido. Hay vida para cubrir de principio a fin. El aburrimiento desaparece cuando buscamos en sí las aplicaciones. Claro, que me cuesta al leer y contar las listas de familias en el libro de números. Pero me deprimo cuando leo a Jeremías. Sin embargo, he visto surgir grandes verdades al conectar a este joven o jovencita en esta historia con esta increíble declaración, en otro lugar. Estaba tan asombrado y emocionado con Dios cuando me di cuenta de que Rahab, una prostituta mentirosa convertida en creyente estaba en el linaje de Cristo. ¿Cuántas vidas han sido inspiradas por la oración de Jabes encontrada en medio de una historia aparentemente interminable y aburrida? Necesitamos mostrar esta belleza y estas conexiones a aquellos que discipulamos. Necesitamos reunirlos nosotros mismos a medida que aprendemos sobre el éxito y el fracaso de los humanos a lo largo de los años.

El discipulado en el proceso y la práctica tiene que ver con la aplicación que conduce a la transformación.

El Discipulado Se trata de Transformación

El error más común al hacer discípulos es pensar que el discipulado se trata de educación. Es un error que se comete fácilmente. Después de todo, ¿cómo vas a seguir a menos que aprendas todas las reglas? ¿Y saber todo acerca de Dios no sería la mejor manera de comenzar? ¿Cómo puedes seguir a un Dios que no entiendes? Cada pedacito del seguimiento implica algún tipo de aprendizaje.

Pero la educación puede sacarnos de rumbo. Puede llevarnos muy rápidamente al pragmatismo, al legalismo y a un sistema de medición que nos juzga a nosotros mismos y a los demás en función del desempeño en lugar de la relación.

El discipulado no se trata de educación—se trata de transforma-

ción. Jesús no nos dijo que hiciéramos eruditos en su palabra. Nos dijo que hiciéramos seguidores.

Hacer discípulos implica enseñar. Ser discípulo requiere aprendizaje. La educación no es mala; simplemente no es el objetivo final o la medida del éxito. La educación debe alimentar el fuego de la transformación. Es como comer. No hay nada de malo en disfrutar de una buena comida. No hay nada de malo en querer comer delicias increíbles. Pero el objetivo final de comer es crecer, mantenerse vivo y estar saludable (bueno, al menos es como debería ser).

La educación por el bien de la educación es como la gula. La educación que no transforma es como un gordo comiendo pastel. Para el proceso de transformación es como la pasta para un ultra–corredor, le da energía. Para la vida y la salud es como una dieta equilibrada consumida en cantidades razonables. Sólo el comer por comer no puede salvar a un hombre, pero comer bien puede salvar a un hombre. La educación por sí sola puede hacerte inteligente, pero si no es útil, es un desperdicio.

Enfocar el discipulado en la educación es como poner a un médico en práctica justo después de la escuela de medicina. La escuela de medicina es importante, pero la residencia es mucho más importante. La residencia es el momento en que los médicos jóvenes aprenden a aplicar su educación bajo la atenta mirada de otros médicos más experimentados. Los estudiantes de medicina no se convierten en médicos sin aplicar y demostrar con éxito su educación en situaciones en la vida real. Ser transformado por lo que aprendemos es como la residencia.

La aplicación de lo que aprendemos debe conducir a la transformación de nuestras vidas. El saber no nos cambia. Nuestra respuesta a lo que aprendemos es lo que nos cambia. Nos convertimos en seguidores de Dios cada vez que respondemos a esta convicción y ajustamos nuestras vidas a las increíbles, eternas y provechosas verdades de Dios.

La educación es el combustible para el fuego transformador.

La elección de ésta es el fósforo que lo hace arder. La transformación es completada por el Espíritu de Dios. Aplicar las verdades de Dios para tomar y hacer tus elecciones fortalece al Espíritu para transformar "quién soy."

La elección es ambos, es tanto el primer como el último paso para seguir a Dios. La educación nos ayuda a saber qué elegir para que podamos ser transformados. El discipulado sostenible no sólo nos impulsa a la aplicación de las verdades de Dios, sino que también se enfoca en la transformación del individuo. Necesitamos anhelar la transformación de aquellos a quienes lideramos, y necesitamos preguntarles una y otra vez: "¿Qué vas a hacer ahora que ya conoces esta verdad? ¿Qué harás con esto?"

De La Teoría a la Ejecución

> *"Dado que hacer discípulos es la tarea principal de la iglesia, cada iglesia debe ser capaz de responder a estas dos preguntas: ¿cuál es nuestro plan para hacer discípulos de Jesús?; y ¿Está funcionando nuestro plan?"*
>
> — DALLAS WILLARD

Hasta este punto, hemos cubierto el panorama general del discipulado exitoso y sostenible. Los seguidores y líderes necesitan una definición simple y una comprensión integral del discipulado. Independientemente de los métodos,

> Hacer discípulos presenta a las personas a Dios, quién los ama y los entiende, les ayuda a entender quiénes son y quiénes pueden ser, les ayuda a aplicar las verdades transformadoras de Dios y les libera como personas preparadas, seguras y capacitadas para vivir siempre su mejor vida en la tierra.

Hemos redescubierto los modelos puros e irrefutables de Dios para hacer discípulos. El modelo del Antiguo Testamento que se centró en conocer y transmitir las verdades de la vida de Dios a lo largo del camino, recordándonos cinco verdades importantes del discipulado:

1. Es posible que no siempre "lo entendamos" la primera vez.
2. Algunas verdades se aplican a diferentes situaciones que se repetirán de diferentes y nuevas maneras.
3. La cultura se construye a través de pequeñas lecciones.
4. La verdad es más relevante cuando se aplica inmediatamente.
5. Se necesitan respuestas y dirección en el camino.

El modelo del Nuevo Testamento reveló el método de Jesús con sus discípulos.

1. Los llamó a rendirse.
2. Los discipuló en el camino.
3. Hizo preguntas difíciles.
4. Proveyó oportunidades para practicar. Los puso en Residencia.
5. Los liberó.
6. Tardó tres años en hacer discípulos.
7. Él los discipuló como individuos.
8. A menudo, en grupos más pequeños.

Hacer discípulos se trata completamente de quién es y en quién se convierte ese alguien. No se trata de lo que hacen o cómo lo hacen. Hacer es el resultado natural del ser cuando vienen a la vida. "Ser viene antes del hacer" es la salsa secreta para hacer discípulos autosuficientes. También hemos visto que el discipulado exitoso siempre abarca ciertos principios bíblicos:

1. El discipulado debe basarse en las verdades de Dios.

2. El discipulado debe ser intencional.
3. El discipulado se trata de hacer seguidores de Dios, no seguidores de hombres.
4. El discipulado debe enfocarse en los individuos.

Hemos ampliado nuestra comprensión del valor del discipulado, entendiendo que es la respuesta para "todo" para los individuos y para la Iglesia. Y hemos explorado las características del discipulado para entender mejor cómo es el discipulado sostenible.

1. El discipulado expone a las personas a la verdad práctica.
2. El discipulado es un esfuerzo comunitario.
3. El discipulado es para todos.
4. El discipulado es íntimo.
5. El discipulado es persistente, riguroso y arriesgado.
6. El discipulado es fácil.
7. El discipulado se enfoca en aplicar verdades útiles y eternas.
8. El discipulado se trata de transformación.

Ahora nos enfrentamos a las dos preguntas de Dallas Willard:

- ¿Cuál es nuestro plan para hacer discípulos de Jesús?
- ¿Está funcionando nuestro plan?

Dallas dio su vida para defender el discipulado. Hace mucho tiempo, se enfrentó a los mismos desafíos que el Grupo de Barna ha identificado recientemente. Identificó la necesidad de un discipulado sostenible cuando escribió:

Un discípulo maduro es aquel que hace sin esfuerzo lo que Jesús haría si fuese Jesús.

Bill Hull también ha dedicado su vida a defender el discipulado. Él también identificó la necesidad de un discipulado sostenible y escribió:

El éxito no debe medirse por cuántos discípulos se hacen, sino por cuántos discípulos están haciendo otros discípulos.

Bill también dijo:

El discipulado es la única esperanza para el mundo, no ha funcionado porque nunca se ha hecho. No se ha hecho porque estamos demasiado distraídos, somos un grupo impaciente que hemos estado más interesados en nosotros mismos y en nuestros reinos que en Cristo y en su reino.

¿Cuál es nuestro plan para el discipulado? ¿Funcionará? ¿Tenemos tiempo? Estas son preguntas poderosas. Asistí a un panel de un día sobre evangelismo y discipulado organizado por El Consejo de Misiones Norteamericanas. Cientos de nosotros nos presentamos para discutir y compartir sobre el tema del discipulado. El panel de cinco miembros (y el moderador) eran todos evangelistas de éxito. Tenían vidas personales de evangelismo. Sus iglesias se destacan en alcanzar a las personas. Sus experiencias oscilan entre diez y cuarenta años. Estos líderes inspiradores reavivaron un deseo de evangelismo en mí. Fue humillante. Sin embargo, cuando se le preguntó a cada uno acerca del discipulado, dijeron que no habían tenido mucho éxito.[12] Fueron transparentes ya que, uno tras otro, compartió que era una continua lucha con el discipulado. Hubo algunas historias donde relataron su andar uno a uno con algunos pocos hombres a lo largo de los años. Un líder compartió de cómo siempre fue mentor de dos o tres hombres al año, pero ninguno de ellos tenía un plan claro para discipular a las masas de personas que ya se habían ganado para el Señor.

Me identifiqué con ellos. Me enfrenté al mismo desafío y en

mi responsabilidad por tener entonces grupos más pequeños, descubrimos una respuesta, y está funcionando. Quería saltar y decir: "¡Esperen! Yo tengo la respuesta." Todo en mí, anhelaba compartir lo que Dios nos había enseñado—quería compartir el modelo directo y exitoso que estaba creando discípulos excepcionalmente. Ese momento me impulsó a compartir esta respuesta. Ese momento me impulsó a escribir este libro y terminar la redacción.[13]

Es hora de pasar de los conceptos y los fundamentos, a los detalles y ejecución del discipulado sostenible. La siguiente sección, "El modelo de discipulado sostenible," explora el modelo y establece siete elementos de acción. Incluye:

- La Evolución de un Plan,
- Un Plan de Cuatro Años,
- Implementar el Discipulado Integral,
- Aprovechar el Camino Predecible,
- Utilizar las Siete Prácticas Básicas,
- Personalizar el Proceso, y
- Comprender Nuestro Rol.

El discipulado sostenible hace discípulos en tres fases. La sección "Guía Paso a Paso" contiene guías detalladas para hacer discípulos en cada fase. Da instrucciones paso a paso de cómo hacerlo:

- Lanza a tu Grupo de Discipulado–Uno,
- Continúa Guiando a los Discípulos en el Discipulado Dos, y
- Termina Bien el Discipulado con el Discipulado Tres.

En esta sección se comparte nuestro proceso de reclutamiento y evaluación en cada fase. Amplía "cómo" crear discípulos sostenibles con ejemplos detallados y aplicaciones para cada fase. Exploraremos los requisitos del discipulado y las transiciones entre fases. "Lanza tu discipulado" comienza con nuestra revisión más concisa de este modelo. "La Guía Paso a Paso" es la guía definitiva para ejecutar el discipulado sostenible.

Concluiremos echando un vistazo al gran privilegio que tenemos al hacer discípulos. "Nuestro Privilegio" es uno de mis capítulos favoritos. Es el que leo cuando estoy cansado. Es el que leo cuando estoy tratando de averiguar el siguiente paso. Me recuerda, me inspira y me ayuda a perseverar en esta gran tarea de hacer discípulos sostenibles.

A medida que nos dirigimos hacia las prácticas, quiero recordarles que el discipulado sostenible no es un programa, o un conjunto de materiales o una clase. El discipulado sostenible es simplemente un reflejo práctico del modelo de Dios para el discipulado. ¡Funciona! Aquellos a quienes hemos liderado ahora están liderando a otros. Tenemos trece generaciones de profundidad y comenzamos a ver un poder exponencial. Hay un plan. ¡Funciona! Tienes el tiempo. Aquellos a quienes hagas discípulos harán otros discípulos. ¡Lo prometo!

PARTE III

EL MODELO DEL DISCIPULADO SOSTENIBLE

8

LA EVOLUCIÓN DE UN PLAN

¿Tienes un plan para hacer discípulos? Yo no lo tuve. No estaba enfocado en el llamado de Dios para hacer discípulos. Sólo quería que se transformaran. No tenía el tiempo ni la paciencia con el cristianismo estándar. Mi vida tenía significado, mi oración era una conversación con Dios, y mis decisiones eran razonables y sólidas basadas en verdades eternas tan seguras como la gravedad. Había sido llevado por Dios, y yo mismo me había metido a situaciones más grandes a lo que yo era. Aprendí en el trabajo a través de éxitos accidentales y pruebas necesarias. Yo quería que las personas me siguieran y que tuvieran una ayuda en el camino. No sólo no tenía un plan, sino que tampoco tenía un modelo, una plantilla o mentores a seguir. Los apóstoles no enfrentaron estos dos desafíos. Jesús les dijo que hicieran discípulos, y les mostró cómo hacerlo. Para los apóstoles fue más fácil.

Jesús modeló el hacer discípulos haciendo discípulos. Jesús les enseñó. Ellos en realidad tenían algo que enseñar. Los apóstoles estaban allí. Conocieron el sacrificio y la belleza hacia donde llevaban a las personas. Conocieron los desafíos, las pruebas y la persecución que enfrentarían sus nuevos seguidores. También conocieron el valor de tener una relación con el Dios del universo. Recibieron un llamado directo y un modelo a imitar. Sí así hubiera sido mi camino.

¡Para los apóstoles fue más fácil!

Yo quería exponer a las personas a las verdades y a la majestad de Dios. Quería ganarme a las personas para la misma vida plena y substancial que yo había encontrado. Como la mayoría de los líderes, comencé a enseñar. Estudiaba la Biblia con ellos. Tuvimos clases sobre casi todos los temas clásicos, desde el matrimonio hasta la evolución. Incluso organizamos clases de seminario en el campus. Y las personas asimilaban todo. Nuestras clases eran concurridas y las personas aprendían, pero aún experimentábamos los problemas habituales de hacer "iglesia."

- Finanzas
- Solo el veinte por ciento comprometido y haciendo el ochenta por ciento del trabajo y diezmando
- Obstáculos humanos
- Voluntarios agotados
- Personal exhausto
- Estancamiento de la efectividad del ministerio
- Confusión y división

Me encontré con sentimientos de inefectividad. Los números estaban ahí y las personas estaban siendo educadas, pero sólo un pequeño porcentaje de los participantes parecían seguidores. Las personas no se movían hacia la unidad. Las personas no estaban aplicando las verdades consistentemente. Y peor aún, yo realmente no me veía como un seguidor. El tiempo y el estrés estaban pasando su factura. Probamos todo tipo de cosas.

Comenzamos un discipulado intensivo de trece semanas para hombres: Upsilon Mu Chi. Era cómo una fraternidad de hombres, trece semanas en un proceso para comprometerse a llevar una vida siguiendo a Dios juntos. La parte intensiva funcionó muy bien. Pasamos cada semana juntos, nos volvimos transparentes, reforzamos verdades básicas, nos desafiábamos y mutuamente rendíamos cuentas. Cada semana teníamos interacción, actividades y compañerismo. Pero el proceso fracasó una y otra vez cuando la treceava semana llegaba a su fin, el cambio de vida no pareció durar mucho más allá que un par de años. Las verdades quedaron adheridas a nosotros. El estilo de vida fracasó frente a los desafíos y pruebas, y se convirtió en un programa más. Era disciplinado, pero no era sostenible.

Comencé a llevar a las personas en viajes misioneros, usando un plan específico para aprovechar los viajes y para llevarlos a aplicar las verdades de Dios. El tiempo de preparación para cada viaje fue de cien días. Nos reuníamos cinco o seis veces antes del viaje para dar entrenamiento, enseñanza bíblica y oración. Los viajes fueron increíbles. Cada viaje estaba lleno de vida, aprendizaje, y todo ajustado a las verdades de Dios. Discipulamos a las personas para que creyeran en lo increíble, que fueran grandes siervos, que oraran, que alabaran y que estudiaran la palabra de Dios. Los grupos pequeños fueron exitosos, pero no fue así con los grupos más grandes. Funcionó para las personas que siguieron yendo a viajes misioneros, pero no para el viajero que fue solamente una vez. Nunca funcionó con personas que no eran de nuestra iglesia y todavía no funciona cuando llevamos invitados a estos viajes.

La oración, el tiempo y un poco de investigación nos revelaron que el discipulado del viaje misionero solo funcionaba como parte de un plan integral de discipulado. Los invitados de las otras iglesias no entendieron la cultura del discipulado que estábamos construyendo cada semana. Parecía atractivo, pero la curva de aceptación era demasiado empinada como para hacer el viaje.

Renovamos nuestros retiros para que fueran encuentros con Dios. Y sin saberlo, hicimos lo que todos hacen, desde ministerio juvenil hasta adultos. El aprendizaje se volvió cinético con actividades, interacciones y enseñanzas bien planificadas. El compañerismo era importante, pero enfatizamos por completo en el discipulado inicial promoviendo, insistiendo, animando y desafiando a los adultos a tomar decisiones específicas para aplicar las verdades de Dios. Desafiamos a los propietarios de pequeñas empresas con el principio de diezmar sus ganancias como los agricultores en la Biblia lo hicieron. Tuvimos tiempos de oración intensivos. Incluso conseguimos que hicieran obras teatrales cortas. Cada retiro tenía un enfoque intencional basado en hacer discípulos. Hombres y mujeres estuvieron a la altura del desafío y ajustaron sus decisiones a las verdades de Dios. Esta estrategia enfrentó el mismo problema que la estrategia del viaje misionero: el cual funcionó para las personas que seguían yendo a estos retiros, pero no tenían un poder duradero para el asistente que llega una sola vez. Nunca funcionó con personas que no eran de nuestra iglesia y todavía no funciona cuando recibimos invitados. La oración, el tiempo y un poco de investigación revelaron que los eventos especiales y los retiros sólo funcionan como parte de un plan integral de discipulado. La estrategia no causó una transformación sostenible.

Probamos grupos pequeños como reemplazo del modelo educativo de la escuela dominical. El objetivo era que los grupos convivieran e hicieran discípulos cooperativamente entre ellos. No funcionaron para nosotros porque no teníamos suficientes líderes preparados, seguros y capacitados que pudieran hacer discípulos. Los mejores grupos terminaron como clubes de cena con devocionales. Hubieron algunos cambios, pero fue más un desastre. Los ciegos llevaron a los ciegos a lugares a los que nuestra iglesia desearía que nunca hubieran ido. Casi nos destruimos completamente.

Curiosamente, no tenemos registro de que los apóstoles probaran alguna de estas ideas o enfrentaran cualquiera de estos desafíos. Su viaje de hacer discípulos comenzó con un llamado claro, un modelo, y experiencia. Tenían algo que enseñar por experiencia.

¡Para los apóstoles fue más fácil!

El punto clave[1] fue cuando alguien me preguntó si lo podría discipular individualmente. "¡Claro!," respondí sin pensar. Era la oportunidad de guiar a alguien a las verdades de Dios que cambiarían su vida y de mostrarle lo que yo había experimentado anteriormente. ¿Qué tan genial era eso? Pero me estresé y me asusté un poco antes de nuestra primera reunión. No tenía ni la menor idea de cómo pasar los primeros noventa minutos.

Me pregunté ¿Qué debo enseñar primero? ¿Debo escucharlo y responder a sus preguntas? ¿Debo usar una "guía de discipulado"? Había anhelado mostrarles a otros cómo experimentar lo que yo ya estaba experimentando, pero me di cuenta de que no tenía la menor idea de lo que estaba haciendo. Así que oré y fingí saber lo que estaba haciendo, "entonces empecé preguntándole: ¿qué esperas obtener de este discipulado?," contesto que "quería acercarse a Dios." Su vaga respuesta y mi vago deseo no nos iban a llevar a ninguna parte. Oré desesperadamente por la dirección de Dios y seguí a mi corazón. "Esto es lo que quiero que hagas" le dije. "Quiero que leas toda la Biblia este año. Cada semana, cubriremos una semana de lectura. Empecemos por ahí." Fue la mayor inspiración de todas. La palabra de Dios es poderosa y proporcionó mucha discusión y aplicación a su vida. Esta persona comenzó a prosperar. Y yo comencé a agregarle algunos recursos de apoyo que habían cambiado mi vida. Otras personas se enteraron de ello y llegaron más solicitudes para poder tener un discipulado individual. Yo pasaba diez horas a la semana discipulando a otros. Fue un sueño hecho realidad, pero todavía no tenía idea de lo que estaba haciendo. Todavía no tenía un plan.

Rápidamente aprendí que yo no era la mejor opción para discipular mujeres. Se tornó incómodo, y algunas esposas claramente sólo estaban buscando a un hombre espiritual para guiarlas. Porque aún no teníamos mujeres listas para liderar. Algunos de mis discípulos aplicaron la verdad, y otros simplemente se desvanecieron. Algunos sobrevivieron a los mayores desafíos, pero otros no pudieron seguir a un hombre, y mucho menos a Dios—se derrumbaron y explotaron. Perfeccioné y reestructuré, probando todo tipo de cosas durante el camino. Tuve éxito y también tuve fracasos.

Me expuse a una amplia variedad de hacedores de discípulos, humildemente siguiéndolos. Phil, un hacedor de discípulos mayor, me enseñó que yo no estaba solo. Que era común que las personas revolucionen el sistema en puntos específicos. Él me enseñó su sistema. Partheneous me enseñó que los jóvenes en la fe no pueden procesar los misterios sin un grave peligro. Coder me enseñó a tener un esquema y algunos requisitos. La Biblia lo respaldó todo. Estaba siendo transformado como un hacedor de discípulos. Este enfoque trifásico evolucionó. Los pasos fueron más evidentes. Los puntos de quebrantamiento fueron aprendidos. Pero no fue hasta que tuve que pasar la antorcha a otro aspirante para poder hacer discípulos que vi realmente cuán bíblicamente basado era este modelo accidental.

Comencé a investigar el discipulado. Comencé a buscarlo en la Biblia. Se encendieron luces en mi cabeza, y a mi alrededor. La Biblia está llena de cómo hacer discípulos. La historia está llena de ejemplos de éxitos y de fracasos. Por ejemplo, pude haberme ahorrado algunos problemas escuchando las palabras de Pablo al instruir a las mujeres para enseñar a las mujeres.[2] Probé nuevos métodos y enfoques. Integré lo que estaba aprendiendo sobre el discipulado personal en eventos grupales que no tenían nada que ver con el discipulado. Deuteronomio 6 me convenció de que siempre debemos "discipular en el camino." Cada momento se convirtió en un momento intencional de discipulado para mí y para los demás. Seguí adelante y comencé a entender por qué algunos de nuestros discipulados en grupos grandes fracasaron.

El entendimiento amplio del discipulado integral no tiene oportunidad de funcionar hasta no dominar el discipulado individual.

Comencé a enfocarme en entender verdaderamente el discipulado individual desde una perspectiva bíblica. Los conceptos y principios bíblicos están cubiertos en la primera parte de este libro; pero nuestros viajes también me enseñaron muchas cosas prácticas sobre el discipulado individual. Aprendí que hay un camino bíblico muy natural de discipulado. Las personas comienzan su caminar con Dios al ser convencidas de su estado pecaminoso y luego arrepentirse. Los discípulos continúan en este ir y venir del "ser" y del "hacer" hasta que alcanzan la madurez. Los discípulos se iluminan y luego escuchan el llamado de Dios. Los que son llamados entonces sirven. El camino hacia la madurez es predecible, podemos y debemos discipular a las personas de manera diferente a lo largo de este camino.

Aprendí que el hacer discípulos lleva mucho más tiempo en dos maneras diferentes: Primero, el hacedor de discípulos y el discípulo tienen que invertir su tiempo semanalmente. Ambos tienen que recorrer el camino juntos. El discipulado es un viaje íntimo. En segundo lugar, se necesita tiempo para convertirse en un seguidor preparado, seguro y capacitado. Simplemente nos toma tiempo el procesar todas las verdades de Dios. Un programa de trece semanas nunca hará discípulos. Se necesita tiempo para crecer. Practicamos cómo aceptar y aplicar las verdades de Dios en experiencias que suceden con el tiempo. Los primeros discípulos pasaron aproximadamente tres años en el discipulado, y todavía no creían estar preparados.

También aprendí que hacer discípulos es un proceso que puede replicarse. De hecho, se supone que nos hacemos hacedores de discípulos. Convertirse en un hacedor de discípulos es parte de ser un discípulo. Multiplicar a los hacedores de discípulos es la única manera para satisfacer las necesidades de un crecimiento exponencial. Si un nuevo convertido alcanza a diez personas para Cristo, entonces lo que necesitamos son suficientes seguidores preparados, seguros y capacitados para alcanzar a diez personas para Cristo. Nuestra experiencia muestra que una proporción maestro–alumno de 1:3 es el método más potente de hacer discípulos. Entonces, si queremos llegar a trescientas personas en el primer año de ministerio, idealmente necesitaríamos cien hacedores de discípulos calificados. ¿Cómo consigues cien hacedores de discípulos? ¿Podríamos planear encontrar treinta y tres personas y pasar un año preparándolas para llegar a cien? Luego, en el segundo año, podemos llegar a cuatrocientos. En el tercer año, podemos llegar efectivamente a 1,700 nuevos conversos, y tendremos treinta y tres líderes capaces de ser líderes de nivel superior y creadores de iglesias.

Para los apóstoles fue más fácil, pero también pudo haber sido más fácil para mí.

Sí, yo sé que mi viaje fue más difícil de lo necesario. Traté de reinventar la rueda, no tuve mentores, y pasó mucho tiempo antes de ser llevado a la Biblia para entender realmente lo que es el discipulado. Pude haberme detenido a hacer un plan. Pude haber hecho el trabajo, investigado y leído todo lo que podía encontrar.

Al igual que el "ser" viene antes del "hacer," un plan de discipulado debe preceder al discipulado.

No tienes que cometer el mismo error que yo cometí. El discipulado sostenible es un modelo bíblico. Es adaptable. Es personalizado para tu cultura. ¡Funciona!—te lo garantizo. Puedes comenzar con el plan de Dios para hacer discípulos. Puedes comenzar con plazos y expectativas realistas. Puedes evitar el desánimo y tener un éxito tangible. Hacer discípulos sostenibles es la respuesta de todo.

9

PLAN PARA CUATRO AÑOS

"No importa el talento o los esfuerzos, hay cosas que llevan tiempo. No puedes producir un bebé en un mes dejando embarazadas a nueve mujeres"

— WARREN BUFFET

El discipulado sostenible es un proceso altamente exitoso y es replicable. Pero hacer discípulos que soporten y se mantengan, lleva tiempo. Convertirse en una persona preparada, segura y capacitada lleva tiempo. El proceso formal de discipulado sostenible se lleva a cabo en tres fases durante cuatro años:

- Discipulado Uno
- Discipulado Dos
- Discipulado Tres

Cada fase lleva a los discípulos a avanzar en el camino predecible. Los discipulados uno y tres toman un año cada uno. El discipulado dos toma dos años. El primer año de discipulado dos termina con el paso a la práctica o lo que llamamos La Residencia. Estos discípulos están listos para comenzar a guiar a otros, y con tu ayuda, invierten un año haciendo discípulos. Liderarán a otros, reforzarán lo que han aprendido, esto hace que piensen, que integren y que comprendan mejor las verdades sobre ser discípulos. Liderar a otros también sobrecarga su viaje a través del discipulado tres. Todo el proceso funciona, pero tarda cuatro años. Confía en mí. Hemos pasado años estudiando, probando ideas y probando prácticamente todo para que el proceso sea lo más eficiente y adecuado posible. Simplemente no hay atajos para hacer discípulos sostenibles.

Es posible que sientas que no tienes estos cuatro años. Me he sentido así. Tenemos demasiadas personas. Tenemos muy poco tiempo. El trabajo tiene que hacerse. Las personas necesitan ser discipuladas ahora, y necesitamos que las personas estén listas para poder discipularlas. Lo entiendo, pero no tenemos tiempo para no tener el tiempo. Piénsalo desde una perspectiva diferente. ¿Cuántos de nosotros entregaríamos nuestro negocio multimillonario a un recién graduado universitario sin experiencia? Claro, que tienen una educación, pero no tiene la experiencia. La mayoría de nosotros no contrataríamos a un CEO para nuestra exitosa compañía a menos que tuviera un historial comprobado de su éxito personal. Exigiríamos mucho más que tres años de experiencia. Sin embargo, a menudo entregamos lo más preciado del mundo (las personas) a líderes con poca experiencia y con muy pocos éxitos comprobados. ¿Cuántos aspirantes a seguidores se han alejado o se han estancado porque sus líderes no fueron capaces de manejar los desafíos propios de liderar? ¿Cuántos aspirantes a seguidores han sido abandonados por líderes de grupos pequeños que no calcularon el costo? ¿Cuántos aspirantes a líderes nunca han madurado porque sus líderes no son maduros? Muy a menudo programamos menos grupos de discipulado o clases debido a que no tenemos discípulos experimentados para dirigirlos. Se necesita tiempo para hacer discípulos que se repliquen y hagan más discípulos. Los hacedores de discípulos necesitan haber sido hechos discípulos primero. Necesitan haber vivido, sobrevivido y prosperado como discípulos antes de poder guiar a otros. Necesitan estar preparados, seguros y capacitados.

El tomar atajos en el proceso de hacer discípulos sostenibles no sólo afecta a los posibles seguidores, sino que pone a los líderes no preparados en un riesgo innecesario. Pablo advirtió a su protegido Timoteo de los peligros de los primeros pasos y de los ascensos:

> *No debe ser un recién convertido, no sea que se vuelva presuntuoso y caiga en la misma condenación en que cayó el diablo. Se requiere además que hablen bien de él los que no pertenecen a la iglesia, para que no caiga en descrédito y en la trampa del diablo.*
>
> — 1 TIMOTEO 3:6–7

La preocupación de Pablo era la preparación espiritual y la experiencia de los nuevos líderes. He sido testigo (y tristemente, participé en) la destrucción de aspirantes a ser grandes líderes que fueron empujados al liderazgo antes de que estuvieran espiritualmente listos. Estos líderes terminaron agotados, exhaustos y la mayoría de las veces desgastados, dejando el ministerio y la iglesia. Cada líder espiritual experimentado ha sido testigo de esto.

Los seguidores y los líderes no preparados sufren cuando olvidan el objetivo principal de hacer discípulos.

> *Hacer discípulos presenta a las personas a Dios, quién las ama y las entiende, les ayuda a entender quiénes son y quiénes pueden ser, les ayuda a aplicar las verdades transformadoras de Dios y las entrega preparadas, seguras y capacitadas para vivir siempre su mejor vida en la tierra.*

El discipulado tiene que ver con la transformación, y no hay atajos para un discipulado sostenible que resulte en transformación y réplica. Las grandes cosas requieren grandes cantidades de energía, tiempo e inversión. Incluso Jesús pasó tres años preparando a los primeros discípulos para hacerlos discípulos. Hemos aprendido que el proceso no debería durar más de cuatro años. Hemos aprendido que la capacitación en cada fase no debe exceder más de un año de duración. Al igual que con los atajos, cada vez que dejamos que un discípulo se tome más tiempo del necesario, el proceso se rompe.

Creemos que la ruptura de "tomar más del tiempo" viene porque el discipulado no debería tomar más del tiempo. Cuando el discipulado toma más tiempo, el discípulo no está ejerciendo ni la disciplina ni la dedicación necesaria para digerir las verdades de Dios. El discípulo no está experimentando a Dios. En última instancia, no es el tiempo prolongado lo que rompe el proceso. El proceso se rompe cuando el discípulo no está queriendo ser un discípulo. No puedes hacer un discípulo de una persona que no quiere seguir. El mantra aquí debería ser "cuatro y no más."

Creemos que el "tomar atajos" ocurre como una violación al marco de tiempo natural para desarrollar relaciones. Hemos tratado de acortar el proceso porque alguien ya conoce la Biblia o tiene experiencia en el ministerio. En ambos casos, el proceso se interrumpe. El discipulado tiene que ver con la relación. El discipulado trata de quién es el discípulo y en quién se está convirtiendo. El discipulado no se trata de la educación. Hemos descubierto que incluso las personas experimentadas prosperan y encuentran una vida mejor cuando experimentan este proceso durante los cuatro años.

Antes de que digas: "No tengo cuatro años," y dejes este libro a un lado, déjame hacerte algunas preguntas.

- ¿Cuántos años entregaste para capacitarte y tener éxito en tu trabajo?
- ¿Cuántos años se necesitan para criar a un niño?

- ¿Cuántos años se necesitan para hacer crecer una inversión?
- ¿Qué tan rápido puedes resolver décadas de años de problemas de relación?
- ¿Cuánto tiempo tarda cambiar una organización con problemas?
- ¿Cuánto tiempo se tarda en reformar a un líder?

Un Cliché, tal vez, pero nada que valga la pena viene rápidamente. Nada que valga la pena viene sin una gran inversión. No hay "una lotería" para hacer discípulos. Ahora déjame hacerte otra pregunta aún más importante: ¿Por qué no tienes cuatro años?

La respuesta a esta pregunta generalmente revela los problemas más importantes en nuestro mundo y en nuestros ministerios. ¿Necesitas ayudantes y líderes en este momento? Si es así, es posible que no los hayas estado reclutando y entrenando durante los últimos cuatro años. Tu ministerio puede estar creciendo rápidamente, y tienes que comenzar a prepararlos en algún momento. Nuestro modelo da como resultado grandes líderes. No los produce—sino que el resultado está dentro de ellos. No nos enfocamos en levantar líderes. (Eso sería bastante egocéntrico). Hacemos discípulos para que las personas tengan una gran vida. Llevamos a las personas a Dios porque les beneficia. Dios los llama y los convierte en líderes—simplemente pasa.

¿Te preguntas si alguien invirtiera en esos cuatro años?

Una encuesta reciente de la Oficina del Censo indicó que el 33.4 por ciento de la población se gradúa de la universidad.[1] La Oficina de Estadísticas Laborales muestra que más del 60 por ciento de todos los estudiantes de secundaria se inscriben en la universidad y el 75 por ciento de todos los graduados de secundaria están activos en las capacidades de aprendizaje de la fuerza laboral.[2] ¿Cuántas personas mayores de dieciocho años conoces? Multiplica esto por un 75 por ciento y tendrás una estimación alta del número de personas que tienen o están invirtiendo más de cuatro años en algo que vale la pena, su educación. Una estimación baja es el 30 por ciento de las personas que conoces. ¿Cuántas familias invierten mucho más de cuatro años en aprender deportes, bailar, pescar o escalar? Las personas invierten cuatro años si la inversión es valiosa para ellos.

El discipulado es valioso. Haré otra pregunta más: "¿Has invertido cuatro o más años en alguna relación de discipulado?" Si lo has hecho, conoces el poder de tu testimonio y el valor del discipulado.[3] Un buen discipulado vale la pena esos cuatro años. El discipulado como cultura presta un gran servicio a las personas que estarán en las bancas de la iglesia durante cuatro años. Hemos visto que la demanda de discipulado aumenta exponencialmente en proporción al número de personas que son transformadas por el discipulado. John Maxwell llama a esto la Ley del Momento Oportuno[4]. Big Mo en inglés. Nos guste o no, el éxito crea éxito. Debes empezar por alguna parte.

Te prometo, éstos cuatro años pasarán rápidamente y las personas querrán mucho más. Te prometo que tu corazón latirá con fuerza al observar las transformaciones y escuchar sus testimonios personales de cómo el discipulado cambió sus vidas. Te regocijarás al construir relaciones profundas con los miembros de tu iglesia. Hay una promesa más que te haré: tendrás todos los líderes que necesitas dentro de tres generaciones. Los discípulos maduros no sólo hacen nuevos discípulos, sino que también se entregan al plan más grande de Dios. Él, entonces, llama a estos seguidores equipados a tener un éxito increíble dentro y fuera de la iglesia.

Pero ¿qué hacer si recién estás comenzando, no tienes líderes o si estas en una iglesia que está explotando, y está llena personas nuevas? Acogerás la segunda parte de este modelo, discipulado integral.

10

IMPLEMENTANDO EL DISCIPULADO INTEGRAL

"Solíamos hacer muchas cosas por muchas razones. Ahora hacemos una sola cosa—hacer discípulos—de muchas maneras diferentes."

Nuestro viaje nos llevó a lo obvio: a poder alcanzar a las personas individualmente y que es una manera ideal de llevar a las personas a una vida próspera en Cristo. Alcanzar a estas personas individualmente es la forma más efectiva de hacer discípulos que, a su vez, harán más discípulos. Sin embargo, todos enfrentamos desafíos particulares para llegar a estas personas:

- Hacen falta discípulos que puedan hacer discípulos. Este problema prevalece en nuevas iglesias o iglesias que comienzan a adoptar un modelo bíblico de discipulado.
- Nuestros discípulos sanos alcanzan a otros para Cristo de una manera exponencial. Un discípulo sano puede llegar a cuatro o diez personas que se convierten en cristianos y necesitan acceso al

discipulado. La demanda de discipulado puede exceder rápidamente a la capacidad de proporcionarlo íntimamente.
- Los discípulos sanos no se hacen rápidamente, lo que genera un tiempo de preparación más prolongado para satisfacer esta necesidad.
- El crecimiento exponencial resulta en un aumento de las necesidades ministeriales. El ministerio, dirigir iglesias y liderar comunidades toma tiempo. Cuantas más personas tengas, más líderes necesitarás, y cuanto más ministerio hagas, el tiempo disponible para discipular íntimamente a otros disminuye.

Lucas, el gran historiador cristiano, registró estos mismos cuatro desafíos en la historia del comienzo de la primera iglesia.

Así, pues, los que recibieron su mensaje fueron bautizados y aquel día se unieron a la iglesia unas tres mil personas. Se mantenían firmes en la enseñanza de los apóstoles, en la comunión, en el partimiento del pan y en la oración. Todos estaban asombrados por los muchos prodigios y señales que realizaban los apóstoles. Todos los creyentes estaban juntos y tenían todo en común.

— HECHOS 2:41–44

En aquellos días, al aumentar el número de los discípulos, se quejaron los judíos de habla griega contra los de habla hebrea de que sus viudas eran desatendidas en la distribución diaria de los alimentos. Así que los doce reunieron a toda la comunidad de discípulos y les dijeron: «No está bien que nosotros los apóstoles descuidemos el ministerio de la palabra de Dios para servir las mesas. Hermanos, escojan de entre ustedes a siete hombres de buena reputación, llenos del Espíritu y de sabiduría, para encar-

garles esta responsabilidad. Así nosotros nos dedicaremos de lleno a la oración y al ministerio de la palabra».

— HECHOS 6:1–4

Jesús había subido al cielo. El Espíritu había bajado como fuego encendido en las personas. Su conversión radical transformó sus vidas. Entendieron. Compartieron las Buenas Nuevas con aquellos que se dieron cuenta. Más personas vinieron a Cristo—a veces por miles a la vez. Las necesidades espirituales del liderazgo y las físicas crecieron a medida que la comunidad de los creyentes creció. Había un número limitado de hacedores de discípulos preparados y disponibles que estaba siendo llamados rápidamente para guiar a otros al ministerio. Toda la iglesia se reunía para escuchar a unos pocos líderes.

Su solución fue enseñar y hacer discípulos de individuos, de líderes emergentes y de multitudes. Hicieron discípulos, como y donde podían. En medio de la crisis, los apóstoles siguieron haciendo discípulos y encargaron el servicio del ministerio a seguidores de Cristo, quiénes rápidamente se ganaron el respeto y eran llenos del Espíritu.[1]

La Iglesia creció a medida que los convertidos salieron intencionalmente al mundo entero. Las Buenas Nuevas se extendieron a medida que los cristianos se alejaron de la persecución hacia nuevos hogares. Los líderes se enfrentaron con los mismos desafíos cada vez que las Buenas Nuevas llegaban a una nueva área, y las multitudes venían a Cristo. Los apóstoles viajaron, haciendo todo lo posible para invertir y discipular a estos nuevos grupos, pero no había suficientes líderes preparados y capacitados. Se levantaron líderes enloquecidos, con carisma natural y apasionados que, intencionalmente o sin no quererlo, enseñaban mala doctrina. Estos líderes alejaron a las masas de las verdades de Dios. Y la división se convirtió en un nuevo desafío para poder hacer discípulos.

Los apóstoles reaccionaron anunciando quién era digno de

confianza y denunciando a aquellos que no eran verdaderos hacedores de discípulos. Escribieron cartas teológicas, registraron las palabras de Jesús que habían escuchado y abordaron las preguntas y las necesidades de las iglesias individuales. Incluso escribieron cartas a líderes específicos, entrenándolos desde lejos. El modelo era un Mosaico en su naturaleza. Jerusalén se convirtió en la sede de ancianos experimentados que enviaron evangelistas y levantaron hacedores de discípulos más experimentados. Enviaron a aprendices junto con los experimentados. Proporcionaron enseñanzas y respuestas veraces que atraían a las personas hacia la unidad en Cristo.

El número de líderes preparados, seguros y capacitados creció con el tiempo y comenzaron a hacer discípulos y a dirigir iglesias cercanas a ellos. ¡La multiplicación sucedió!, y ahora el trabajo de hacer discípulos fue delegado. Los apóstoles continuaron viajando, alentando, siendo hacedores de nuevas iglesias y discipulando a las existentes. Levantaron hombres y mujeres capaces para hacer discípulos en ciudades y pueblos. Las masas estaban ahora dispersas, hombres y mujeres fieles fueron llamados a hacer discípulos en grupos pequeños, y de manera individual. Cuando un significativo movimiento de Dios resultó en conversiones masivas, la iglesia movilizó a sus obreros para hacer discípulos y levantar hacedores de discípulos.

Los apóstoles usaron el discipulado integral para hacer discípulos de las masas y también discípulos individuales. No sabemos si el plan fue dado por Dios o fue un éxito accidental, pero les funcionó. Simplemente hicieron discípulos de la manera en que Jesús hizo discípulos: Esto funcionó para Jesús, funcionó para ellos, y funcionará para ti también.

El discipulado integral es la clave para el discipulado sostenible. Es tu mejor amigo cuando comienzas el discipulado o ganas a un montón de personas para Cristo. Un plan integral llena todos los vacíos a medida que haces discípulos, que luego naturalmente, ellos harán otros discípulos. Enciende la llama, permitiendo que nuevas personas sean discipuladas en el camino hacia un proceso formal.

Los apóstoles y los líderes de la iglesia primitiva continuaron usando este plan integral, incluso cuando la iglesia no estaba creciendo rápidamente. Continuaron discipulando multitudes, difundiendo ampliamente la palabra, discipulando iglesias y construyendo líderes.

Un plan de discipulado integral perdura aún después de resolver el problema de no tener suficientes líderes para discipular a otros. Este es el embudo de mercadeo de tu iglesia. El único objetivo de la iglesia es hacer discípulos, y esta oportunidad comienza cuando alguien entra a tu iglesia el domingo por primera vez. La oportunidad de hacer discípulos aparece en cada reunión, en cada equipo, en cada retiro y en cada viaje misionero.

El discipulado individual puede triunfar sobre el discipulado integral, pero el modelo discipulado integral abarca todo tipo de oportunidades. Incluye todas las oportunidades que tenemos:

- Discipular en grupos grandes todos los domingos por la mañana (o cada vez que te reúnas).
- Discipular a tus líderes cada vez que te reúnas.
- Discipular a través de cada evento, viaje misionero y en cada oportunidad
- Discipular mientras creces, construyes y expandes el Reino.
- Discipular mientras proporcionas una educación dirigida.
- Discipular individualmente.

El discipulado ayuda a las personas a entender quiénes son y quiénes pueden llegar a ser. El discipulado ayuda a las personas a aplicar las verdades transformadoras de Dios y las entrega preparadas, seguras y capacitadas para vivir por siempre su mejor vida en la tierra. El discipulado integral aprovecha cada oportunidad para hacer estas grandes cosas. Sigilosamente empuja a las personas a su mejor nivel en cada momento, sin un programa. Adapta los principios, metas y métodos del discipulado individual a grupos más grandes y en diferentes circunstancias para enfocarse continuamente en hacer discípulos.

Transforma los mensajes del domingo por la mañana en momentos útiles que transforman la vida cuando los maestros se enfocan en aplicar la verdad bíblica a su vida diaria, problemas y oportunidades. Los mensajes de los domingos por la mañana cobran vida cuando la meta se convierte en una transformación apasionada en lugar de una simple educación bien explicada.

Cada momento trabajando con otro líder es un momento de discipulado. Los desafíos llenos de gracia y dispuestos para que los líderes proporcionen el respaldo bíblico a las decisiones y planes nos alientan a seguir a Dios. La educación continua sobre temas "no candentes" y una teología más profunda debe ser parte de cada reunión de liderazgo. El discipulado nos lleva hacia un liderazgo aún más bíblico.

Cada evento corporativo brinda la oportunidad del discipulado a medida que cambiamos las cursis frases de apertura por momentos de oración sobre cada individuo y para que Dios nos conceda el poder y nos transforme.[2] Las interacciones con líderes y seguidores en eventos brindan infinitas oportunidades para enseñar el "por qué" detrás de "la manera" en que lo hacemos. De hecho, los eventos mismos se transformarán a medida que solo busquemos tener eventos que transformen vidas. La transformación para los participantes y líderes se convierte en la meta de cada viaje, retiro y compromiso. Cada momento es un momento de discipulado.

El discipulado integral se enfoca en el trabajo de la iglesia de hacer discípulos. Minimiza las distracciones al delegar las tareas ministeriales para liberar a los hacedores de discípulos de manera que puedan hacer discípulos. Un plan integral transformará " lo que hacemos" para reflejar "lo que somos"—hacedores de discípulos. Nos obliga a cerrar ministerios y eventos que impidan que nuestras personas sean hechas discípulos. Reemplaza el afán de hacer por la belleza del ser discípulos. ¿Cuántas clases podemos cancelar si dejamos sólo las clases que harán discípulos? ¿Cuánto más significativo será nuestro tiempo juntos si nos concentramos en prosperar como seguidores? ¿Cuánto más transformador será nuestro ministerio si el discipulado es nuestra meta principal?

Una comprensión clara de lo que es el discipulado y de cómo hacer discípulos nos permite[3] aprovechar cada oportunidad y cada circunstancia para usar intencionalmente un modelo de discipulado integral. Mis enseñanzas de los domingos por las mañanas cambiaron. Recuperé mi pasión y volví a mis raíces como impulsor al cambio. Hice cosas no muy cuerdas antes de que fueran populares. Escribí una serie sobre la transformación. Me concentré aún más en la aplicación. Enseñé con toda la autoridad y humildad de un seguidor transformado. Desafié a las personas a ajustar sus vidas a Dios. Alenté a nuestros líderes a ser discípulos y discipular a otros. Les pregunté directamente con quién habían compartido el Evangelio, si estaban diezmando y si estaban leyendo la Palabra de Dios. Entendí que no podemos llevar a las personas a ningún lugar al que no hayamos ido primero. No podemos modelar el servicio sin ser siervos. No podemos animar la transformación si nosotros no somos transformados. El discipulado integral invadió nuestra estructura de liderazgo y nuestra cultura. Decidimos que los creyentes debían vivir en unidad, así que elegimos la unanimidad como base para nuestras decisiones de liderazgo. Estuvimos de acuerdo en que la democracia no tenía nada que ver con la iglesia y abandonamos las reuniones, el voto por ancianos y la jerarquía de personas. Y a lo largo del camino, seguimos haciendo discípulos individuales como la base de nuestro modelo de discipulado integral.

Mucho antes de adoptar este modelo integral, hicimos misiones, dimos educación, hicimos grupos pequeños, retiros de alcance, eventos ministeriales divididos por edades. Hicimos tanto, que nos costó hacerlo con excelencia. Hicimos tanto que luchamos por levantar líderes capaces y tener tiempo para caminar con ellos. Ahora es mucho más fácil. Todavía hacemos todas estas cosas, y tenemos tiempo para entrenar, vivir y levantar líderes ministeriales increíblemente efectivos. Cada actividad, cada ministerio, cada viaje se realiza bajo el paraguas del discipulado integral. Cada uno es parte de nuestro plan general de discipulado enfocado en la adquisición y aplicación de las verdades de Dios. Cada uno se enfoca en transformarnos. Cada evento y actividad son puntos de entrada al discipulado individual y de ejercicios para los discípulos actuales, y todo con el enfoque de hacer discípulos. Solíamos hacer muchas cosas por muchas razones; ahora hacemos una sola cosa—hacer discípulos—de muchas maneras diferentes. El discipulado es el fundamento, es el pegamento y es un llamado bíblico a nuestra cultura y ministerio.

El discipulado debe invadir todas las oportunidades que tenemos con las personas, pero el modelo integral no es nada sin el discipulado individual. Cada método para hacer discípulos individuales puede y debe aplicarse integralmente, pero el discipulado individual es el principio y el fin del discipulado.

Jesús discipuló individualmente. Sí, enseñó a las masas, pero Jesús también discipuló en grupo pequeño y al individuo.[4] Los apóstoles enseñaron a las masas a seguir a Dios, pero regresaron al discipulado individual tan pronto como les era posible. Los apóstoles enseñaron a los pastores locales a discipular a otros para que estas personas pudieran discipular a otros. Cuando las conversiones masivas sucedían, las cosas volvían siempre al discipulado íntimo a lo largo del camino de la vida del discípulo.

El discipulado integral es una necesidad. Es el resultado natural de una iglesia enfocada en el llamado principal de Jesús para nosotros, hacer discípulos. Pero el discipulado integral siempre se basará en el claro entendimiento de cómo hacer un discípulo. Hay un camino predecible hacia el discipulado sostenible. Toma tiempo, pero vale la pena. No estás solo en este viaje. Estarás rodeado de mentores reales y verdaderos y del Espíritu de Dios anhelando que cada individuo encuentre la transformación y tenga siempre su mejor vida.

Tú y yo podemos hacer discípulos individuales. Podemos convertirlo en una prioridad. Podemos hacer tiempo. Sólo debemos estar preparados, seguros y capacitados.

11

APROVECHA EL CAMINO PREDECIBLE

"El camino hacia la madurez es predecible. Podemos y debemos discipular a las personas de manera diferente a lo largo de ese camino.

Yo había hecho discípulos por un tiempo antes de que Phil me ayudara a poner el proceso en palabras. Muchas personas fueron salvas, aprendieron y anhelaron involucrarse mucho más en la iglesia. Había una mayor participación y la aplicación de las verdades de Dios los llevó a querer guiar a otros. Estos nuevos discípulos Iban con "el todo incluido" siguiendo y sirviendo a Dios. La experiencia en liderazgo los condujo a una imagen más amplia del plan de Dios. Éstos discípulos maduros se llenaron de una pasión por cambiar el mundo y ganar a otros para Cristo. Simplemente inspiramos a aquellos que se convirtieron en seguidores para continuar siendo seguidores. Los sacamos de sus estudios típicos sobre finanzas, relaciones y matrimonio para empezar a leer la Biblia de principio a fin. Los desafiamos a asimilar y aplicar cualquier verdad que encontraban. Los animamos a ajustar su vida diaria a las verdades descubiertas. Impulsamos su transformación durante el camino. Hicimos discípulos, pero no teníamos comprensión real de un sistema. Simplemente hicimos discípulos lo mejor que pudimos. Vimos como sucedía, pero si me preguntaban qué era lo que estábamos haciendo en esos momentos, mi respuesta iba a ser larga y vaga. Era tan difícil entrenar a alguien para discipular. Tú puedes estar en el mismo lugar en estos momentos.

Mi relación con Phil surgió en un viaje misionero. Yo era uno de los líderes del equipo. Él era el director del campamento y también líder de una gran red de iglesias. Su pasión por el discipulado era innegable e imparable. No le pedí que me discipulara. Sin embargo, me discipuló a la fuerza. Él me discipuló con gran amor. Me animó y creyó en mí. Era rudo, de la vieja escuela y duro a veces, pero quería que tuviera éxito en mi llamado. Él quería que yo discipulara bien a las personas. Estaba frustrado porque no podía poner en palabras este proceso de discipulado. Parado en lo alto de una alta estructura de acero en un centro de conferencias en el desierto, Phil me preguntó cómo estaba discipulando. Él vio nuestros increíbles y grandes equipos de seguidores y quería saber lo que estábamos haciendo. También estaba un poco frustrado de que yo divagara y me fuera por las ramas al tratar de explicarlo. Luego vino un momento en que Dios abrió una ventana para mí y Phil preguntó: "¿Alguna vez te he hablado de nuestros siete niveles de discipulado?" su rostro se iluminó con pasión y fuego sagrado mientras compartía conmigo estos siete niveles. Aquí comparto contigo estos siete niveles de los que habló:

- Arrepentimiento
- Iluminación
- Servicio
- Preparación de Liderazgo
- Consagración
- Liderazgo
- Visión Mundial

¡Phil tenía algo! Inmediatamente tuve una palabra para cada uno de esos pasos que nuestros discípulos atravesaban. Agarré un pedazo de acero y un marcador, y los escribí. Ese pedazo de viga de acero todavía está en el estante de mi oficina. Los siete niveles de Phil me ayudaron a enfocar y comunicar nuestro proceso por primera vez.

Naturalmente, las personas eran salvadas (**arrepentimiento**), aprendieron (**iluminación**) y anhelaron involucrarse más (**servicio**). Una mayor participación, junto con la aplicación de las verdades de Dios, los llevó a querer guiar a otros (**preparación de liderazgo**). Estaban totalmente comprometidos siguiendo y sirviendo a Dios (**consagración**). La experiencia en liderazgo (**liderazgo**) los llevó a una imagen más amplia del plan de Dios. Estos discípulos maduros se llenaron de una pasión por cambiar el mundo y ganar a otros para Cristo (**visión mundial**).

Estos pasos ahora cobraron sentido. Estos pasos se reflejan en cada seguidor exitoso de Dios a través de la Biblia. Las palabras de Phil fueron el comienzo de mi visión; de un camino predecible para hacer discípulos.

Continué estudiando el discipulado y probando cada idea que encontré. Probé nuestros métodos "accidentales" contra todos los conceptos de discipulado que pude encontrar. Observé ansiosamente otros modelos de discipulado. Nuestro equipo no encontró modelos centrados en el "ser." No encontramos procesos personalizables para un público amplio. Queríamos mucho más que un programa educativo. Una vez más, no hubo palabras para comunicar cómo hacer discípulos y cómo hacer un discipulado personalizado. Aquellos a quienes hicimos discípulos hicieron cosas, pero el "*hacer*" no era nuestro objetivo. Nuestro objetivo era en quiénes se convirtieron después de ser discipulados. Si pudiéramos hacer que "fueran" seguidores, el "hacer" simplemente sería su resultado.

La confusión de hacer, el hacer y del hacer se resolvió para mí durante una sesión en el pizarrón con nuestro equipo. Estaba criticando el hacer de y hacer y hacer y sus niveles, y me di cuenta: "ser" siempre precede el "hacer." Había visto esa tendencia en mi investigación en varios proyectos. Encajaba aquí. resolvimos lo que faltaba, y llenó entonces todos los vacíos. Nuestro modelo necesitaba identificar a quiénes guiábamos a ser discípulos. Así les podríamos ayudar a aplicar las verdades para la vida y el liderazgo. Fue una epifanía. El resultado de todo fueron catorce pasos—siete del "ser" y siete del "hacer"—puestos en un solo camino. (Puedes ver la infografía en la parte posterior de este libro). Cada uno de los catorce pasos ocurre a lo largo de la historia bíblica en una secuencia predecible y natural. Sin ser alterado el orden, el proceso de discipulado ocurrirá a lo largo de este camino de catorce pasos del "ser–hacer." El camino predecible nos permite mejorar nuestra formación de discípulos.

"¿En dónde te encuentras?" es la pregunta más fuerte y poderosa que le formulamos a las personas. Usamos esta tablilla, guía del camino predecible la cual usamos cuando consultamos sobre el liderazgo de la iglesia y cuando las personas comienzan el discipulado. Usamos esta pregunta cuando estamos ayudando a las personas a superar sus obstáculos de crecimiento espiritual. Siempre preguntamos: "¿En dónde estás?" y casi siempre, obtenemos una respuesta del "hacer" en lugar de una respuesta del "ser." Los humanos estamos tan orientados al "hacer."

También encontramos algo interesante cuando hacemos nuestra segunda pregunta poderosa: "¿En qué parte de la tablilla estás? ¿En qué parte del camino predecible estás?" La mayoría de las veces, las personas están "demasiado por encima en sus roles," sirviendo en roles demasiado adelantados de donde deberían estar. (¡Y probablemente nosotros los pusimos allí!).

Nuestra experiencia continuó demostrando que la gran mayoría de las personas están sirviendo más allá de su preparación, confianza y capacidad. Y no es de extrañar que por ello tantas excelentes personas experimenten frustración, agotamiento y una vida poco saludable. No es de extrañar que haya tantos seguidores que son engañados por no tener líderes completamente confiables, capaces, seguros y capacitados. Todos están preparándose para destrucción. Recuerda el principio que Pablo le enseñó a Timoteo:

> *No debe ser un recién convertido, no sea que se vuelva presuntuoso y caiga en la misma condenación en que cayó el diablo.*
>
> — 1 TIMOTEO 3:6

Pero el orgullo no es lo único que destruye a los aspirantes a siervos de Dios. El dinero, la familia y muchas otras cosas destruyen a los seguidores inmaduros. ¿Por qué hay tantas personas "haciendo" más que "siendo"? A veces es culpa de ellos mismos ¿por qué? debido a que

- quieren controlar,
- quieren imponer su liderazgo,
- encuentran una identidad en el hacer,
- están orientados al desempeño,
- no pueden sentarse—tienen que hacerlo ahora—o
- no saben cómo hacerlo mejor.

A veces es nuestra culpa como líderes porque

- usamos nuestro liderazgo, trabajos y posiciones para involucrar a las personas;
- no hemos aprendido "quién es esta persona" que es todo lo que le importa a Dios;
- reclutamos a los que no están preparados debido a la escasez inmediata de personas; o
- simplemente tenemos miedo de decirles: "Todavía no estás listo."

No es de extrañar que las personas estén sirviendo más allá de su capacidad cuando solo el 25 por ciento de ellas están en discipulado. Pero el liderazgo también está fallando, con solo uno de cada cinco líderes, que está actualmente discipulando a otra persona. Hay una gran falta de discípulos. Haz los cálculos. Si tu comunidad tiene doscientas personas, y tiene un grupo potencial de cincuenta personas preparadas, seguras y capacitadas para llegar al mundo. La regla 20/80[1] parece ser tan lógica ahora.

Peor aún, hacer antes del ser es terrible para los seguidores y líderes. Sin saberlo, fui parte en la destrucción de increíbles aspirantes a líderes y lo lamento. Déjame darte un ejemplo, Lou,[2] pude ver que tenía el don de ser pastor. Lo animé y lo puse a trabajar antes de su llamado y antes de que estuviera listo. Estuvo bajo mucha presión. Él es un pastor ahora después de años de recuperación a este incidente. También Billy, una persona trabajadora, enérgica, ansiosa y listo para enseñarnos a todos del cómo evangelizar. Necesitábamos ayuda, pero lamentablemente en ese momento no me detuve lo suficiente como para preguntarme ¿qué tan maduro estaba? Yo perdí, él perdió, y también muchas de nuestras personas alrededor. Suzy, es otro ejemplo, tenía todas las cualidades y habilidades, pero tenía un gran defecto de carácter. Se estrelló y se quemó, explotando en una bola de fuego que el enemigo usó para consumir a un centenar de personas más. Todos estos desastres pudieron haberse evitado con el proceso que ahora tenemos de discipulado. Lou podría haber crecido en su capacidad, Billy no se habría quedado andando por allí y Suzy podría haber encontrado esperanza y sanación. He participado en estos contratiempos. Contribuí a que las personas no vivieran su mejor vida. ¡Y No quiero volver a hacer esto nunca más!

El discipulado sostenible nos permite arreglar todo esto para los seguidores. Nos permite resolver esto para el Reino. Los catorce pasos revelan lo que sigue para cada persona, en cualquier momento, en cualquier lugar y en cualquier iglesia. Los pasos nos ayudan a llevar intencionalmente a cada seguidor al siguiente lugar en su trayectoria de crecimiento. Los catorce pasos son universales y universalmente cruciales para que cada uno de nosotros dé el próximo paso. Los pasos se aplican al nuevo creyente y al discípulo experimentado. Comprender estos pasos es fundamental. Comprender estos pasos nos revela la importancia de enfocarse en quién es un discípulo (el ser) versus sus acciones (del hacer). Recuerde, "ser" siempre viene antes de "hacer." ¡Siempre!

Paso Uno
Tener Convicción

Estar de acuerdo con Dios es el primer paso para seguir a Dios. Seguimos a Dios porque nos convencemos de que Él tiene razón y que Su forma de vida es mejor que la que tenemos. Seguimos cuando tenemos convicción.

Dios nos da la convicción porque nos ama. Tenemos convicción de hacer cosas. Él nos convence de no hacer cosas. Él nos convence de qué cosas son correctas. Él condena las que están mal. Él nos da la convicción de quiénes somos y en quién nos estamos convirtiendo. Al comienzo de nuestra fe, Dios nos convence de que Él es Dios y que nosotros estamos lejos de Él. Nos da la certeza de que nos ama. Nos convence de que lo necesitamos. De que tiene un plan para nuestras vidas. Nos convence de aceptar ese plan. Nos da nuestra convicción. Es un "hacer" para Dios, pero es el "ser" para nosotros.

Nos convencemos cuando escuchamos y estamos de acuerdo con la convicción de Dios. Estar convencidos para nosotros es "ser." Estar convencido de que necesitamos ser discípulos tiene lugar de tres maneras.

- Puedo estar convencido de que necesito ser cristiano. Ese sería el comienzo del discipulado para mí.
- Puedo estar convencido de que necesito ser hecho discípulo, que necesito seguirlo por mi propio bien. Eso indica la necesidad de discipulado.
- Puedo estar convencido de que, como discípulo, necesito ser parte de una comunidad enfocada en el

discipulado como práctica. Ese sería el comienzo de mi caminar con otros discípulos.

El discipulado siempre comienza con la convicción, pero la convicción saludable sólo viene de Dios. No es nuestro trabajo condenar, convencer o coaccionar a las personas para que sean discípulos. Esto nunca funciona. Estas personas renunciarán inmediatamente. Nuestro papel es crear una cultura que permita a Dios convencer (algo bueno) a cada persona de que debe convertirse en un discípulo por su bien. ¿Cómo podemos crear esa cultura?

- Participamos en el proceso y la práctica del discipulado. Modelamos su efectividad.
- Enseñamos las verdades de Dios de una manera relevante y aplicable. Podemos hacer que la verdad sea útil y mostrarles que el discipulado funciona.
- Ilustramos el valor compartiendo nuestro éxito y fracaso.
- Los invitamos a unirse en nuestra mejor vida por siempre.

El discipulado siempre comienza con alguna forma de convicción. Y estar convencido conduce a un cambio de dirección.

Paso Dos
Arrepentirse

El Arrepentirse es lo que hacemos después de tener convicción. El arrepentimiento es nuestra respuesta a Dios quién nos da la certeza de que necesitamos seguirlo. El arrepentimiento nos vuelve de nuestro camino al camino de Dios. Esto es mi respuesta a Dios estando convencido de que hay una mejor manera. Es ajustar mi vida a las verdades de Dios. Esto necesario para cualquiera que quiera seguir a Dios.

Ocurre con una decisión a la vez a medida que volvemos nuestra mirada hacia Dios y aplicamos sus verdades. Esto un proceso—que a veces ocurre rápidamente y a veces toma un poco más de tiempo. Los nuevos creyentes se arrepienten al convertirse en seguidores de Dios. Aceptan su convicción y toman las medidas necesarias. Ellos le dicen a Dios: "Ya no será a mi manera, sino a tu manera Señor. Perdóname." Los nuevos creyentes se apartan de lo que eran para encontrarse con lo que están diseñados a ser. Siguen a Dios mientras se vuelven hacia su nueva fe e identidad en Cristo.

El arrepentimiento es el siguiente paso para cualquiera que quiera estar más cerca de Dios. El seguidor se vuelve de la forma en que ha estado siguiendo a una práctica diferente. Se pasa de la devoción al aprendizaje. Pasa de las oraciones repetitivas a conversaciones significativas y honestas con Dios. Comienza a consumir la Palabra de Dios y aplicarla a su vida. Ahora siguen a mentores y líderes experimentados en el arte de seguir a Dios.

El arrepentimiento no es sólo una respuesta a Dios convencidos de que estamos equivocados. Dios también nos convence de lo que es correcto, bueno y provechoso. El arrepentimiento es siempre una respuesta positiva. Es la respuesta apropiada de estar convencidos del camino de Dios en ese momento. Necesitamos demostrar a las personas lo emocionados que estamos al arrepentirnos y lo emocionados que deberíamos de estar, cada vez que nos arrepentimos. El arrepentimiento nos vuelve a Dios—todo el tiempo. Es una parte saludable del proceso y práctica del discipulado.

El viaje del discipulado es interminable. La oportunidad de una gran vida se expande con cada verdad que aprendemos. Pero sin arrepentimiento, nos encontraremos estacionados en el camino, sin llegar a ninguna parte.

Paso Tres
Escuchar

Los discípulos anhelan saber qué hacer y qué no hacer. La convicción conduce al arrepentimiento. El arrepentimiento conduce al éxito. El éxito con Dios nos lleva a querer saber más. A los discípulos se les debe enseñar las verdades de Dios para que puedan estar convencidos, en seguir a Dios y poder tener más éxito. Escuchar no es aprender por tu cuenta. Escuchar se enfoca en alguien que te guía. Escuchar es estar como un pajarito en su nido, con la boca abierta de par en par, trinando por más comida.

Las personas convencidas y arrepentidas son humildes. Reconocen su necesidad y están abiertas a la enseñanza. Ellos, naturalmente, quieren que se les enseñe. Buscan más la verdad y quieren profundizar más. ¡Todos necesitamos la palabra de Dios! Un nuevo discípulo necesita tutoría. Necesitan enseñanza. Necesitan más de la verdad.

Aquí es donde las iglesias y los líderes bien intencionados fallamos. Llevamos a las personas a Dios, llamamos a las personas a caminar en lo más profundo, pero no les enseñamos ¿cómo? No tenemos el tiempo, recursos o los líderes suficientes para caminar con ellos. Los nuevos discípulos necesitan ser guiados. No es realista esperar que aprendan por sí mismos cuando comienzan su viaje. Su nueva vida está llena de grandes oportunidades y de promesas de las que ellos ya conocen y las que no conocen. Ni siquiera saben lo que no saben. Sienten un cambio que no entienden. Necesitan aprender la verdad, ajustarse y aplicar las verdades de Dios. Los nuevos discípulos necesitan ser guiados.

Los nuevos discípulos se tambalean, luchan y, a menudo, se estancan si no les proporcionamos la verdad. Necesitamos proporcionarles la enseñanza a través de mentores presenciales y virtuales. Debemos ayudar a mantener sus luces encendidas hasta que aprendan a aprender. Necesitan que se les enseñen verdades útiles que puedan aplicarse inmediatamente. Debemos mostrarles lo que significa la salvación y quiénes son en Cristo. Abrir las puertas a una vida abundante con Dios para ellos.

Escuchar infunde la promesa y esperanza que edifican la confianza en la vida de los discípulos. Enseñar a los discípulos cómo aplicar estas verdades enciende la llama de la transformación. La enseñanza es fundamental para hacer discípulos iluminados y preparados.

Paso Cuatro
Ser Iluminado

Puede sonar un poco místico para la línea general del cristianismo, pero las personas se iluminan a medida que se les enseña la verdad. La verdad es una luz que brilla en la oscuridad. Una nueva luz se enciende cada vez que estamos expuestos a una nueva verdad acerca de quiénes somos, a las promesas de Dios y a entender que la verdad aplicada puede lanzarnos a una vida mejor. La esperanza aumenta y trae paz. La comprensión amplia de Dios y nuestra relación con él nos transforma. Aprendemos a orar, y el Espíritu se mueve con menos obstáculos dentro de nuestros corazones.

La iluminación viene con cada verdad que consumimos. Va en aumento a lo largo del discipulado. Soy más y más consciente de quién soy, de quién es Dios, y de cómo funciona esto de vivir la mejor vida para siempre. Iluminado es el "ser" que agrega el combustible y la pasión al comienzo de nuestro camino de discipulado.

Paso Cinco
Ser Llamado

Ser iluminado naturalmente conduce a ser llamado. Ser llamado no se trata solo de hacer una gran obra para Dios, su iglesia u otras personas. Las verdades sencillas de Dios nos llaman a pasar más tiempo con Él. Dios nos llama a adorar. Él nos llama a dejar ir el viejo camino y vivir el nuevo camino. A creer en cada nueva verdad. A estar disponibles para los demás a medida que su amor por nosotros comienza a revolucionar la forma en que amamos a los demás y en ayudarnos unos a otros a medida que nuestro enfoque se mueve de nosotros mismos para con Él y para con su pueblo.

Ser llamado es un "hacer" para Dios. Ser llamado es un "ser" para nosotros. Soy una persona llamada para un propósito y una misión. Escuchar y sentir su llamado a ser como Él, es unirme a Él y a disfrutar de la vida en la comunidad, esto llevará a las personas a querer hacerlo también. Pero el ser llamado es en lo que nos convertimos. No tenemos que invitarlos a hacer nada. Dios es capaz de moverse profundamente en sus corazones cuando escuchan su llamado a ser sus discípulos.

Los seguidores sanos escuchan el llamado de Dios. Es un resultado natural de enfocarse en Dios y pasar el tiempo en comunión con Él. Me gusta cuando una persona de nuestro equipo comienza a pasar de una nueva iluminación a ser llamado y empieza a buscar hacer el siguiente paso. Ver a Dios mover sus tropas, y verlo llamar a sus hijos hacia Él es fantástico. Ser llamados es algo de lo que ya somos. Ser conscientes de que somos "llamados" para Dios nos cambia para siempre, y el ser llamado por Dios parece ser siempre lo que nos lleva a hacer cosas para Dios y para los demás.

Paso Seis
Servir

El discipulado se trata de seguir a Dios. Seguir a Dios transformará a las personas a la imagen misma de Jesús. Jesús sirvió. Los seguidores maduros querrán ayudar a medida que Dios los transforme para "pensar más en los demás."

Las verdades y el Espíritu de Dios llaman al seguidor a hacer cosas simples, alegres, grandes y humildes que son buenas para ellos. El servicio es parte de nuestro complejo diseño. Las personas transformadas comienzan a pararse al final de la fila, a repartir los cubiertos, limpian después de los eventos, dan la bienvenida a los recién llegados, cambian los neumáticos del auto y ayudan en la casa. Una comprensión más profunda nos hace ver a los demás antes que a nosotros mismos. Experimentar a Dios nos hace poner los objetivos de Dios antes que anteponer nuestras agendas. Nos sentimos bien mientras servimos. Sentimos que tenemos un propósito. Sentimos que vale la pena. En última instancia, estamos sintiendo lo que se siente al ser quiénes somos: seguidores transformados por Dios.

Desafortunadamente, los cristianos a menudo confunden el servir (hacer) con madurez. Servir es sólo un paso en el camino. Las iglesias asocian servir con ser parte de la iglesia. Hay mucho (realmente demasiado) que hacer en nuestras iglesias. Las iglesias desgastan a las personas con las tareas propias de una comunidad. Los líderes comparan la asistencia y la participación con el éxito. Los movimientos cristianos enfatizan en poner a los demás antes que a nosotros mismos mientras descuidan el auto-cuidado requerido para servir a los demás. Las iglesias hacen que las personas estén tan ocupadas que no tienen tiempo para alimentarse a sí mismas, lo cual les fortalecerá en el servicio. Más cristianos se detienen en este paso a lo largo del camino predecible que en cualquier otro lugar. Se supone que hacer no es el objetivo final, y hacer a menudo sofoca al ser.

Servir no es la fuente de nuestro valor. Servir no es nuestro propósito. Ser seguidor de Dios es la fuente, y el punto de partida que nos permite servir. El equilibrio es la clave para un crecimiento saludable en este paso. Necesitamos recordarles que descansen. Necesitamos recordarles que Dios no nos salvó para tener vida de iglesia o del mundo. Él nos salvó para tener una relación íntima y transformadora con Él. Él quiere que prosperemos.

Servir, sin embargo, es altamente importante en el discipulado. El servicio siempre revela cantidades invisibles del egoísmo a las que podemos renunciar. El servicio nos hace aplicar las verdades de Dios para vivir unos con otros y seguir a los líderes. Brinda la oportunidad de aplicar las verdades de Dios a nuestras debilidades y nuestras interacciones interpersonales. Plantea preguntas sobre nosotros mismos y los demás. Nos lleva a nuevos puntos de quebrantamiento personal que proporcionan una plataforma de lanzamiento para el crecimiento. Ayudar en la guardería, el barrer y otras tareas son caminos hacia la humildad. Servir es parte de crecer en Cristo. Servir ofrece más oportunidades para aprender acerca de Dios y seguirlo que cualquier otro "hacer" en la lista. Los discípulos sirven.

Paso Siete
Aprender

Ser inspirado por grandes verdades nuevas, experimentar una relación con Dios y ver su creación de manera diferente alimenta el fuego del aprendizaje. Tal vez sea la ley del momento oportuno. Tal vez conocer un poco de bondad hace que queramos aprender más de la bondad. Quizá sea solo curiosidad. Pero llega el punto en que los discípulos quieren aprender más. Esta es una coyuntura crítica para hacer discípulos. Si queremos hacer discípulos sostenibles, necesitamos comenzar a enseñarles a aprender por sí mismos.

Los discípulos llegan a un punto en el que no quieren que se les dé el pescado; ellos quieren pescar por su cuenta. Los niños hacen esto en su viaje hacia su edad adulta. Les enseñamos. Aprenden. Lo hacen. Pero llega el momento en que quieren hacerlo por sí mismos. El anhelo de esa independencia llega en la etapa del niño pequeño, en la adolescencia, y con gran fuerza a los veinte años. Este anhelo de aprender a aprender independientemente no debe impedirse. Es un paso significativo. Es un paso importante. Los padres deben esperar este paso. Los niños necesitan ser independientes para convertirse en adultos. Es hora de que los padres los dejen ir un poco, deben soltarlos.

Sucede lo mismo al discipular a alguien. Los líderes deben tener una agenda secreta donde llevan a las personas desde un lugar donde hayan aprendido hacia el aprender por su cuenta. Los líderes quieren que comiencen a obtener su propia comida, que cocinen su comida, que coman su comida y, por supuesto, que limpien su propio desorden. Volverse independiente aprendiendo el hacer por su cuenta (hacer) es la puerta de entrada para estar preparado (ser). El Discipulado Sostenible comienza en este proceso en el segundo año del Discipulado.

Paso Ocho
Estar Preparado

¿Qué significa estar preparado? El estar preparado se trata de estar preparado para lo que venga. Estar preparado se verá diferente en cada discípulo. Esto varía según sus oportunidades y direcciones específicas. Pero significa lo que significa: el discípulo está listo para lo que viene después.

Estar preparado es un estado de estar alimentado por la verdad y la transformación. Lo que viene después no importa. Al discípulo se le ha enseñado, ha practicado fielmente, ha soportado pruebas, ha escuchado a Dios y ha aprendido a aprender. El discípulo sabe que Dios es su Dios. Sabe que es un seguidor. Tiene confianza. Entiende lo suficiente y ha enfrentado suficientes desafíos y pruebas para saber que puede tener éxito. Está preparado, seguro y lo suficientemente capacitado para comenzar a hacer discípulos.

El discipulado sostenible aprovecha una variedad de "primeras oportunidades" en este paso. A los discípulos se les dan estas oportunidades de enseñanza "únicas." Asumen roles de liderazgo y asisten en viajes misioneros. Reciben comentarios, desafíos y preguntas en tiempo real. Todo esto, para ampliar su preparación. Están siendo preparados para seguir y servir a Dios. Y están listos para ir totalmente comprometidos.

Paso Nueve
Ser Consagrado

Ser consagrado es ser apartado para Dios. No es algo que alguien te haga o nada parecido. No es algo que tú hagas. No es algo que Dios haga. Ser consagrado en el proceso de discipulado ocurre o no ocurre.

Llega el punto en que los discípulos se alejarán o entrarán por una puerta de la que nunca regresarán. Es un poco místico, pero es muy real. Es como Neo en la película *The Matrix*. Llegó a un punto en el que se abrieron los ojos. Tenía la opción de volver a la matriz, o podría emprender el viaje hacia la verdad. Su mentor le dijo:

> *Tomas la píldora azul—la historia termina, te despiertas en tu cama y crees lo que quieras creer. Tomas la píldora roja—te quedas en el País de las Maravillas y te enseño lo profunda que es la madriguera del conejo. Recuerda: todo lo que ofrezco es la verdad.*[3]

Los discípulos pueden tener un momento en el que decidan ir con todas sus fuerzas. También pueden volverse personas muy comprometidas. El llegar a consagrarse sólo acontecerá. El discípulo es apartado para Dios, entregado, sin querer volver jamás. Estar consagrado no es un pensamiento juvenil o emocional. Es un pensamiento de "Estoy totalmente involucrado" que ha calculado bien los costos. Es el cumplimiento de las palabras de Jesús en la vida de un discípulo: Nadie puede ser mi discípulo a menos que tome su cruz y me siga.[4]

Regresar a lo viejo, o alejarse, ya no esta en su pensamiento. Las implicaciones de ser consagrado son enormes. Estar consagrado te aparta para Dios y para todo lo que Él quiere. Los seguidores consagrados son apartados para guiar a otros. Son suyos. Siempre se les verá siguiendo. Siempre se les verá sirviendo. Siempre se les verá aprendiendo.

Paso Diez
La Residencia

En términos médicos llamamos "Residencia" a la práctica de todo lo aprendido, es un período del "hacer" con una red de seguridad alrededor o debajo de ellos. Los practicantes o bien llamados residentes reciben sabiduría y orientación continua de un mentor experimentado. El primer paso en la "Residencia," tiene lugar en el tercer año[5] del discipulado que es cuando el discípulo está haciendo discípulos. Estos nuevos líderes ahora están haciendo el trabajo del discipulado. Ellos ya dirigen un grupo a través del discipulado en su fase uno. Son responsables, pero todavía tienen a sus líderes a su lado, como su recurso y apoyo constante. La "residencia" agrega confianza y capacidad a su formación para hacer discípulos.

La Residencia, en el cuarto año,[6] se centra en el llamado específico que tienen los discípulos—¡Su pasión! Dios ha dicho a sus seguidores que usen sus dones, que sean sabios y que hagan su parte hacia aquellos quienes les rodean. Les ha dicho que alcancen el mundo. Que reconcilien al mundo con Él. La Residencia en el cuarto año utiliza todas las habilidades a su preparación y confianza.

Los discípulos se toman un año libre de hacer discípulos y comienzan a dirigir, a enseñar, a hacer lo que tienen pasión para hacer. Todavía tienen su red de entrenamiento y de seguridad. Los líderes caminan al lado de estos discípulos mientras el discípulo "hace" el trabajo. Los líderes se aseguran de que los discípulos tengan siempre personas experimentadas a su alrededor. Los guían espiritualmente y les están recordando constantemente a estos discípulos todo lo que han aprendido.

La Residencia ofrece oportunidades increíbles para perfeccionar sus habilidades, sus dones espirituales, y les ayuda a explorar oportunidades. Proporciona un ambiente seguro antes de que los discípulos lideren por sí solos. Jesús hizo esto cuando envió a sus discípulos para sanar, difundir las buenas nuevas y enseñar.

Paso Once
Liderar

Discípulos preparados, seguros y capacitados parten para liderar solos. Los discípulos maduros guían a sus familias de manera diferente. Reparan relaciones y abrazan amistades donde "el hierro se afila con el hierro." Han sido guiados para seguir a Dios. Están buscando su mejor día siempre, siguiendo el diseño de Dios. Se esfuerzan por seguir a Dios en cada momento, en cada decisión y en cada pensamiento. Son seguidores seguros, preparados y capacitados. No se puede evitar que lideren.

Anhelarán liderar. Ellos liderarán de manera formal e informal. Serán ejemplos de modelos, maestros y mentores para todos en cada situación. Liderarán en la sala de juntas, en la cocina y en la sala de descanso.

Ellos también liderarán entre el cuerpo de creyentes. Algunos podrán convertirse en maestros, ancianos, pastores y jefes de ministerio. Otros podrán liderar en el servicio, ya que son la cabeza de las manos y los pies. Los líderes maduros pueden liderar al lado o detrás de los líderes emergentes. Pero los discípulos guiarán. Los discípulos necesitan liderar. Son modelos, maestros y mentores preparados, seguros y capacitados.

El discipulado sostenible siempre pasará la antorcha a la próxima generación, la cual estará dispuesta a seguir su ejemplo.

Paso Doce
Identidad De Siervo

El camino del discipulado no termina con el liderazgo. El

liderazgo es el terreno fértil donde enfrentamos la indignación, el orgullo, la autoestima, las frustraciones y nuestros propios obstáculos. Liderar es donde aprendemos a vivir bien con aquellos a quienes lideramos.

El modelo de Jesús era el servicio porque él era un siervo. Todo acerca de su misión se basaba en el sacrificio propio que conducía al servicio. Él nos sirvió en el Evangelio. Sirvió a individuos. Sirvió al dar su vida para que pudiéramos regresar a Dios. Él era un siervo, así que sirvió.

Hay una gran diferencia en servir (hacer) y tener identidad de siervo (ser). Tener identidad de Siervo es el maduro resultado del "ser" al anticipado servicio del "hacer." Me convierto en un siervo. Sirvo a Dios y sirvo a los demás porque soy un siervo como Jesús. Personalmente, creo que este es el pináculo de la madurez individual espiritual.

Abrazamos la humildad en el liderazgo. Los siervos se sienten bien en su quebrantamiento. Los siervos se sienten bien dando todo el crédito a Dios. Se sienten bien siguiendo. Sirven a los que siguen, "lavando sus pies" al final de esos largos días. Viven el poder de la empatía y la gratitud en su vida y liderazgo.

Una de mis cosas preferidas en el servicio es servir bajo los líderes que yo he hecho crecer. Pude haber sido su maestro, pero cuando están dirigiendo en ese viaje, o evento, o esfuerzo misionero, yo sirvo bajo sus órdenes. Y les sirvo. No permito que otros seguidores me busquen a mi para resolver sus preguntas; porque deben de hacer las preguntas al líder que está dirigiendo la misión y no a mí, yo solamente les doy mi respaldo. Y siempre aprendo algo nuevo cuando les sigo y sirvo a estos nuevos líderes. Esto es contrario a la forma en que funcionan la mayoría de otros ministerios, pero realmente es hermoso.

Los siervos se sienten cómodos simplemente estando de pie junto a la puerta de Dios, escuchando y esperando. Se trata de hacer de Dios un éxito. Todo se trata de Dios.

Paso Trece
Mentalidad del Reino

Tener mentalidad del Reino es la versión corporativa de la mente de un siervo. Los discípulos comienzan a ver que el cristianismo no se trata de su iglesia individual. Se trata de la Iglesia en general. Son parte de la visión amplia de Dios. Ellos ven el plan de Dios para salvar al mundo. Abrazan el deseo de Dios de salvar al mundo. Abrazan la verdad de que el Reino de Dios ya está en la tierra, esperando crecer.

Los discípulos con esta mentalidad saben que son tropas desplegadas por Dios. Él puede usarlos en comunidades, en ministerios y en las vidas de otras personas. Están disponibles para su servicio dondequiera que Él esté trabajando. Los discípulos con mentalidad de reino se emocionan cuando otros discípulos escuchan el llamado para ir a otro lugar. Los discípulos con mentalidad del Reino sostienen todo con las manos abiertas.

La transición de ser un siervo para tener una mentalidad del Reino es parte del discipulado tres. Los líderes empujan a los siervos a ver la necesidad global. Los discípulos comienzan a orar por el mundo que los rodea. Anhelan alcanzar al mundo para Cristo, el empezar a fundar iglesias o participar en la obra más grande que Dios tiene. Están abiertos a lo que sea mejor para el Reino de Dios.

Tener mentalidad del Reino es la versión corporativa de la mente del siervo. Los discípulos deben llegar a tener mentalidad del Reino para llegar a ser completos. Es la versión corporativa de la abnegación personal.

Paso Catorce
Enviar

Los discípulos que tienen mentalidad del Reino (ser) envían (hacer). Ellos envían ayuda. Envían líderes. Se envían a sí mismos. Envían al mundo. Envían a la puerta de al lado. Envían a través de las ciudades. Los seguidores con mentalidad del Reino no ignoran el servicio que hacen en su mundo local, pero se dan cuenta de que su mundo es parte de una visión más grande.

Los discípulos con mentalidad del Reino invierten su tiempo, talento y tesoros en cosas que edificaran al Reino de Dios en la tierra. Invierten en cosas como crear una cultura de discipulado. Los discípulos con mentalidad del Reino crean iglesias y hacen misiones. Trabajan donde y cuando sea necesario para que beneficie al Reino de Dios en la tierra.

El camino del discipulado es intuitivo y es predecible. Nuestra conciencia y comprensión del camino nos permiten aprovechar las verdades de Dios en cada paso. No necesitamos conseguir nuevos creyentes para ser practicantes. En cambio, los alentamos a arrepentirse y aprender. Presionamos a los practicantes para que apliquen lo que ya saben haciendo preguntas, en lugar de dar la respuesta. No lanzamos a las personas a la formación de liderazgo hasta que sabemos que ya están consagradas. Esta senda del discipulado guía todo nuestro trabajo mientras guiamos a las personas a través del proceso formal del discipulado.

Pero esta senda también guía nuestro discipulado integral. Nos ayuda a pensar intencionalmente mientras elaboramos mensajes, planificamos eventos y llenamos nuestro horario. Las preguntas clásicas de "¿A quién estamos enseñando?" "¿Qué necesitan?" y "¿Dónde están?" cobran vida a medida que incluimos a diferentes oyentes en nuestro plan de discipulado. Podemos crear series que aborden las necesidades de la multitud para arrepentirse o para que se iluminen. Nuestra iglesia utiliza viajes misioneros a corto plazo como parte de nuestro discipulado integral. Hemos desarrollado una matriz de misiones que divide a los miembros del equipo en categorías durante el camino. Saber con quién viajamos nos permite usar cada reunión de planificación para ubicar a los discípulos durante el camino.

Aprovechar la senda y trayectoria del discipulado, es uno de los elementos esenciales para un discipulado sostenible.

En cuanto a un proceso formal de discipulado, esta senda o trayectoria se une a un plan de cuatro años con un discipulado integral casi completando así el fundamento. Sin embargo, faltan unos pocos ladrillos más que necesitamos para poner en el fundamento del discipulado sostenible.

12

UTILIZA LAS SIETE PRÁCTICAS BÁSICAS

"Más terrible que no tener un plan es no seguir el plan exitoso que tienes."

— ANÓNIMO

Siete prácticas básicas y necesarias conforman el núcleo del discipulado sostenible. Cada una de estas prácticas son otros ladrillos de construcción para la base del discipulado sostenible. Estas siete prácticas básicas son tan críticas como:

- la planificación de cuatro años,
- implementar un plan de discipulado integral, y
- aprovechar el camino predecible.

Cada práctica se utiliza a lo largo de cada fase, y en cada año del discipulado sostenible. Las siete prácticas son esenciales para el éxito de este proceso del discipulado formal. El discipulado sostenible tambaleará, se caerá y eventualmente fracasará sin estas prácticas.

Práctica Básica 1
Reuniones Regulares, Estructuradas y Eficientes

Los seres humanos somos criaturas de hábitos. Las rutinas funcionan bien para nosotros. Las reuniones el mismo día, a la misma hora y en el mismo lugar hacen que nuestra vida sea más fácil. Los grupos tienden a desmoronarse si los días y las horas se mueven demasiado. Una vez más, los humanos pueden programar cualquier cosa, pero las cosas regulares se vuelven buenas regularmente.

Las reuniones semanales son ideales para los discipulados uno y dos. Las reuniones de cada dos semanas tienen cierto éxito para el discipulado individual, pero normalmente fallan con grupos más grandes. Revisar cada dos semanas de lectura toma demasiado tiempo en grupo y reduce en el camino la efectividad del aprendizaje. Es importante resaltar que nuestra experiencia muestra que los discípulos tienen una mayor tendencia a divagar, a postergar las cosas y a estancarse si se realiza esto cada dos semanas.

Las reuniones semanales mantienen el aprendizaje manejable. Hay un límite a la cantidad de información que el cerebro humano puede procesar en una sola sesión. Las reuniones una vez a la semana mantienen también el discipulado de forma involucrada e íntima. Te sorprenderá lo que puedes aprender y lo fácil que es mantenerte en contacto con los que lideras cuando te reúnes una vez a la semana.

Tener dos semanas entre reuniones en realidad puede ser beneficioso durante el discipulado tres. Los discípulos están comenzando de la transición del proceso de discipulado formal a una vida de práctica. Trabajan de manera más independiente a medida que lideran activamente a otros y sirven en el ministerio. Reunirse cada dos semanas puede mejorar su trabajo independiente y prepararlos para valerse más por sí mismos. Sin embargo, el discipulado tres debe de comenzar, incluso con reuniones semanales a medida que se asientan las bases de las expectativas y se integran en el grupo.

Las reuniones de discipulado siempre son estructuradas. Las reuniones semanales no deben ser una sesión de charla. Hay un trabajo importante por hacer. Hay verdades y promesas por descubrir y aplicar. Es imperativo que la Biblia tenga mayor importancia que la lectura externa. La Biblia es el recurso clave y debe ser cubierto antes que cualquier otro recurso de apoyo. El discipulado sostenible utiliza la siguiente agenda para las reuniones.

Actualización y Oración (5 minutos)

- Este es el momento en que haces esas preguntas como: "¿Cómo estuvo tu semana?" o haces un seguimiento de preguntas anteriores, cómo "¿Te reconciliaste con tu cónyuge?" Imperativamente, cada persona ora en voz alta por sí misma y por lo que se necesita. Aquí hay algunos consejos:
- Mantén las preguntas y respuestas rápidas.
- Escucha las necesidades que deben satisfacerse fuera de la reunión.
- Escucha y ora para que Dios inspire tu tiempo de lectura bíblica y revele las verdades que se aplican en tiempo real a las necesidades que escuchas. No hay nada mejor que Dios proporcionando una milagrosa respuesta, no planificada del texto que se está revisando. Búscalo.
- Las oraciones no son sobre cónyuges, hijos, tías o ministerios.
- Vigila el tiempo de la reunión para que se mantenga corto.

Revisión de Lectura Bíblica (55 minutos)

- Este es el momento en que revisas los aspectos más destacados de la lectura bíblica de la semana anterior. Cuando se hace en grupo, revisas todo de una vez. "¿Alguien tenía algo sobre el capítulo 2?" El grupo rápidamente encuentra un ritmo que no tienes que manejar. Usa este tiempo para presionar y responsabilizar a cualquiera que no haya estado leyendo bien. Utiliza el método de "Pensamiento Crítico"[1] para revisar el texto de la semana.
- Cubre los aspectos más destacados, las verdades relacionadas y haz conexiones.
- Ajusta el horario de lectura, si es necesario (personalización).
- Indica cualquier gran verdad que hayan pasado por alto.

Revisión de Lectura Extrabíblica (30 minutos)

- Esto, al igual que la revisión de la Biblia, se hace utilizando el método del Pensamiento Crítico.
- Enfócate en la aplicación.
- Recuerda, "ser" es la primera aplicación, no "hacer."
- Pregunta: "¿Qué hacemos con eso?"

Plática Relacional (no más que 30 minutos)

La duración prevista para la parte formal de la reunión es de noventa minutos, ni más ni menos.[2] La experiencia nos ha enseñado que las reuniones más largas son menos rentables. Las reuniones más largas no tienen mayores resultados que una reunión de esta cantidad de minutos (90). También hemos encontrado que las reuniones de menos de noventa minutos tienen "atajos" en alguna parte. Los discípulos pueden no estar leyendo bien, o los líderes estar cansados. En algún lugar, un atajo es lo que está sucediendo. El objetivo final son noventa minutos llenos de acción, una vez a la semana. Las reuniones cada dos semanas necesitarán más tiempo.

Práctica Básica 2
Lectura de la Biblia de Principio a Fin

Los discípulos leen toda la Biblia cada año de su discipulado usando un plan claro y semanal. Leerán la Palabra de Dios cuatro veces en su caminar de principio a fin. ¿Qué hay mejor por hacer que consumir todas sus verdades, promesas, principios y preceptos bíblicos? La Biblia es el registro de la interacción de la humanidad con Dios desde el principio de los tiempos. Los éxitos, fracasos, tropiezos arrepentimiento, fe, milagros y vidas registradas despiertan pensamientos invaluables y brindan infinitas oportunidades de enseñanza.

Comparar la creación con la evolución y el perdón de Dios con el perdón de la humanidad introduce la oportunidad de ver la grandeza de Dios. Luchar con la idea en la elección de Dios de líderes realmente defectuosos nos abre la puerta a entender el valor del quebrantamiento para Dios. Observar la interacción de Dios con estos hombres y mujeres profundizará la comprensión de Dios por parte de los discípulos. Leer cómo Moisés cambió la mente de Dios, cómo Saul cayó de su trono y cómo Pablo asesinó y aun así se convirtió en un cristiano modelo desafiando a los mejores creyentes.

Leer de principio a fin la biblia modela y enseña en silencio el mejor método de estudio: el estudio inductivo y un estudio exegético. Los estudiantes comienzan a descubrir las verdades de Dios en su contexto inmediato y, luego asimilan esas verdades de principio a fin. Leer la Biblia completa cuatro veces proporciona a los discípulos un sin fín de verdades y promesas para poder aplicarlas en el camino. La palabra de Dios se convierte en el combustible que el Espíritu utilizará para transformar su vida.

El método de lectura de la Biblia cambia sistemáticamente cada año, moviendo al discípulo de ser un observador a un aprendiz, y luego llegar a ser apto para enseñar.[3] No hay reemplazo para este bloque fundamental del discipulado sostenible.

Práctica Básica 3
Lectura Extrabíblica

El discipulado sostenible aprovecha la literatura extrabíblica para proporcionar mentores reales y personalizar más el proceso de discipulado.

El que es sabio tiene gran poder, y el que es entendido aumenta su fuerza. La guerra se hace con buena estrategia; la victoria se alcanza con muchos consejeros.

— PROVERBIOS 24:5–6

La "biblioteca de discipulado sostenible" es amplia. Incluye aproximadamente cincuenta novelas extrabíblicas y libros doctrinales, creativos, de negocios, temáticos, teológicos, inspiradores e instructivos leídos a lo largo de las tres fases.[4] La biblioteca amplía la plataforma del discipulado, trayendo nuevas voces, mentores reales y verdaderos. Cada volumen ha sido comprobado e integrado para lograr propósitos de enseñanza específicos. *El Libro de los Capítulos Místicos – The Book of Mystical Chapters* de John Anthony McGuckin sólo se usa en el discipulado tres. *Reinicio – Do Over* de nuevo de Jon Acuff se utiliza para personalizar el discipulado en cualquier fase. Otros volúmenes son específicos para los pasos específicos en el camino predecible. Por ejemplo, el libro de ejercicios "Inicio Rápido e Inteligente"[5] siempre se cubre en las primeras dieciséis semanas del discipulado uno. Así como algunos libros hablan de liderazgo para aquellos en negocios o en discipulado tres. *Seis Sombreros Para Pensar* de Edward de Bono se utiliza como una plataforma de lanzamiento para entender cómo funcionan nuestras reuniones regulares. Usamos *Good to Great (Spanish Edition)* de James C. Collins, *Amplio y Profundo* de Andy Stanley y *Iglesias Exitosas - Breakout Churches* de Thom S. Rainer. Todo esto durante los pasos de preparación y práctica. *Cómo Orar - How to Pray* de R.A. Torrey y *La Búsqueda de Significado* de Robert S. McGee los cuales son esenciales durante el discipulado uno. Novelas como *El Shofar Sonó - The Shofar Blew* de Francine Rivers y *Ésta Presente Oscuridad - This Present Darkness* de Frank E. Peretti abren temas sobre la guerra espiritual, la oración y los desafíos del ministerio y de la comunidad. Y la lista continúa, cada recurso ayuda a crear un impulso necesario para aquel que se convierte en discípulo.

El aprendizaje y las discusiones que provienen de la lectura extrabíblica son increíbles. Los discípulos aplican verdades, disciernen y piensan de manera diferente a medida que la lectura extrabíblica está ligada a verdades bíblicas ya aprendidas. El discipulado sostenible mantiene a las personas leyendo y busca determinar plazos de lectura realistas y oportunos. No hay interrupciones o descansos con la lectura extrabíblica.

La biblioteca de discipulado sostenible ha sido diseñada para apoyar el proceso de discipulado de maneras temáticas y teológicas muy específicas. Es una biblioteca estratégica centrada en llevar a los discípulos al siguiente paso o satisfacer sus necesidades actuales. La biblioteca ha sido desarrollada y probada de forma reactiva durante muchos años, y funciona. Sin embargo, nuestra experiencia ayudando a otros a discipular en diferentes culturas, denominaciones y viajes han demostrado que adaptar la biblioteca es beneficioso. Hay momentos en que los libros adicionales o de reemplazo funcionan mejor.

Ya sea que uses y modifiques nuestra biblioteca o desarrolles la tuya propia, mantén tu biblioteca manejable y estratégica. Sólo debes incluir recursos de soporte y ayuda que te sean necesarios y lo que es más importante, que no tome mucho tiempo.

No debes tener volúmenes repetitivos, sino teniendo recursos únicos que representen el mejor trabajo sobre un tema o un asunto en particular.

Práctica Básica 4
Viajes Misioneros y Oportunidades de Servicio

El discipulado sostenible aprovecha los viajes misioneros y los proyectos de servicio para discipular a las personas durante el camino. Los viajes y proyectos misioneros crean puntos únicos de estrés y presión para los participantes que generalmente no se enfrentan en ningún otro ambiente. Estos son algunos ejemplos:

- La mayoría de las personas no viven, comen o duermen con quince personas. Vivir juntos en la misión plantea ocasiones de modestia y de carácter. Vivir juntos para los introvertidos es un verdadero reto.
- Diferentes culturas, comidas, horarios y entornos crean oportunidades para la empatía, la paciencia y la resistencia.
- Los largos días de agotamiento tienden a exponer debilidades que de otro modo quedarían sin salir a la luz.
- Hacer el trabajo de evangelismo, enseñanza o construcción, empuja a las personas a aprender nuevas habilidades, tomar riesgos y desarrollar su confianza.
- Experimentar los desafíos de la pobreza y la muerte promueve el quebrantamiento.
- Las enormes necesidades enfrentadas en el ministerio alientan la visión del mundo y la mentalidad del Reino.
- Se requiere fe para hacer cosas que son completamente diferentes a este mundo, más grandes

y mucho más allá de nosotros. El aprender a usar herramientas, a crear una agenda o a satisfacer un sinfín de necesidades requiere una gran fe y constante oración.

Hay un poder único "al estar juntos en las trincheras." Los líderes y los seguidores experimentan la vida de manera diferente al estar juntos. Las relaciones crecen profundamente, y se crea y florece un discipulado íntimo.

Viajes Misioneros a Corto Plazo

Los viajes misioneros son un componente vital en nuestro proceso de hacer discípulos. Los viajes misioneros requieren que las personas vivan y trabajen conjuntas durante un período prolongado fuera de su manera habitual. Los viajes misioneros brindan una excelente oportunidad para acelerar y mejorar el proceso del discipulado. Algo sucede al estar en las primeras líneas de fuego, ya sea porque estás cansado, feliz, asustado, emocionado o desesperado por Dios en donde nos acercamos y aparecen oportunidades reales para el discipulado "durante el camino." Utilizamos un programa de entrenamiento misionero basado en el discipulado *El Viaje Perfecto - The Perfect Trip* para nuestros equipos que refuerza las verdades de Dios sobre el trabajo en equipo, unidad, el cuerpo de Cristo, la autoestima, la oración y la fe. El Viaje Perfecto se centra en quién es el participante y en quién se convertirá como resultado de la misión.

El discipulado sostenible depende de viajes misioneros a corto plazo. Si esto no funciona para tu entidad, reemplázalo con algo agotador o desafiante para tus discípulos. Crear oportunidades que requieran sacrificio de tiempo, talento y de dinero. Llévalos al campo, haz algo desconocido para ellos, haz algo que los desafié y que sea significativo. Crea circunstancias para tener un crecimiento intenso en el transcurso de varios días.

Oportunidades de Servicio

Hemos dicho que el discipulado se realiza a lo largo del camino. Las oportunidades de servicio especial y regular son una parte integral de nuestro modelo. Las oportunidades de servicio especial son únicas. Ocurren día a día. Estas oportunidades modelan, enseñan y asesoran a los discípulos mientras sirven regularmente a los demás. El servicio diario tiene sus propios desafíos y pruebas.

Una cosa es ir en un viaje misionero desafiante y divertido; y otra cosa es completamente diferente cuando limpias los baños todos los domingos antes de que lleguen las personas a la congregación o los invitados. Una cosa es hacer un viaje al año; otra cosa es servir regularmente arreglando el lugar donde nos reunimos, cuidando a los niños o bien preparándose para el próximo evento. Nuestra iglesia despidió al servicio de limpieza para crear estas oportunidades de servicio que resultaron desafiantes para nuestros discípulos. Les pedimos a los más experimentados que se apartaran para crear estas vacantes de servicio en especial cuando nos preparamos para eventos o servicios.

Los líderes sirven junto a ellos, y buscan oportunidades para animar, alentar y enseñar. Te sorprenderá lo mucho que puedes modelar y enseñar mientras limpias un baño. Los líderes empujan, requieren y reclutan discípulos para servir con ellos. El servicio regular los enfrenta a los desafíos de la resistencia, la dedicación, el orgullo y el tiempo en familia. La vida acontece día a día. El discipulado también.

Caminar y trabajar juntos brinda infinitas oportunidades para hacer preguntas, desafiar a los seguidores, señalar la verdad o compartir tu historia con aquellos a quienes lideras. No hay nada más poderoso que las verdades que cobran vida en ese momento. No hay nada más poderoso que estar allí en el momento para cuidar, guiar y caminar con aquellos a quienes lideras.

Práctica Básica 5
Pensamiento Crítico

La Fundación para el Pensamiento Crítico define el pensamiento crítico como

> *Un modo de pensar — sobre cualquier tema contenido o problema — en el que el pensador mejora la calidad de su pensamiento: al analizarlo, evaluarlo y reconstruirlo hábilmente. El pensamiento crítico es un pensamiento auto dirigido, auto disciplinado, auto monitoreado y autocorrectivo.*[6]

El método documentado más antiguo de pensamiento crítico es el método socrático. El método socrático "es una forma de diálogo argumentativo cooperativo entre individuos, basado en hacer y responder preguntas para estimular el pensamiento crítico y extraer ideas y presunciones subyacentes."[7]

El pensamiento crítico lleva al discípulo desde de ser el enseñado a ser el que aprende. Esto es esencial para desarrollar seguidores de Dios preparados, seguros y capaces. El pensamiento crítico proporciona la oportunidad para que los seguidores aprendan, sinteticen y apliquen las verdades de Dios.

El pensamiento crítico también mantiene la Biblia en contexto. Subyace a un estudio bíblico confiable y un estudio exegético. Los discípulos aprenden a interrogar las palabras de Dios y ver lo que esas palabras tienen que decirles. Los discípulos cuestionan por qué Dios dijo lo que dijo. El pensamiento crítico se pone detrás de las reglas y busca los principios y preceptos que impulsan reglas.

Lleva a los discípulos a la aplicación y desarrolla una comprensión mucho más profunda de las verdades de Dios. Necesitamos mejorar la calidad general de nuestro pensamiento. Necesitamos hacerle a Dios nuestras preguntas. Necesitamos comparar las palabras en una parte de la Biblia con palabras en otras partes de ésta.

El discipulado sostenible no utiliza enseñanzas de clase. El discipulado hace y responde preguntas que ayudan a los discípulos a crecer, aumentar su comprensión y su capacidad de entendimiento.

- La lectura semanal de la Biblia se enfoca en lo que el discípulo "observa" mientras lee. Este enfoque lo lleva a leer la Biblia con una pregunta en mente, "¿Qué tiene Dios para mí hoy?"
- Durante el tiempo de revisión, el líder pregunta: "Entonces, ¿qué te mostró Dios? ¿Qué encontraste? ¿Qué fue increíble? ¿Qué no entendiste? "Repasemos los aspectos más destacados que encontraste."
- Como respuesta a un punto culminante de "ajá," el líder puede preguntar: "¿Cómo aplicarías eso a tu vida?" y luego, "¿Cómo se aplica esto a los demás?"
- Como respuesta a un punto culminante del "No sé," el líder podría preguntar: "¿En dónde más has visto ese tema?"

El líder está guiando al discípulo para ir de regreso a buscar la palabra de Dios y haciendo que piense críticamente. Esto le enseña al discípulo a aprender por su cuenta. Sí, por supuesto que hay momentos en los que el líder tendrá que dar una respuesta. Hay momentos en que el pozo de conocimiento aún no es lo suficientemente profundo como para que el discípulo pueda hacer las conexiones necesarias. Sin embargo, debes animar a los discípulos a utilizar el pensamiento crítico, porque esto hace que se integren y recuerden todo lo que el Espíritu les ha estado enseñado.

El pensamiento crítico debe combinarse con una mentalidad de aplicación para hacer discípulos sostenibles. La verdad que no se aplica no es simplemente más que solamente conocimiento. Cada momento que hacemos discípulos es un momento para guiar hacia la aplicación de las palabras y verdades de Dios. El discipulado sostenible refuerza constantemente la verdad de que la transformación viene por su aplicación. Los hacedores de discípulos deben mantenerse enfocados en la aplicación, en las trincheras, durante el camino, durante la lectura de reseñas y párrafos, y en cada momento casual.

Formula preguntas. Guía. Deja que aprendan a seguir a Dios.

Práctica Básica 6
Enseña la Verdad

El mandato de Jesús para nosotros es: "Enseñen lo que yo les he enseñado." No hay lugar para conjeturas u opiniones en los discipulados uno y dos. No debemos tener ninguna duda acerca de las verdades que son asimiladas por aquellos a quienes lideramos. No debe haber ninguna duda cuando se nos pide que ayudemos con un pasaje difícil. "Creo" es una buena frase para el que está siendo enseñado, pero "El yo creo" no funciona para el líder. Debes enseñar lo que sabes y solamente lo que sabes.

Vengo de una vida de fiesta y, bueno, de fiesta en exceso. La salvación, el perdón y el amor me hicieron no querer ser quién era nunca más. Asocié la bebida con mi antigua vida. También lo hizo mi primera iglesia. Noté algo en mi primera lectura completa de la Biblia: todos bebían vino, en todas partes, todo el tiempo. Incluso Jesús hizo un vino excelente. Entonces pregunté a algunos de mis líderes y me dieron la respuesta clásica de, era solamente jugo de uva y era la única bebida segura. Acepté esas respuestas. Yo era realmente joven para cuestionar. Y sin decir nada me convertí en un No bebedor y silenciosamente juzgué a los que bebían. Mientras estudiaba en el seminario, me di cuenta de que el vino era vino de verdad en la Biblia. (Todo era fermentado—¡Ellos no tenían refrigeración!) Me di cuenta de que nadie despreciaba el vino. La Biblia enseña, "No bebas demasiado vino," pero esa enseñanza es menos contundente que la enseñanza acerca de la gula. Incluso Pablo le dijo a Timoteo que bebiera un poco de vino para su estómago. Me relajé un poco, pero aun así me abstuve de tomarlo.

Luego me enfermé y mi médico me dijo: "Debes tomar dos vasos pequeños de vino tinto, dos veces al día." Las palabras de Pablo a Timoteo resonaron en mi cabeza. Nunca olvidaré el día en que compré mi primera botella. Estaba mirando de un lado a otro por el pasillo para asegurarme que nadie conocido me viera. Siempre estaba nervioso a la hora de pagarla. Fui tonto. Ahora bromeo diciendo que Pablo probablemente tuvo que decirle a Timoteo que bebiera una copa de vino porque Timoteo estaba tan preocupado como yo. Puedo ver a Timoteo en el mercado, enfrentando esta misma sensación incómoda. Puedo verlo buscando a aquellos, como yo, que lo juzgaron. El punto es que fui puesto en esclavitud, y llevado a juzgar a otros, tuve que lidiar con esto después, porque alguien (un líder) me enseñó lo que pensaban en lugar de enseñarme lo que decía realmente la Biblia. Pudo haberme enseñado la verdad real en lugar de una "verdad" heredada por tradición. Pude haberlo manejado. Lo necesitaba. Habría aprendido la verdad del equilibrio, evitando los peligros y sin la necesidad de beber alcohol. Me habría centrado más en la libertad, el equilibrio y la sabiduría. Eso, sin embargo, no fue el final de mi historia—pues me convertí en uno de "ellos."

Le enseñé a las personas durante años que los tatuajes eran más o menos del diablo. Estaba en la Biblia, era simple. Amaba a las personas, y no los juzgaba, pero enseñaba una teología de anti–tatuaje y nuevamente silenciosamente cuestionaba a estas personas pintadas. Dios los amaba. ¿Por qué ignoraron Sus palabras? Entonces una señora tatuada me pidió un versículo de la biblia. Fui a buscarlo y descubrí que lo que yo pensaba que estaba allí no estaba tan claro como me lo dijeron. Todo había sido sacado del contexto por aquellos que me enseñaron. Se nos dijo que no nos marquemos en luto como los paganos. La verdad era acerca de ser diferente a aquellos que no tienen esperanza en la muerte. Mis líderes me habían fallado de nuevo, pero esta vez, también cometí el error de no revisar lo que me enseñaban y lo que enseña la Biblia. Yo también estaba enseñando lo que pensaba, y no lo que es la verdad.

Los cristianos de Berea fueron elogiados por verificar las verdades. Ellos no asumieron, ni dijeron lo que habían heredado o aprendido de otros.

> *Estos eran de sentimientos más nobles que los de Tesalónica, de modo que estuvieron muy dispuestos a recibir el mensaje y todos los días examinaban las Escrituras para ver si era verdad lo que se les anunciaba. Muchos de los judíos creyeron, y también un buen número de no judíos, incluso mujeres distinguidas y otros muchos hombres.*
>
> — HECHOS 17:11-12

Verdades peligrosas, legalistas, críticas y que arruinan vidas se transmiten y se enseñan porque es lo que pensamos en lugar de lo que realmente sabemos. Debemos enseñar lo que sabemos y lo que podemos demostrar.

Saber y demostrar son la garantía de que lo que enseñas es lo que sabes. Debes tener uno o varios versículos irrefutables y sencillos que demuestran lo que estás enseñando. Evita discusiones inútiles sobre doctrina, tradición o de cosas que no puedes encontrarle solución. Ten la confianza suficiente para decir: "No lo sé. Pero lo buscaré," o, "He estudiado esto, pero no lo recuerdo. Puede también que nunca lo sepas, y que no lo puedas encontrar o que nadie lo pueda saber y/o demostrar." Hay cosas que nunca entenderemos en esta tierra. Aceptar que no lo sabemos todo, o que tú no lo sabrás todo (y/o tal vez no deberías saberlo) se remonta a Génesis capítulo 3. Recuerda lo que la serpiente dijo: "Puedes saberlo. Deberías saberlo. Necesitas saberlo." Esto era una mentira entonces. Y lo es aún.

Enseña lo que sabes y lo que puedes demostrar. Enseña lo que es útil y lo que es importante para Dios. No uses sus palabras para expresar tu punto de vista. No desvíes a los que guías. Dales lo mejor—enséñales lo que es útil y lo que sabes que es la verdad.

Práctica Básica 7
Alentarlos

El discipulado no es un deporte para espectadores. Podría describirse mejor como un deporte de contacto completo. Aquellos que hacen discípulos no sólo enseñan y guían, sino que también animan. El discipulado sostenible es incentivar constantemente a cada uno de nosotros. Es un aliento durante el proceso formal. Es un estímulo en nuestra práctica de vida. Aquellos que hacen discípulos tendrán que alentar a aquellos que hacen discípulos. Los discípulos que son compañeros se alientan entre sí unos a otros para crecer, aplicar y permanecer firmes como seguidores de Dios. El discipulado nos alienta a cada uno de nosotros a ser todo lo que estamos diseñados a ser.

En los primeros años, tratábamos de ser amables y complacientes. Queríamos discipular a tantas personas como pudiéramos. También fuimos tímidos e intimidados por algunas personalidades fuertes que no querían cambiar. Tuvimos que encontrar a alguien más para que discipulara a estas personas. El discipulado nunca funciona cuando el discípulo es quién dirige el proceso.

Tú eres quién lidera el proceso. Tú tienes que alentarlos a leer y a cumplir con el horario. Tienes que estimularlos a misiones y a experiencias de servicio más allá de lo que pueden hacer. Tienes que presionarlos para cuando ponen excusas o cuando no aplican la verdad. Tienes que impulsarlos para que se abran contigo. Tienes que invitarlos a abrazar la transformación. Los alientas como un entrenador y un amigo. Los motivas para que ellos puedan estar más cerca de Dios y puedan experimentar la increíble vida que Él ha diseñado para ellos.

Los líderes necesitan el conocimiento y la confianza para

poder motivar cuando necesitan impulsar a otros. Impulsarlos no es intimidación o acoso. No debe exasperar a las personas. Es corregir el rumbo con empatía transparencia, y humildad. Puede que requiera que cuentes parte de tu propia historia que ilustra tus éxitos y tus fracasos. Requiere un equilibrio entre la pasión y la compasión. Pero debes impulsarlos y motivarlos porque quieres lo mejor para ellos.

13

PERSONALIZAR EL PROCESO

La naturaleza es tan deliciosa y abundante en sus variaciones que entre árboles de la misma especie no se encuentra uno que se parezca a otro, y no sólo las plantas en su conjunto, sino entre sus ramas, hojas y frutos, no se encontrará uno que sea exactamente como otro.

— LEONARDO DA VINCI, REFLEXIONES SOBRE EL ARTE Y LA VIDA

La creación está llena de variedad. La humanidad no es diferente. La humanidad está llena de diferentes personalidades, talentos, procesos de pensamiento y dones. Parte de la variedad de la humanidad proviene del nacimiento, a través de la genética y la creación. Parte de la variedad de la humanidad se hereda a través del medio ambiente, los desafíos, el sufrimiento y la educación. Nunca crearás discípulos sostenibles sin entender y abrazar la variedad de Dios. Jesús cambió su enfoque cuando discipuló multitudes, grupos pequeños e individuos. El abordó los desafíos de las personas individualmente y aprovechó estas lecciones para los grupos que los rodeaban. Jesús se dirigió a sus doce seguidores de manera diferente a como lo hizo con los grupos mucho más grandes. Los apóstoles eran una mezcla de hombres, y Jesús interactuó y los guio de manera diferente a lo largo del camino. Él enseñaba en grupo grande, pero discipulaba íntima e individualmente. Eran un grupo de seguidores individuales. Parece tan obvio y, sin embargo, es contradictorio para la mayoría de los métodos de discipulado.

Me inscribí en un programa popular e intensivo de oración y discipulado durante una de las temporadas más difíciles de mi vida. Comencé con una sesión de cuatro horas diseñada para llegar a la raíz de todos mis problemas. La pareja que me guiaba era apasionada y amaban realmente a Dios, pero todo falló. Cuando llegué y empezamos a hablar. Observaban sus carpetas de tres aros mientras me interrogaban, presionándome y hostigándome por una respuesta correcta. No tardaron mucho en darse cuenta de que yo estaba usando un árbol de decisión para tratar de llegar a la raíz del "problema." No me tomó mucho tiempo darme cuenta de que yo no encajaba en ninguna de las tres categorías de su programa: adicción, inmoralidad sexual y en los problemas con mi padre o en la familia. Fue agotador para mí. Me preguntaron por qué estaba allí y les contesté "Estoy aquí porque estoy quebrantado, cansado y sufriendo persecución por parte de mis compañeros. Estoy abierto a cualquier cosa que me traiga una esperanza y sanación." Fue como si no me escucharan. De nuevo preguntaron si tenía algún problema con la pornografía, si alguna vez había sido abusado, si alguna vez había tenido una experiencia homosexual, si estaba usando drogas o problemas con alcohol para sobrellevar la situación, y si tenía una buena relación con mi padre. El líder masculino se frustró tanto que fue agresivo: "¡No podemos ayudarte si no eres honesto y eres abierto con nosotros sobre todas estas cosas!" Me pidieron que cerrara los ojos, orara y me imaginara una pared bloqueando mi camino. Luego preguntaron "¿Cuál es el primer bloque que necesitas dejar ir para ser sanado?" Yo no tenía ni idea. Y volvimos de nuevo a los tres temas con relación al programa. Finalmente se dieron por vencidos y me dijeron que no podían ayudarme. Acepté su respuesta y salí de allí.

Su programa tiene una gran reputación por traer esperanza y sanación a las personas. Y no dudo de que hayan ayudado a otras personas que tienen problemas de adicción, de inmoralidad sexual, o de relaciones con sus padres—pero ¿qué pasa con las personas como yo que no se ajustan a ese modelo? Casi todos los modelos o métodos de discipulado tienen un objetivo estándar o un grupo establecido de enseñanzas. A menudo los líderes abordan el discipulado como si fuera un molde para cortar galletas. Empaquetamos los programas para distribución masiva. Ofrecemos planes estándares comunes. Y casi ningún programa refleja los dos irrefutables modelos del discipulado de Dios.

El objetivo del discipulado es ayudar a las personas a entender quiénes son y quiénes pueden ser. El discipulado ayuda a las personas a aplicar las verdades transformadoras de Dios y las entrega preparadas, seguras y capacitadas para vivir para siempre su mejor vida.

Una misma talla de ropa no sirve para todos cuando se trata de los asuntos de la vida. Estamos en diferentes lugares y en diferentes situaciones. Llegamos al discipulado con diferente madurez física y espiritual. Aprendemos de maneras diferentes. Algunos de nosotros enfrentamos importantes desafíos y pruebas. Los grupos tienen una variedad y desafíos exponenciales. Abrazar la variedad, con todos sus desafíos, es una de las claves primordiales para el discipulado sostenible. Yo lo llamo "personalización." El discipulado sostenible personaliza el discipulado para

- seguir a Dios mientras Él transforma a cada discípulo,
- llegar a las personas de acuerdo con su diseño y sus experiencias,
- ajustarse a las limitaciones prácticas de los discípulos, y el

- usar el discipulado grupal.

Comprender, ajustarse y aprovechar la variedad aporta un poder exponencial y una efectividad al proceso de hacer discípulos.

Seguir a Dios Mientras Él Transforma a Cada Discípulo

Dios puede hacer discípulos sin ti. Él es el que hace a los discípulos. Él es el que transforma. Mi vida—y muchas otras vidas más—son ejemplo de esto. Cualquiera que quiera a Dios y quiera seguirlo es un seguidor (un discípulo). Cualquiera puede prepararse, para ser alguien seguro y estar capacitado por su propia cuenta. Nosotros sólo somos únicamente guías.[1] Ambos modelos bíblicos del discipulado:

- llaman a las personas a Dios,
- transmiten proactivamente (antes de la necesidad) las verdades de Dios,
- reactivamente (en la necesidad) enseñan e ilustran cómo aplicar las verdades de Dios, y
- recuerdan el valor de conocer a Dios y vivir el diseño dado por Dios.

La idea aquí es que intuitivamente sabremos qué enseñar (proactiva y reactivamente) mientras vamos por el camino. Sabremos cual es el siguiente paso para hacer el llamado a las personas. En esencia, les recordaremos y los animaremos en relación con su viaje de vida. En esencia, nos unimos con Dios como guías físicos, con consejos y tácticas para encontrar y seguir a Dios. Observamos su viaje y los discipulamos en todo momento. Henry Blackaby y Claude King me enseñaron una verdad increíble sobre su trabajo, *Mi Experiencia a Dios*: "Observa en dónde está trabajando Dios y únete a él."[2]

El discipulado sostenible observa a Dios trabajando en el

discípulo y se une allí con él. Este método de discipulado personaliza el discipulado para cada una de las personas a medida que ellos se encuentran con Dios. El discipulado sostenible aprovecha esta personalización natural a medida que los discípulos leen la Biblia de principio a fin, identificando las verdades y se hacen preguntas que "sobresalen" a medida que la leen.[3] A los discípulos se les pide que encuentren cosas que los sorprenden o les confunden al leer la Palabra de Dios. Que descubran verdades sobre el carácter de Dios y conecten esas verdades con otras verdades bíblicas. Que encuentren verdades que parecen desconectadas del resto de la Biblia. Cada fase del discipulado tiene un enfoque diferente, ya que se les pide a los discípulos que vean cosas diferentes. Cada lectura de la Biblia trae un nuevo conjunto de observaciones a medida que los discípulos experimentan la palabra de Dios, desafiando y transformando sus vidas. El Espíritu Santo impulsa diferentes verdades para diferentes discípulos en diferentes momentos. George Mueller abordó esto hace décadas cuando escribió:

> *Mientras estamos en el cuerpo, necesitamos un cambio aún en las cosas espirituales; y este cambio es lo que el Señor ha provisto generosamente en la gran variedad que se encuentra en su Palabra.*
>
> — GEORGE MUELLER, *RESPUESTAS A LA ORACIÓN*

El Espíritu obra de manera diferente en cada seguidor. Es nuestro trabajo, como hacedores de discípulos, no estorbar a Dios mientras Él transforma individualmente a las personas. Es nuestro trabajo ayudar a las personas a ver el panorama general y ver las verdades de Dios en sus momentos más destacados. Algunas verdades serán almacenadas, y otras aplicadas inmediatamente. Algunas verdades se impulsan mediante grandes conceptos, y otras son revelaciones únicas. Los discípulos resaltan todo lo que "sobresale" para ellos, permitiendo que Dios use su Espíritu para plantear temas, convencer y guiar a cada discípulo a través del camino. Sólo necesitamos ver dónde Él está obrando en sus vidas y ayudarlos a encontrar a Dios allí. Rara vez debemos entrenarlos o alentarlos para que encuentren estas verdades particulares en el texto. En cambio, debemos abordar lo que el Espíritu Santo revela en el individuo. Aplaudimos los momentos de "ajá" y, tal vez, expandimos o corregimos la comprensión del discípulo de estos momentos. El proceso de hacer discípulos se personaliza a medida que seguimos a Dios, respondiendo a las preguntas del discípulo que surgen cuando lee la Palabra de Dios. Unirse a Dios donde Él está trabajando en lugar de enseñar un plan de estudios estándar aplica también en la lectura extra-bíblica del discípulo. Unirse a Dios, donde está trabajando, aprovecha los momentos de aprendizaje mientras los discípulos hacen misiones, sirven a los demás y viven su día a día.

Tú tienes dos roles críticos en la personalización natural del discipulado: permitir que el Espíritu Santo guíe al discípulo; y ayudar al discípulo a entender, ampliar y aplicar las verdades que el Espíritu suscita en su vida. Debemos seguir la guía de Dios cuando guiamos a los discípulos a seguirle. Estar consciente del proceso natural de la personalización brinda la oportunidad de planificar esta personalización intencionalmente.

Llegar a las Personas de Acuerdo con su Diseño y su Experiencia

Cada persona es una creación única. Dios la hizo así. Cada persona tiene experiencias muy diferentes. La vida la hizo así. Todo el mundo tiene un cerebro, personalidad, alma y experiencias diferentes. Los discípulos tienen diferentes historias, talentos, dones y futuros. Algunos seguidores serán analíticos, algunos sensibles y algunos arraigados en sus tradiciones. Otros serán pensadores generales, introvertidos o soñadores. Tendrás que guiar a la persona analítica lejos de los detalles que arruinan las grandes ideas de Dios. Tendrás que guiar a los que son más emocionales para que basen sus vidas en los datos y factores de lo que la palabra de Dios realmente enseña. Los soñadores tendrán que abrazar la disciplina de hacer el trabajo. Los trabajadores tendrán que ser empujados a soñar. Liderar a las personas requiere que entendamos cómo piensan—quiénes están diseñados para ser. Este es el método intencional de discipulado que personaliza el discipulado—de acuerdo con quiénes son, dónde están y qué necesitan.

Amber y yo tuvimos un increíble entrenador de vida y ministerio. Conocimos a Charity en *Blessing Ministries* durante nuestro entrenamiento prematrimonial. Cuando Charity hablaba con Amber y la conoció, comencé a escuchar que Amber no se sentía comprendida o, a menudo, no se sentía escuchada. Pensé que ¡éramos grandiosos juntos! Claro que ambos manejamos el conflicto de manera muy diferente. Yo quería hablar, y ella quería que yo dejara de hablar. Ella pensaba en silencio sobre los problemas que enfrentamos. Yo esperaba con impaciencia (y aparentemente desconsideradamente). Este era un problema mucho mayor para Amber de lo que yo creía. Estaba abrumado. Charity preguntó: "Doug, ¿tú entiendes a los introvertidos?" Mi rostro en blanco pensaba. "Los extrovertidos obtienen su energía de la interacción con los demás. Se restauran y se actualizan con la interacción. Los introvertidos son exactamente lo contrario. Se restauran, se renuevan y se actualizan solos. Los introvertidos necesitan tiempo a solas. Los extrovertidos procesan externamente. Los introvertidos procesan internamente."

Una bombilla se iluminó en mi cabeza: me di cuenta de que Amber y yo no éramos iguales, y desde allí nunca hemos sido los mismos. Esto hizo clic. Uno de los momentos más confusos de una de nuestras citas fue cuando cuestioné sus sentimientos por mí, porque ella quería estar sola. ¡La luz se encendió! Había estado viendo a Amber a través de los ojos de un extrovertido, donde retirarse significaba que no querías estar cerca de alguien. ¿Quién querría estar solo o lejos de alguien a quién ama? ¿Quién no querría hablar? Pues un introvertido. Yo necesitaba dejar que Amber fuera quién era, y ella a mí. Esta simple comprensión trajo un nuevo poder a nuestra relación. Comencé a verla a través de nuevos ojos—ojos que tenían un gran aprecio por sus fortalezas y que equilibraba mis exuberancias. Nos ajustamos. Amber me acompaña con mis necesidades extrovertidas, y aprendí a dejarla sola y a darle su espacio y tiempo para procesar. Es gracioso, ahora me siento mucho más cómodo sin tantas personas alrededor.

Menciono este ejemplo porque esto revolucionó la forma en que ahora hago discípulos. Una de las primeras cosas que descubrí es averiguar si el discípulo es introvertido o extrovertido. Si son introvertidos, no me preocuparé tanto si están callados o garabateando mientras hablamos. Si son extrovertidos, los animo a respirar un poco y tomarse su tiempo. Los introvertidos requieren de uno o dos días para procesar un gran empujón o desafío de Dios. Los extrovertidos necesitan terminar el proceso en vivo. Todas las personas son diferentes. Necesitamos discipularlos de manera diferente.

Relacionarse con personas que han sido lastimadas por otros es otro excelente ejemplo. Debes de generar confianza antes de presionar demasiado a una persona herida. Debes de tener cuidado de no exasperarlos. Tienes que dar amor incondicional y aceptación. Tienes que demostrarles que no le abandonarás. Tienes que demostrar que tú estás de su lado y que quieres lo mejor para ellos.

Relacionarse con los introvertidos analíticos presenta un gran desafío. Tienden a desviarse en los más mínimos detalles que nunca los transformarán. Estos estudiantes son únicos y poderosos y necesitan ser alejados de los detalles históricos. Ellos deben de ser ayudados a enfocarse en encontrar el carácter de Dios, y su deseo para con ellos. Tienes que demostrarles cómo descubrir verdades que transformarán la forma en que piensan, deciden y viven. Y la lista sigue y sigue, pero la verdad nunca cambia: necesitamos saber a quién estamos liderando y personalizar nuestro enfoque a sus vidas. Necesitamos abrazar sus fortalezas mientras construimos fortalezas opuestas para convertirlos en seguidores integrales. Debemos ser considerados con sus debilidades y alentarlos a seguir adelante. El discipulado es un baile —en una pista de baile diferente, con una pareja diferente o con una melodía diferente.

Cuando se hace bien, el discipulado sostenible le permite a Dios determinar la melodía para los bailarines que Él creó.

A medida que permitimos que el Espíritu Santo personalice naturalmente el discipulado, necesitamos asociarnos con Dios para personalizar intencionalmente el discipulado. Nuestro acercamiento a cada persona que discipulamos debe ser impulsado por el Espíritu Santo, quién es sabio y específico para cada una de sus vidas. Las oportunidades que creamos para su crecimiento deben correlacionarse con lo que Dios está haciendo en sus vidas. Los recursos de apoyo que utilizamos y hacemos que lean (cuando los leen) deben ser consistentes con la posición del discípulo y hacia dónde debe ir después. La misión, el servicio y sus otras oportunidades deben ser relevantes y apropiadas.

Bailey estaba en uno de mis grupos mixtos más grandes. Tenía algunos años de universidad bíblica. Ella apareció con solo uno o dos puntos resaltados ("ajás" o preguntas) de su lectura de la Biblia. Ella también había sido herida por algunas iglesias. Era tímida. Yo sabía lo que estaba pasando. Ella creció en la iglesia. Fue a la universidad bíblica. Ella no estaba leyendo la Biblia de manera reciente. Ella era una persona entrenada para estudiar la Biblia. Ella había estudiado los hechos. Lamentablemente, le faltaban muchas verdades increíbles que transformarían su vida y todo estaba justo frente a ella. Bob también estaba en nuestro grupo. Fue criado como cristiano. Había escuchado todas las historias. Él tampoco estaba leyendo de manera reciente. Él no se estaba enfocando en la tarea de encontrar las verdades que se aplicaban a su vida del hoy. Ambos estaban solo hojeando los textos, tratando de tomar atajos mentales porque ya habían estado expuestos a estos pasajes antes. El problema se solucionó, pero tuve que tomar un enfoque diferente para cada uno de ellos. No les presioné demasiado, a Bailey le dije: "Bailey, ¿tienes algún punto destacado en este capítulo? ¿No? Está bien, veamos qué han encontrado otras personas." Ella todavía estaba construyendo su confianza, y finalmente decidí empujarla un poco más para que así hiciera su trabajo. Una de nuestras líderes de discipulado estaba allí cuando me senté con ella (Bailey) hablándole individualmente, tratando de explicarle y animándola a hacer el trabajo. Amorosamente se dio cuenta y enfatizó la transformación como el objetivo principal. Con Bob era diferente. Lo animaba frente a todo el grupo. Él es extrovertido, confiado, transparente y abierto. Y pude decirle "Bob, vamos, no estás leyendo esto. ¿Cómo podrías no haber encontrado una verdad de esta aplicación en tu vida, si lo hubieses leído? ¿Viste cómo Moisés se puso frente al rostro de Dios? ¿Qué puedes aprender de eso?" Mi enfoque con "Bob" hubiera destruido a Bailey.

Necesitamos saber en dónde está cada discípulo a lo largo del camino y proporcionar lo que cada uno necesita en ese punto. Incluso en grupos, necesitamos bailar con ellos de forma individual e íntima. Nuestra capacidad de conectarnos con ellos, de escuchar al Espíritu guiarnos y ser buenos observadores serán nuestras fortalezas. John Russell, ex presidente de Harley-Davidson, dijo: "Cuanto más te involucras con los clientes, más claras se vuelven las cosas y más fácil es determinar lo qué debes hacer."

Saber quiénes son es una parte de la ecuación. Comprender el camino y tener un plan individual e intencional para llevarlos al siguiente paso es nuestra estrategia. La evaluación formal[4] y la observación de cada discípulo a lo largo del camino te ayudarán a hacer tu trabajo para guiar a cada persona a Dios individualmente. Identificar dónde se encuentra el seguidor en el camino predecible identifica el punto de partida para su discipulado. Sally, siempre se ponía a la defensiva cuando le pedía que orara más específicamente. Ella era expresiva con los ojos en especial cuando le pregunté por qué destacó un pasaje en particular. Su actitud defensiva salió como una respuesta malhumorada, y no me lo esperaba. Su inseguridad la llevó a desafiar mis comentarios con otros en el grupo. De hecho, me interrumpió y decía cosas como: "No creo que estés siendo justo con Sue. Tienes que entenderla," o, "¿Entonces estás diciendo que mentir está bien? Yo no estoy de acuerdo." Después de dos semanas de esto, retrocedí. Y le pregunte a "Sally, ¿confías en mí?" El grupo se quedó en silencio. "Está bien si no lo haces, pero necesitas saber que realmente tengo un plan. Y necesitas saber que te amo." El grupo se quedó callado. "Lo siento," dijo. Y le respondí: "No, no te preocupes. Está bien. Yo estoy bien contigo. Si pudieras, simplemente escuchar mis comentarios sin asumir que soy una persona hiriente." Luego me volví hacia el grupo: "Todos venimos de diferentes lugares. Algunos han sido heridos por otras iglesias, pastores y otras personas. Algunos han tenido que pelear para ser escuchados. Pero aquí no es así. Todos estamos juntos en este viaje. Nuestro objetivo es enfrentar el desafío de la Palabra de Dios individualmente. Mi trabajo es ayudar a cada uno de ustedes como individuos en este camino." Resulta que Sally estaba terriblemente orientada a su desempeño. Ella fue llevada como una joven adulta a ser perfecta. Fue herida por personas. Ella, como la mayoría de nosotros, recurrió a controlar su entorno. Ella necesitaba ser alcanzada de manera individual y única para que todos continuáramos explorando las verdades de Dios en la Biblia. Ella necesitaba ser motivada al paso del arrepentimiento.

El camino predecible es bíblico. Se desarrolla a través de enfoques y soluciones estándares para desafíos comunes. El discipulado sostenible es muy práctico, pero el discipulado requiere de su personalización. Debemos orar por la perspicacia de Dios, para poder tener sus palabras y su ayuda para guiar a las personas. El escuchar al Espíritu Santo en el momento preciso es fundamental para ayudar al discípulo a identificar y aplicar todas estas verdades de Dios. Escuchar al Espíritu Santo es la clave para saber cuándo instigar, estimular y saber cuándo evitar exasperar a quién haces discípulo. La personalización intencionada es más complicada que esto, no es sólo un enfoque masivo como cuando hacemos los cortes de las galletas con un molde para hacer discípulos. Requiere que estés preparado, seguro y capacitado en la Palabra de Dios y en poder guiar a otros. Tienes que estar listo para reaccionar. Tienes que saber lo que estás haciendo. Tienes que ser rápido con tus pies. Tienes que estar escuchando al Espíritu Santo. Debes personalizar tu enfoque si quieres hacer discípulos sostenibles.

Ajustándose a las Limitaciones Prácticas de los Discípulos

Algunas personas tienen limitaciones. Esto pasa siempre en la vida. Tenemos que estar dispuestos a ajustarnos a esto en el proceso. Nataniel es un querido amigo, compadre, y parte de mi tercera generación de discípulos. "¿Qué hago con esto?," me preguntó y abrió su correo electrónico. Me senté y leí la nota que le envió Jack uno de los hombres en su discipulado: "Lo siento, no es que quiera renunciar. Simplemente no puedo leer. Después de mi enfermedad, esta es la primera vez que trato de leer y no puedo. Los médicos están tratando de encontrar un medicamento..."

Jack durante cinco años ha estado sufriendo de una enfermedad cerebral traumática. La enfermedad cambió todo, desde su personalidad hasta su capacidad de procesar ciertas cosas. Se había levantado por encima del desafío de esta gran prueba y estaba regresando al ministerio, pero Jack tenía nuevas limitaciones.

"No me he enfrentado a una situación como esta antes," dijo Nataniel. "¿Tienes alguna idea?"

"Yo no lo dejaría renunciar."

"¿Cómo lo puede hacer sin poder leer?"

"No tengo ni idea. Nunca me he enfrentado a una situación como ésta en veinte años que tengo de enseñanza. Pero seguramente, Jesús no lo rechazaría tampoco. Si tenemos a un hombre en silla de ruedas, construiremos una rampa. Esto es una limitación para él, y, en otras palabras, debemos averiguar qué rampa debemos construir para sobrepasar este obstáculo."

Muchos discípulos tienen dificultades con la lectura. Muchos habrían sobresalido en los viejos tiempos, cuando todo se transmitía por tradición oral. Recomendamos una edición Audible y YouVersion para aquellos que tienen dificultades con la lectura. Algunos discípulos luchan con el déficit de atención, las barreras del idioma y los malos hábitos de estudio. Recomendamos algunas ayudas, como traductores y grandes ideas para estudiar de poco en poco. Sin embargo, fue la primera vez que un trastorno físico impedía la lectura.

"¿Qué pasa si lo dejamos venir y sentarse acá en el grupo? Él quiere ser un discípulo. Simplemente no puede leer sin que le afecte su cerebro. Así que déjenlo seguir viniendo, orando, y simplemente déjenlo interactuar. Obtendrá lo que ellos reciben y algunas otras cosas mientras pregunta sobre cosas de ellos."

"¿Cuál será el efecto de esto sobre el grupo cuando los demás solo hablen de sus cosas en el discipulado?" Preguntó Nataniel.

Fue una buena pregunta. Una de las principales directivas del discipulado sostenible es que las personas sean discipuladas individualmente, incluso en grupos. El líder puede dirigir a todo el grupo, pero los individuos sólo preguntan e interactúan en sus aspectos personales más destacados. Lo que propuse fue una grave violación de nuestras prácticas grupales habituales. ¿Si Jack participa acerca de los comentarios de otros arruinará al grupo? ¿Cómo guiará entonces Nataniel el proceso? ¿distraerá esto al grupo? ¿Afectará el discipulado individual de otros?

"Supongo que las cosas que escuchas y lo que el Espíritu Santo hace en el momento serán sus cosas. Sólo tendremos que lidiar con esto y resolverlo."

Jack regresó al grupo. Nataniel fue honesto con el grupo sobre los desafíos que presentaba esta situación. El grupo abrazó a Jack. Nataniel navegó por la personalización. No era lo ideal, pero funcionó. Tú te enfrentarás a desafíos similares y muy prácticos al discipular a las personas como individuos. Personaliza el discipulado, ora, prueba cosas y haz que el discipulado esté disponible para todos. Ningún modelo de discipulado debe limitarte en la capacidad o discapacidad de las personas para que sean discípulos.

Uso del Discipulado Grupal

Discipular a Jack requería que Nataniel personalizará el grupo. Personalizar el discipulado grupal es extremamente más difícil que la personalización individual. Hay tantas personalidades y caminos diferentes que se unen. ¿Pudo haber sido más fácil discipular a Jack individualmente? ¿Se beneficiaría cada persona de la particularidad e intimidad del discipulado individual? Años de experiencia, pruebas y errores han demostrado exactamente lo contrario. Los discípulos sostenibles que se hacen en grupos son más efectivos y eficientes.

Suena contradictorio. Muchas personas piensan que la joya de la corona para hacer discípulos es hacerlos uno a uno. El modelo paternal de discipulado en Deuteronomio parece apoyar esta idea. No sé quién lo inició o cuándo comenzó, pero también heredé ese modelo. Una persona haciendo un discípulo era el método óptimo. Sonaba grandioso. Definitivamente fue íntimo e individual. Permite al hacedor poder centrarse en una sola persona. Pero si el uno a uno es tan bueno, ¿por qué la mayoría de los programas de discipulado usan grupos? La respuesta es simple: hacer discípulos uno a uno es ineficiente porque no tenemos suficientes hacedores de discípulos preparados, seguros y capaces para lograrlo.

Dallas Willard dijo: "Estamos llegando a un momento en que muchas iglesias y cristianos que están en posiciones de liderazgo podrán decir: 'Se trata del discipulado y de la transformación a la semejanza de Cristo.'"

Si tu sueño es como el de Dallas, enfrentarás la ineficiencia del discipulado personalizado uno a uno. Tendrás que encontrar una manera de discipular a muchas personas al mismo tiempo.

Necesitarás discipular otros grupos, todo esto sin perder la belleza del discipulado individual, íntimo a lo largo del camino.

Pero incluso cuando tenemos la capacidad de hacer discípulos uno a uno, los grupos siguen siendo más efectivos. ¿Por qué? Porque los grupos permiten que los discípulos experimenten más de las verdades de Dios. Los discípulos pueden "escuchar" el discipulado individual de otra persona. Experimentan los momentos de "ajá" de los demás y el entrenamiento y la enseñanza que acompañan esos momentos. Son parte de un mini–cuerpo de Cristo. El aprendizaje se vuelve excepcional a medida que el cuerpo de Cristo funciona de la manera en que se supone que debe funcionar. Cada individuo trae algo diferente a la mesa, completando así la comida.

Nuestra experiencia e investigación muestran que un grupo con un líder y tres seguidores es lo ideal. Una proporción de uno a tres es la forma más efectiva y eficiente de hacer discípulos. Los discípulos hechos de esta manera son más firmes, más completos y más desafiantes. Obtienen más en cada hora invertida. Jesús hizo esto. Aprovechó el discipulado individual para los grupos una y otra vez. Uno de mis ejemplos favoritos es la historia del paralítico. Los amigos del paralítico lo llevaron a Jesús para su curación. La sanidad era la primera necesidad percibida de su amigo, pero Jesús tiene algo diferente en mente. Pasó por alto la necesidad percibida del amigo y satisfizo de la necesidad real del paralítico.

pero no pudieron a causa de la multitud. Así que subieron a la azotea y separando las tejas, lo bajaron en la camilla hasta ponerlo en medio de la gente, frente a Jesús. Al ver la fe de ellos Jesús dijo:
—¡Amigo, tus pecados quedan perdonados!

— LUCAS 5:19–20

Multitud de líderes religiosos se perturbaron grandemente, diciendo: "¿Quién se cree que es? ¡Esto es blasfemia! ¡Sólo Dios puede perdonar pecados!" Entonces Jesús aprovechó su discipulado individual para la multitud: Pero Jesús supo lo que estaban pensando y les dijo:

> ¿Por qué razonan así? ¿Qué es más fácil, decirle: "Tus pecados quedan perdonados" o decirle: "Levántate y anda"? Pues, para que sepan que el Hijo del hombre tiene autoridad en la tierra para perdonar pecados —se dirigió entonces al paralítico-: A ti te digo, levántate, toma tu camilla y vete a tu casa.
>
> — LUCAS 5:22-24

Experimentar los beneficios del discipulado individual como grupo es poderoso. Los discípulos aprenden las lecciones de los demás. Aprenden a adaptarse y abrazar la variedad del pueblo de Dios. Aprenden de la variedad que se encuentra en los grupos. Los grupos más grandes son más difíciles, pero también son factibles. Los grupos masivos funcionan menos, pero todos los grupos producen mejores seguidores que el modelo uno-a-uno. Los grupos hacen muchos discípulos simultáneamente. El problema de esto es que la mayoría de los enfoques grupales, se convierten en procesos o clases estandarizadas. ¿Cómo proporcionarías el discipulado íntimo e individual en un grupo? Personalizando el grupo.

El discipulado sostenible aprovecha el poder del discipulado grupal al

- proteger el discipulado individual,
- alternar la pertenencia a grupos, y
- diseñar estratégicamente los grupos.

Protegiendo el Discipulado Individual

El discipulado sostenible protege el discipulado íntimo e individual al tener estándares grupales. ¿La estandarización garantiza una personalización natural e intencional? Sí. Algunas normas grupales protegen y promueven la necesidad de que hagamos discípulos individuales. Les recuerdo siempre a los grupos una y otra vez: "No están en el discipulado grupal. Estás siendo discipulados individualmente en un grupo. Estoy discipulando a cada uno de ustedes, individualmente. Sólo estás obteniendo el beneficio de los pensamientos, comentarios y verdades del discipulado de los demás." Enfocarse en el individuo es crítico a pesar de que los discípulos leen la misma Biblia, leen los mismos recursos de apoyo y participan en los mismos eventos externos. Estos son los estándares que usamos en grupos:

- No a la comunicación cruzada. Cada discípulo discute los aspectos más destacados de su lectura. Cada discípulo ora sus propias oraciones. Los demás discípulos no comentan, ni extienden ni formulan preguntas basadas en los aspectos más destacados u oraciones de otros discípulos. "Si no resaltaste este versículo, no hablas de él. Pero puedes enviarme una nota, un mensaje de texto o llamarme si necesitas hablar más tarde." El enfoque está en el viaje guiado por Dios para cada discípulo.
- No a las conversaciones externas. Los discípulos no discuten sus aspectos más destacados, preguntas o desafíos fuera del discipulado. Esto es un desafío para las parejas en el discipulado. Los alentamos a hablar después del discipulado y no antes. Este método mantiene las preguntas y revelaciones sin manipulaciones. Los discípulos no se están discipulándose unos a otros. Están siendo dirigidos por un líder.
- Todos comparten cada uno de sus aspectos más destacados. Un discípulo puede preguntar acerca de un versículo que varios han resaltado. Ese discípulo obtiene su respuesta. Si otros han resaltado ese

versículo y necesitan compartir una pregunta diferente o "ajá," lo comparten. Si no tienen nada nuevo, simplemente dicen: "Yo también tuve ese," y seguimos adelante.

Alternar los Miembros en los Grupos

Los grupos de cuatro parecen mejores, pero sorprendentemente, los grupos de veinte son más fáciles de liderar que los grupos de diez. Los grupos con miembros de alrededor de diez han proporcionado consistentemente la mayoría de los problemas; Sin embargo, un tamaño de grupo de alrededor de diez parece ser la necesidad más común a medida que el discipulado comienza o reacciona al rápido crecimiento de la iglesia. Nataniel y yo recientemente tomamos un grupo de diez discípulos para probar algunas ideas nuevas y continuar resolviendo los problemas de tener este tamaño problemático del grupo. Nataniel lo guía cuando yo no estoy. Tom está en el grupo. Recientemente cerró una pregunta por correo electrónico a Nataniel, escribiendo: "Realmente necesito escribir todo lo que tengo pendiente de inmediato porque tengo la memoria de un mosquito. De cualquier manera, disfruté del tiempo de discipulado ayer. Tú y Doug tienen dos estilos diferentes cuando se trata de liderar, y los aprecio a ambos."

¿Lo ves? Los hacedores de discípulos son más efectivos cuando abrazamos la variedad, pero los discípulos también se benefician de la variedad. Los discípulos necesitan escuchar y ser guiados por una variedad de líderes. Hacemos todo lo posible para proporcionar a los seguidores un líder diferente para cada fase del discipulado.

Los discípulos también se benefician cuando los miembros de sus grupos son diferentes durante cada fase del discipulado. Mezclar los grupos expone a los discípulos a una gama más amplia de verdades a lo largo del camino. Mezclar grupos también aumenta el número de relaciones saludables de discipulado. Estas relaciones serán valiosas a medida que los discípulos pasen del proceso a la práctica del discipulado.

Alternar líderes y miembros es un método poderoso de discipulado. Este método también proporciona a los líderes de discipulado la oportunidad de diseñar estratégicamente grupos de discipulado.

Diseño Estratégico de Grupos

El discipulado sostenible diseña grupos que aprovechan la variedad para el beneficio de cada individuo. Intencionalmente evitamos grupos homogéneos y creamos grupos que abrazan las palabras de Proverbios 27:17:

> *El hierro se afila con el hierro y el hombre en el trato con el hombre.*

Todo el mundo es un individuo en el discipulado grupal. Los discípulos no son responsables (ni deben de serlo) de enseñar, liderar o desafiarse unos a otros. Entonces, ¿por qué diseñar un grupo que se auto afile? Los discípulos interactuarán fuera de su grupo. Viajarán juntos, servirán juntos y vivirán la vida juntos. En esos momentos, se afilarán entre ellos mismos o estarán sin filo entre sí. La variedad afila la variedad. Ver las cosas de manera diferente nos permite protegernos unos a otros. Ver las cosas de manera diferente nos empuja. Campeones intrépidos y audaces silenciosos para hablar. Silenciosos que silencian a alta voz. El paciente anima a los impacientes. La confianza apoya a la inseguridad. El cuerpo de Cristo se completa a sí mismo. Los grupos homogéneos tienden a tener las mismas inclinaciones, fortalezas y debilidades. Los grupos homogéneos tienden a ser menos desafiantes, menos alentadores y divertidos.

Las personas solteras están expuestas a increíbles verdades proactivas mientras hacen discipulado con personas casadas. Los seguidores mayores encuentran inspiración y vigor en los discípulos más jóvenes. También aprenden a lidiar con la frustración de los más jóvenes. Los discípulos jóvenes observan la sabiduría de aquellos que han sobrevivido y prosperado muchos más años que ellos. Los líderes empresariales observan y aprenden verdades increíbles mientras escuchan el discipulado de los trabajadores. ¿Entiendes cuál es la idea?

Diseñar grupos que se afilen así mismos es una cuestión de observación, oración y confianza. Diseñar grupos de discipulado dos saludables y desafiantes es más fácil. Has tenido un año para evaluar, observar y observar a los seguidores. Diseñar grupos de discipulado uno se trata más de confiar en Dios y hacer lo mejor que puedas. Tienes que confiar en el proceso. Deja que tu confianza, capacidad y preparación guíen a los discípulos a la intimidad, a la transparencia y la confianza. Tienes que ser paciente mientras el fruto crece en el árbol. Para cuando creas un grupo de discipulado tres, se necesita menos del diseño. Estos discípulos han pasado la etapa de consagración en el camino predecible: todos están adentro y perdurarán. Conocen ya los beneficios de estar en grupo. Están abiertos al desafío. El camino los ha empujado a estar mucho más "cerca" en su viaje

Hay beneficios para cierta homogeneidad. Es útil que las mujeres discipulen a las mujeres y los hombres discipulen a los hombres.[5] Podría citar un montón de Escrituras aquí acerca de los hombres que enseñan a hombres y mujeres que guían a las mujeres, pero no es necesario. Este método es práctico e intuitivo cuando se trata de cosas personales. Los hombres y las mujeres piensan y ven el mundo de manera diferente. Digo cosas a los hombres que dirijo que ofendería a las mujeres increíbles que conozco. Los hombres necesitan ser empujados de manera diferente que las mujeres.

Yo solía discipular a mujeres. Porque no pude encontrar mujeres que estuvieran preparadas, seguras, capacitadas y dispuestas a discipular a otras mujeres. Mis mentores me alentaron. Me desafiaron. Francamente, me molestaron al punto que a veces me sentí ofendido. ¿Qué estaban pensando? Yo no era un hombre asqueroso. ¿Qué no confiaban en mí? ¡Mentores! Afortunadamente, descubrí que tenían razón antes de que fuera demasiado tarde. Muchas mujeres casadas se aferran rápidamente a un líder masculino, ya que él proporciona una versión de la piedad de Dios que les falta en el hogar. Las cosas se pusieron un poco raras. Por lo que silenciosamente dejé de discipular a las mujeres. Hubo una brecha hasta que me casé con una gran dama que ama a Dios y es una máquina para hacer discípulos. Ella ha hecho una réplica de ella misma, y ahora tenemos mujeres liderando mujeres.

Los humanos son propensos a la tentación. El desastre puede ocurrir cuando la oportunidad y la tentación chocan. David cayó en esa colisión.[6] Evitar la tentación es una buena razón para el discipulado entre personas del mismo sexo, pero el mejor argumento es que los hombres entienden a los hombres y hablan el lenguaje de los hombres. Las mujeres consiguen mujeres y hablan el lenguaje de las mujeres. La Biblia explica este punto.[7] El discipulado entre personas del mismo sexo es eficiente. Pero ¿qué haces cuando no tienes ninguna mujer lista para liderar a otras mujeres? ¿Qué pasa si no tienes hombres para guiar a los hombres? ¿Cómo se inicia el proceso? Si estás casado, te sugiero que trabajes con tu cónyuge a medida que mejoras tu proceso de hacer discípulos. Si tienes grandes hombres y mujeres, u hombres y mujeres dispuestos, haz que tu primer grupo de discipulado sea mixto.

Los grupos mixtos también proporcionan una gran cantidad de momentos del hierro afilado. Los grupos mixtos ofrecen oportunidades increíbles para aprender y crecer en nuestras interacciones con el sexo opuesto. Hemos visto a mujeres que no confían en los hombres y llegan a comprender que todos los hombres no fueron los "hombres" en su historia. Hemos visto a los hombres finalmente darse cuenta de que las mujeres toman las cosas de manera diferente. Las mamás tienen una perspectiva diferente a la de los papás.

Debemos tener cuidado de diseñar grupos equilibrados.

Nunca debes poner a una mujer en un grupo de un grupo de hombres. Si ella es la única mujer en ser discipulada, entonces simplemente tienes que conformarte con el discipulado uno a uno. Debes evitar poner demasiados de esos tipos de "la universidad bíblica" en un grupo. Nunca crees un grupo de discipulado de sólo líderes. Serán engañados, al igual que los que son líderes. Hay poder en que los seguidores descubren que sus líderes están quebrantados también y al igual que ellos aprenden. Asegura la variedad. Puedes alentar con la variedad. Puedes llevar a las personas a una mayor verdad a través de tener esta variedad. Hagas lo que hagas, diseña tus grupos para que sean desafiantes. Crea desafíos. Crea fricciones. Deja que el hierro afile intencionalmente al hierro.

Conclusión

Comprender, ajustarse y aprovechar la variedad aporta un poder gigantesco y una efectividad al proceso de hacer discípulos. Abrazar la variedad, con todos sus desafíos, es una de las claves para el discipulado que tiene que ver con quién es ese alguien y en quién se está convirtiendo. El discipulado se trata del "ser." El discipulado tiene que ser personalizado en el camino porque la personalización es la forma en que Dios crece en nosotros.

Dios es simultáneo. Él está en todas las cosas. Él es para todos y Él es íntimo con cada persona. Él está en todas partes, pero está muy presente en cada uno de nosotros. Sus verdades son universales y siempre activas, pero Él impresiona y guía a cada uno como individuo muy personalmente. El discipulado debe imitar la interacción de Dios con sus seguidores. Dios interactúa, entrena, anima y vive en cada uno de nosotros. Cuando nos reunimos, Él se refiere a nosotros como el "cuerpo de Cristo" y nos combina en una sinergia de su tremendo poder, seguridad y apoyo.

La personalización es esencial, pero la personalización nunca debe convertirse sólo en un abastecimiento de conocimiento. La personalización hace discípulos de manera efectiva, pero la personalización nunca se ajustará a la verdad encontrada. Ustedes ajustan el proceso de los discípulos para encontrar esa verdad, pero nunca ajustarán en sí la verdad. El discipulado trata de seres humanos ajustando sus vidas a las verdades de Dios. Las verdades de Dios se aplican en sus principios y preceptos a todos nosotros.

La personalización se trata de unirnos a Dios, en donde Él está trabajando, e intencionalmente el poder ser íntimos y relevantes a medida que hacemos discípulos. Trabajar con Dios sin descarrilar su obra es una obra sumamente crítica. El discipulado sostenible requiere que seamos líderes preparados, seguros y capacitados. El siguiente paso es asegurarnos de que tenemos claro nuestro papel como hacedores de discípulos.

14

COMPRENDE TU PAPEL

"Dios es y nosotros no somos Dios"

— ANÓNIMO

El objetivo final del discipulado es hacer "seguidores totalmente devotos de Dios," no seguidores de hombres o de alguien en particular. Tú y yo no somos lo suficientemente buenos para ser seguidos. Podemos ser maestros, modelos o mentores, pero no somos lo suficientemente perfectos para ser seguidos. Si las personas nos siguen, siempre estarán limitadas a lo que nosotros somos. Eric Russ lo expresa de esta manera: "El discipulado es la relación entre un maestro (el discipulador) y un estudiante (el discípulo)."[1]

Desde el momento en que una persona comienza a seguir a Cristo, es, por definición, un seguidor de Dios. Desde ese primer momento, y es en cada momento que lo siguen, Dios es el Gran maestro, y ellos son los estudiantes.

La ley judía original contenía unos 613 mandamientos. Los líderes religiosos agregaron 6.200 páginas de comentarios, interpretación y explicación en el Talmud. El objetivo del Talmud no era hacer una nueva ley. El objetivo era ayudar a los seguidores judíos a saber cómo aplicar la ley original. Pero lo que comenzó como una explicación útil se convirtió en una expansión masiva de la ley, con reglas y regulaciones interminables.

Por ejemplo, el Talmud instruye que encender una lámpara es trabajo y no debe hacerse en el día de descanso. La aplicación moderna del comentario del Talmud es la siguiente:

> *Las luces que serán necesarias en Sabbat se encienden antes de Sabbat. Se pueden usar temporizadores automáticos para luces y algunos electrodomésticos, siempre y cuando se hayan configurado antes de Sabbat. El refrigerador puede ser usado, pero nuevamente, tenemos que asegurarnos de que su uso no engendre ninguna de las actividades prohibidas de Sabbat. Por lo tanto, la luz del refrigerador debe desconectarse antes de Sabbat desenroscando ligeramente la bombilla y no se puede usar un congelador cuyo ventilador se active cuando se abre la puerta.*[2]

Jesús se dirigió a estas expansiones de la ley de Dios, diciendo:

> *Los maestros de la Ley y los fariseos tienen la responsabilidad de interpretar a Moisés. Así que ustedes deben obedecerlos y hacer todo lo que les digan. Pero no hagan lo que hacen ellos, porque no practican lo que predican. Atan cargas pesadas y las ponen sobre la espalda de los demás, pero ellos mismos no están dispuestos a mover ni un dedo para levantarlas.*
>
> — MATEO 23:2–4

Jesús constantemente trajo seguidores de vuelta a la simple intención original de la ley. Aquí hay un ejemplo de su desafío a los judíos religiosos con respecto a una de sus reglas del sábado:

El sábado se hizo para el ser humano y no el ser humano para el sábado

— MARCOS 2:27

¿Qué estaba diciendo? Él estaba diciendo que el día de descanso debería ser un beneficio, no una carga. Iba a ser una bendición para los judíos y no una maldición. Dios quería que su pueblo tomara y disfrutara del descanso necesario para sus cuerpos, almas y mentes. Él quería esto para su bien.

Cometemos el error de esos viejos líderes religiosos si nos colocamos entre Dios (el Gran Maestro) y las personas (los estudiantes). Debemos explicar los caminos de Dios a los que siguen, pero debemos ser cautelosos para enseñarles sus caminos y su corazón, y para seguir lo que Él dijo.

Los humanos toman dos atajos clásicos cuando se trata de seguir a Dios. El primer atajo lo hacen los seguidores cuando dicen al líder: "Sólo dime qué hacer." El segundo es hecho por líderes bien intencionados cuando responden a esa solicitud. Estos atajos, omiten una ruta más completa. ¿Cuál es ese camino? Dios ha creado a cada persona a su imagen, con la capacidad de aprender, entender, aplicar, comprender y elegir. Su diseño es que las personas tengan una relación interactiva e inteligente con Él. Dios ha puesto Su Espíritu dentro de cada cristiano para guiarlos en sus caminos. Su camino es un camino de relación que Él está vivo y Él está presente en cada momento. Su camino es una relación de inspiración y convicción. Él nos ha dado la capacidad de sintetizar sus verdades para tomar decisiones increíbles.

Cuando simplemente le decimos a las personas qué hacer, les negamos su camino, rechazamos la majestad de su creación, y los hacemos dependientes de nosotros. También nos establecemos como sacerdotes y clérigos—la versión moderna del judío religioso. Nos ponemos entre Dios y sus estudiantes. Interrumpimos el camino divino de la relación del hombre con Dios.

Necesitamos tratar de crear aprendices autosuficientes. Pablo entendió esta meta y escribió:

> *Sobre este tema tenemos mucho que decir, aunque es difícil explicarlo porque ustedes se han vuelto apáticos y no escuchan. En realidad, a estas alturas ya deberían ser maestros; sin embargo, necesitan que alguien vuelva a enseñarles los principios más elementales de la palabra de Dios. Dicho de otro modo, necesitan leche en vez de alimento sólido. El que sólo se alimenta de leche es inexperto en el mensaje de justicia; es como un niño de pecho. En cambio, el alimento sólido es para los adultos, pues han ejercitado la capacidad de distinguir entre el bien y el mal.*
>
> — HEBREOS 5:11-14

Nuestro objetivo inmediato al enseñar, liderar, modelar, guiar y discipular a otros es sacarlos de beber leche y llevarlos a alimentos sólidos. Debemos ayudarlos a convertirse en personas capaces de aprender, aplicar y sintetizar las palabras de Dios en su vida diaria, decisiones y disciplinas.

Nuestro papel es obtener sus verdades en los demás. Nuestro papel es estimularlos a aplicar esas verdades. Nuestro papel es guiarlos a los verdaderos guías: Su verdad y Su Espíritu. Siempre me recordé a mí mismo la verdad transformadora de Miqueas 6:8, que nos instruye a vivir humildemente. Que yo no soy lo suficientemente bueno para ser seguido, pero Dios es lo suficientemente bueno para ser seguido. Me gusta particularmente la paráfrasis suelta de Miqueas 6:8 del Mensaje (MSG):

> *Pero él ya ha dejado claro cómo vivir, qué hacer, qué está buscando Dios en los hombres y mujeres. Es bastante simple: Haz lo que es justo y equitativo con tu prójimo, sé compasivo y leal en tu amor, y no te tomes tú demasiado en serio—toma a Dios en serio.*

Dios es el maestro. El seguidor es el estudiante. Necesitamos guiar mientras nos mantenemos fuera del camino. Ese puede ser el resumen más directo de nuestra responsabilidad al hacer discípulos. Necesitamos guiarlos a la verdad, dejar que el Espíritu Santo obre en ellos y mantenernos fuera del camino. Necesitamos agregar sólo las palabras que deben agregarse. Nuestra responsabilidad es ayudar a que ocurran tres encuentros:

- el encuentro con las verdades de Dios;
- el encuentro con el Espíritu Santo que da vida a esas verdades; y
- el encuentro con Dios que resulta de seguir a Dios.

Lo que sabemos no importa a menos que se aplique a su viaje. El enfoque debe permanecer en los encuentros del discípulo con Dios y su verdad. Añadimos y aclaramos. Ayudamos a corregir el curso cuando se desvían hacia la inmadurez o la educación. Nuestra responsabilidad es velar, escuchar a Dios y hablar como Jesús.

> *Yo no he hablado por mi propia cuenta; el Padre que me envió me ordenó qué decir y cómo decirlo. Y sé muy bien que su mandato es vida eterna. Así que todo lo que digo es lo que el Padre me ha ordenado decir*
>
> —JUAN 12:49–50

Tu papel será diferente en diferentes momentos. Puedes usar la autoridad para impulsarlos, ejercer empatía para sanar, ser un animador para que te tengan confianza o ser un hermano para llevarlos. Tu responsabilidad es guiar mientras te mantienes fuera del camino que Dios tiene para cada uno de ellos.

Demasiadas palabras pueden impedir que el discípulo escuche a Dios. Muy pocas palabras pueden permitirles desviarse del proceso que funciona. Las porras pueden ser inapropiadas si crean dependencia del animador. Pablo nos dijo:

Y ustedes, padres, no hagan enojar a sus hijos, sino críenlos según la disciplina e instrucción del Señor.

— EFESIOS 6:4

Los discípulos pueden no ser nuestros hijos, pero esta instrucción aún se aplica. El mucho instigarles puede exasperar al nuevo seguidor y empujarlo a la ira, a la frustración o bien el darse por vencido. El muy poco empuje puede hacer que se detengan y que no experimenten todo lo que seguir a Dios puede traerles a sus vidas. Nuestra responsabilidad es encontrar el equilibrio adecuado.

Necesitarás este equilibrio adecuado al enfrentar cuatro desafíos clásicos.[3] Los primeros tres son nombrados después de dar paso hacia el camino de discipulado donde cada uno ocurre típicamente. El cuarto desafío es el que destruye a más discípulos que cualquier otro. Es nuestra responsabilidad ayudar a los discípulos a evitar o conquistar estos cuatro desafíos.

- El "Desafío 4b" a medida que se vuelven más y más iluminados.
- El "Desafío 9a" a medida que pasan de estar preparados a ser apartados.
- El "Desafío 10-11" mientras se ocupan siendo líderes.
- Dinero, familia y orgullo a lo largo del camino.

El Desafío 4b

Los discípulos pueden enfrentar este desafío a medida que se vuelven más inteligentes acerca de Dios en el paso cuatro en la guía del camino predecible: "Ser iluminado." El desafío 4b es similar a la adolescencia. Ustedes están guiando, y los discípulos se están volviendo más inteligentes y conscientes. De repente, escuchas: "¿Por qué tengo que hacer eso?" Éste es el clásico desafío "ya lo sé" o "el sabelotodo." El discípulo está aprendiendo que es amado por Dios y que su salvación es por gracia y no por obras. Está aprendiendo acerca de sus libertades en Cristo. Luego encuentra la lección sobre el diezmo. Tú preguntas: "¿Estás diezmando?" Tiene dos opciones: puede escuchar que te preocupas, o puede sentir que tú estás revisando su diezmar. Incluso si está diezmando, sus defensas pueden levantarse si la persona olvida que tú estás haciendo esto por su bien. Has sido un adolescente, ¿verdad? Entiendes esto. Tu papel se convierte en un equilibrio entre la empatía (todos hemos estado allí) y un poco de responsabilidad. Necesitas hacer que el discípulo se encuentre con Dios. El objetivo es averiguar por qué les molesta lo que les molesta y guiarlos hacia un lugar donde se sientan seguros.

El Desafío 9a

El desafío 9a ocurre con mayor frecuencia en el punto de inflexión o inclinación entre estar preparado y ser consagrado. El noveno paso en la guía del camino predecible, "Ser Consagrado," es en ese punto donde los discípulos van "con todo" como seguidores. El desafío 9a es similar a lo que pasa después de que un hombre compra un anillo de bodas. Es como lo que ocurre cuando entras en esas entrevistas finales para la oportunidad del trabajo de tu vida. ¿Conoces ese sentimiento? Un gran futuro está disponible, y estás listo para saltar, pero algo dentro de ti se resiste al cambio o al compromiso. Tal vez comiences a calcular los riesgos. Piensas cosas como: "¡Guau! La amo, pero mi vida de soltero terminaría. Tengo que decir esto," o, "¿Qué pasa si estos tipos me despiden en un mes? ¿Qué pasa si no lo hago tan bien como creen que lo haré?" Los discípulos serán tentados a "salir del fuego" y abandonar el proceso de discipulado. Es nuestra responsabilidad frenarlos y ayudarlos a adaptarse. Nuestro papel se convierte en un papel de comprensión y aliento.

El Desafío 10–11

La práctica y el liderazgo, los pasos diez y once en la guía a lo largo del camino, traen el desafío 10–11. Este es un desafío de agotamiento y ataques del enemigo. Los discípulos rara vez abandonan el discipulado en este punto. Todos están dentro. Los beneficios son increíbles, han doblado esa esquina y les gusta retribuir a los demás. Están discipulando a las personas. Están guiando. Y se cansan. Cuando los empujas a tomar un descanso sabático, ellos responden con algo como: " Pero me gusta hacer estas cosas." Cuando los empujas a decir que no, retroceden con una increíble visión del mundo de que los extraviados necesitan ser encontrados. Es nuestra responsabilidad enseñarles a ellos tanto en delegar, así como el ritmo que deben de tener durante este desafío. Los discípulos necesitan que se les recuerde que la obra de Dios es una maratón. Necesitan ser empujados, pero tener su propio ritmo al caminar; después de todo, aquí es donde comienza la diversión. Además, los ataques espirituales aumentan en los pasos diez y once. Nuestro enemigo común sabe que estas personas marcarán la diferencia si no las deshabilita en este momento. Necesitamos ayudarles a identificar estos ataques. Nuestro papel es ser su mentor experimentado.

Los desafíos 4b, 9a y 10–11 son normales, aceptables y muy reales. Es nuestra responsabilidad conseguir discípulos con éxito a través de estas aguas. Hemos estado allí como lo están ahora nuestros seguidores. Hemos sobrevivido. Ellos pueden sobrevivir, pero se necesita un equilibrio de empatía y de empuje.

Dinero, Familia y Orgullo

El condimento de "La santísima trinidad en la cocina" es una mezcla de apio, pimientos y cebollas. Es la base para casi todo plato. El aroma y el sabor son increíbles. El chef Paul Prudhomme popularizó este término en la década de 1970. Puedes estar seguro de que un plato de cajún comenzó con el condimento de "la santísima trinidad en la cocina." ¡Garantizado!

Hay una trinidad impía que puedes estar seguro de encontrar al hacer discípulos. Su aroma apesta a podredumbre. Su regurgitación es totalmente desagradable. Los ingredientes son el dinero, la familia y el orgullo. Puedes estar seguro de que están en la base de cada fracaso del discipulado. Cualquiera de ellos puede arruinar rápidamente el proceso de discipulado. El enemigo es muy consciente de nuestros puntos débiles, y no quiere que las personas se acerquen a Dios. ¡Apuéstalo! ¡Y Cuenta con ello! Te enfrentarás a la madre de todos los desafíos cuando alguien a quién lideras se enfrente al dinero, a la familia o al orgullo. Y tú responsabilidad es llevarlos a través de él como guía equilibrado.

La familia es importante. Necesitamos reafirmar esa verdad. Pero Dios es más importante. Necesitamos reafirmar esa verdad. Los discípulos dejan todo para seguir. Es cierto. No debemos abandonar nuestros matrimonios por el ministerio. Eso también es cierto. Jesús llamó a los discípulos a alejarse de sus hogares y trabajos. Es cierto. ¿Puedes ver cómo necesitará ese equilibrio cuando le ofrezcan un nuevo trabajo el cual hará que el discípulo detenga su discipulado? ¿Puedes ver cómo se necesitará equilibrio cuando ese esposo (tipo egoísta) exija que su esposa deje de hacer todas esas cosas de la iglesia? ¿Puedes ver cómo necesitarás este equilibrio cuando ese líder prometedor luche con el orgullo durante la práctica?

Tu responsabilidad de guiar mientras permaneces fuera del camino de Dios que nunca cambia. Tu método y rol cambiarán. Al principio, eres su guía y al final tu papel se convertirá en un lanzador. Entre las fases de discipulado, tu papel es mover al discípulo al siguiente lugar. Mark Dever escribe:

> El amor nos permite terminar con las relaciones del discipulado. Necesitamos un amor que nos humille lo suficiente como para reconocer que lo que necesitan no es a nosotros, sino a Dios, y que

Dios puede usarnos por un tiempo, pero luego usar a alguien más.[4]

Marshall Segal, redactor de desiringGod.org, añade estas preguntas a la discusión.

- *¿Me considero un salvador o un instrumento entre muchos en las manos del Salvador?*
- *¿Cómo veo mi papel en la vida de esta persona en particular? — ¿cómo alguien esencial e irremplazable, o como alguien complementario y temporal?*
- *¿Estoy dispuesto a ayudar a trasladar a esta persona a otros discipulados cuando sus necesidades o circunstancias sugieran que es el momento adecuado? Con ese fin, puedes establecer de antemano un tiempo claro establecido (por ejemplo, un mes, un año, dos años), de modo que ninguna persona asuma que la relación de discipulado es indefinida.*[5]

Codirigí[6] uno de los grupos de discipulado más disfuncionales. No iban a ninguna parte. Primero, tuvimos que ayudar a un tipo que era mejor que nosotros a volver a discipularse a sí mismo. Segundo, no pudimos conseguir un horario de rutina. Y tercero, fuimos muy flojos con los jóvenes que no estaban yendo a las reuniones o leyendo. De seis discípulos, sólo dos estaban realmente hambrientos de Dios. Al mismo tiempo, había un joven en un grupo diferente que estaba siendo engañado por el horario y el agotamiento de su líder.

Era hora de un cambio. Oramos por sabiduría. Emparejamos a los dos tipos inconsistentes con mi colíder inconsistente y los enviamos a probar algo más casual. Moví al joven hambriento de Dios a nuestro grupo y llevé a los tres jóvenes con hambre de Dios hasta el final. El líder exhausto descansó y se estará preparando para liderar mejor la próxima vez. El grupo de inconsistentes se vino abajo. Uno de los tres tipos hambrientos comenzó a discipular al grupo inconsistente un año después. Prosperaron y tuvieron éxito. Somos responsables de hacer lo que sea mejor para aquellos en el proceso de discipulado.

Nuestra mayor responsabilidad como guía intencional es mantenerlo todo en contexto. Necesitamos mantener al discípulo enfocado en el consumo exegético de la Biblia. Necesitamos mantener al discípulo desafiándose continuamente con lectura externa tópica. Necesitamos mantener al discípulo en situaciones que no puedan hacer por ellos mismos, y lo extiendan más allá al poder hacerlo únicamente con Dios. Necesitamos enseñar lo que sabemos y mantener todo esto en contexto. El discipulado sostenible está diseñado para ayudar a las personas a acercarse a Dios, conocer sus verdades, aplicar estas verdades y poder ser transformadas. Somos responsables de mantener todos los "haceres" en contexto con los "del ser" de la transformación. Si el discípulo no se transforma, todo está perdido.

¿Quién Debes ser en el Discipulado?

¿Quiénes debemos ser en el proceso de hacer discípulos? ¿Estamos preparados? ¿Somos capaces? ¿Tenemos alguna idea de qué hacer cuando se trata de hacer discípulos? Tantas preguntas, pero realmente solo necesitamos responder a la primera pregunta. "Ser" siempre viene antes que el "hacer." Si podemos descubrir nuestro papel, quiénes somos, al hacer discípulos, el resto vendrá naturalmente.

Ser un hacedor de discípulos no es diferente de ser un discípulo. Dios es el maestro, y tú eres el estudiante. Has llegado a un punto en el camino predecible donde quieres asumir la responsabilidad de hacer discípulos. Dios te ha guiado a ver el valor de hacer discípulos. Él te está formando para estar preparado, seguro y capaz. Él te ha llevado a un lugar donde estás pasando del aprender a enseñar, del observar a modelar, o del ser guiado a ser mentor de otros.

Tengo un querido amigo, Tim, a quién tuve el privilegio de

discipular. Estaba tan frustrado el otro día. Estaba tratando de conseguir que un compañero del ministerio entendiera por qué su solicitud estaba equivocada. "Están equivocados," decía Tim, "pero ellos no escuchan. No lo entienden. Puedo ayudarlos a solucionar el problema, pero necesitan entender por qué es un problema." Estaba tan frustrado. Lo escuché mientras se desahogaba, y luego le dije: "Tienes que dejar de tratar de enseñar a las personas que no quieren que se les enseñe. Sólo ayúdalos a hacerlo." ¿Su respuesta? "Renuncié a todos los demás puntos de la enseñanza, pero no pude evitar empujarlo a la cultura de la organización. Es tan fácil de ver."

Si conocieras a Tim antes, sabrías que esto es nuevo. Tim solía guardar su sabiduría para sí mismo. Ahora no puede evitar querer enseñarles a las personas. Él quiere mostrarles una mejor manera de vivir y desafiarlos a ser grandes para que puedan hacerlo bien. Tim se ha convertido en un maestro. El discipulado lo transformó de un consumidor a un productor espiritual.

Pero el momento decisivo hace que cada uno de nosotros nos preguntemos: "¿Estoy listo?" La pregunta llegó a Tim cuando le presionamos para que comenzara a discipular a otros. Él no estaba convencido, pero confió lo suficiente en nosotros para comenzar a entrenar. Nosotros no le estábamos entrenando para hacer discipulado. Esto sería muy fácil—él acaba de terminar sus dos años de proceso. Tim estaba siendo empujado y entrenado sobre cómo ser un hacedor de discípulos. Se le encendió una luz cuando le definimos el papel, el carácter y la vida de un hacedor de discípulos. Esto es lo que Tim compartió con el grupo y con aquellos que le estábamos preparando:

> *Cuando me gradué de la escuela de medicina, las personas me traían a sus bebés y me los entregaba para que los curara. Venían a mí y confiaban en mí para ayudarlos con sus necesidades médicas. Pedían mi opinión y me pedían dirección. Pensé que estaban dementes. Yo no sabía nada. Acababa de graduarme. Las personas me preguntaban: "¿Te gusta ser médico?" Simplemente respondía*

> que sí me gustaba, pero en el fondo, no me sentía como un médico de verdad. Entonces, un día, cuando todo este conocimiento médico salía de mi boca, me di cuenta de que estas personas no sabían lo que yo sabía. De hecho, sabía muchas cosas que ellos no sabían, y era médico. Había pasado todo mi tiempo creciendo y aprendiendo con otros quiénes aprendieron lo mismo que yo aprendí. Me veía a mí mismo como un estudiante entre ellos. Pero había crecido, había aprendido, era médico con relación a otras personas. ¡Me di cuenta de que este proceso es el mismo! ¡Puedo hacer esto! Sé cosas que otros necesitan saber. Me he convertido en un discípulo. ¡Estoy listo! Quiero decir, que, aunque todavía tengo cosas que aprender, puedo hacer esto. Veo lo que ustedes ven.

Tim es médico. Estudió, hizo su práctica, es capaz y hábil, y llegó el momento donde Tim se convirtió en médico. Él es quién es. Además, Tim ahora es un hacedor de discípulos. Él tiene el carácter y la vida de un hacedor de discípulos. Tú y yo necesitamos ese carácter y tener esas características. Veamos quién es un gran hacedor de discípulos.

Los Grandes Hacedores de Discípulos son Espirituales

Nuestras vidas deben ser espirituales, totalmente dedicadas a vivir el diseño perfecto de Dios para nosotros. Debemos ser consumidos por Dios, siempre escuchando al Espíritu y preparados con la verdad. Debemos conocer la voz de Dios y ser capaces de obtener respuestas de Dios. Debemos ser personas que escuchen en todo momento la sabiduría de Dios antes de hablar, actuar o decidir.

Los grandes hacedores de discípulos tienen una relación activa, refrescante, significativa y duradera con Dios. Son personas espirituales, y los "haceres" espirituales brotan en sus vidas.

Los Grandes Hacedores de Discípulos son Humildes

Somos inteligentes al pensar que no somos lo suficientemente buenos. Sólo espera a ver en quiénes se convierten tus discípulos. Si haces buenos a los discípulos, te sentirás muy humilde y modesto al ver su excelencia y, más aún, su sabiduría.

Necesitamos tomar a Dios muy en serio. Necesitamos enseñar lo que sabemos. Necesitamos someternos a sus verdades incluso cuando son difíciles de entender. Necesitamos entender cuán privilegiados somos de ser seguidores y guiar otros seguidores. Si tienes un problema con el orgullo, por favor no discípules a nadie.

Los Grandes Hacedores de Discípulos Toman en Serio el Discipulado

> *"Les aseguro que a menos que ustedes cambien y se vuelvan como niños, no entrarán en el reino de los cielos. Por tanto, el que se humilla como este niño será el más grande en el reino de los cielos. Y el que recibe en mi nombre a un niño como este me recibe a mí.* ***Pero si alguien hace pecar a uno de estos pequeños que creen en mí,*** *más le valdría que le colgaran al cuello una gran piedra de molino y lo hundieran en lo profundo del mar."*
>
> — JESÚS, EN MATEO 18:3–6

Cuando las personas nos dan el privilegio de guiarlas a Dios (el Gran Maestro), también nos convertimos en maestros. Nos hemos ganado su confianza y escucharán lo que tengamos que decir. Se someten a nosotros mientras los guiamos a las verdades y caminos de Dios. Si los llevamos por mal camino, seremos tontos en hacerlo. El hacer discípulos no es un juego. El hacer discípulos es el plan de reproducción espiritual que permite al mundo tener una relación profunda con Cristo. Si estropeamos esto, si nos interponemos en el camino, si nos convertimos en su dios, entonces arruinaríamos las cosas.

Debemos ser conscientes de las verdades de Dios y comprometernos a mostrarlas a las personas. Necesitamos ser conscientes del gran privilegio que tenemos de dar o quitar la vida de los seguidores de Dios.

Los Grandes Hacedores de Discípulos están Preparados

Debemos haber consumido y entendido todos los recursos de apoyo con que guiamos a las personas al leer, usar o probar estos recursos. Debemos conocer sus verdades y haber dominado la aplicación de las verdades de Dios. Necesitamos saber cómo mantener la palabra de Dios en contexto.

Es simple: no podemos enseñar lo que no sabemos.

Los Grandes Hacedores de Discípulos son Discípulos

No podemos enseñar lo que no sabemos, y tristemente, no sabemos lo que no sabemos. El viaje del discipulado nunca termina. Existen tres hombres más jóvenes y tres mayores que yo, que continuamente vierten su sabiduría en mi vida. Soy responsable ante ellos, y son lo suficientemente desafiantes como para presionarme. Me enseñan. Aprenden conmigo. Son invaluables.

Debemos ser personas que observan y que esperan aprender. Debemos tener relaciones intencionales de discipulado con personas inteligentes que invierten en hacer discípulos de nosotros.

Los Grandes Hacedores de Discípulos son Desafiantes

El hacer discípulos no es para los débiles, los cohibidos, los inseguros o los tímidos. Hacer discípulos parece provocar conflictos. Hacer discípulos requiere que nos empujemos unos a otros hacia Dios, hacia las verdades de Dios y hacia la acción. Necesitamos ser audaces (con gracia y bondad), empujando a aquellos a quienes guiamos a consumir la palabra de Dios. Debemos alentarlos a cumplir sus metas y ser discípulos.

Debemos estar orgullosos de las verdades de Dios y no vacilar cuando esas verdades son desafiadas. No necesitamos poner excusas para sus palabras, sino amar a los demás a medida que se adaptan a Él. Necesitamos preocuparnos tanto por sus vidas de manera que los animemos.

Los Grandes Hacedores de Discípulos Resisten

No podemos renunciar a ellos. No podemos dejarlos. No podemos colapsar bajo las pruebas y tribulaciones. No podemos abandonar a aquellos que discipulamos. Necesitamos soportar y tener una mentalidad de resistencia.

Un viejo proverbio chino dice: "El buey es lento, pero la tierra siempre es paciente." Tenemos que ser fuertes y resistentes. Debemos ser personas pacientes y aceptar que el discipulado esta lleno de desafíos. El discipulado desafía al que hace discípulos y a los que son hechos discípulos.

Los hacedores de discípulos reflejan al discípulo en el que se han convertido. Los hacedores de discípulos tienen ciertos roles. Los hacedores de discípulos tienen algunas responsabilidades claras, pero también hay algunas cosas que se deben evitar en la relación de discipulado.

Lo Que tu Relación de Discipulado No Debe Ser

Odio enseñar lo que no deberías ser, pero sería negligente no compartir lo que hemos aprendido en nuestro camino. Hay roles que no debes asumir, cosas que no debes de hacer y una única cosa que no deberías ser.

Confía en la experiencia de nuestros fracasos aquí. Acepta las advertencias de aquellos a quienes nosotros ignoramos. Aprende de la investigación. El discipulado sostenible se desmoronará si estas cosas son parte de tu relación con aquellos a quienes haces discípulos.

Tú No Eres Su Mejor Amigo

Tengo un amigo llamado Caleb. Somos socios en la misma comunidad eclesiástica. Nuestra amistad está muy arraigada y es más gratificante porque Caleb tiene una prohibición de hablar del trabajo cuando estamos juntos. Él está bien conmigo liderando al grupo. Él está bien conmigo enseñando, dirigiendo y liderando los esfuerzos del personal. Pero cuando se trata de nuestra relación, él es inteligente en solo ser mi amigo y separar el trabajo del ministerio de nuestro tiempo juntos. Él no me pregunta acerca de la iglesia. Él no lanza ideas ni pregunta cosas sobre lo que estamos haciendo. Puedes darte cuenta de que soy el líder de nuestra iglesia, pero no cuando se trata de mi amistad con Caleb.

Caleb se abstuvo de ser discipulado durante casi dos años, esperando a un líder que lo guiara que no fuera yo. Caleb no quería que yo fuera su líder de discipulado. Dijo que quería seguir siendo mi amigo. No quería que yo fuera su líder personal de uno a uno. No quería que yo desempeñara ese papel de enseñanza formal en su vida.

La historia de Caleb ilustra algo significativo sobre el papel positivo y potencialmente dañino que un hacedor de discípulos puede desempeñar en la vida de un discípulo. Tienes que ser un líder formal cuando se trata de discipulado. Tienes que tomar la autoridad para guiar al discípulo. Es necesario establecer, asegurar y ver el camino del discipulado formal. No eres el "mejor amigo" de la persona a la que guías. En las primeras etapas del discipulado, y cuando llegan los desafíos, tienes que ser un maestro y mentor. Tienes que ser capaz de impulsar (incluso hasta el punto de quebrantamiento) al discípulo a seguir, confrontarlo con la Palabra de Dios y aplicar esas verdades a su vida. Tu papel no puede verse comprometido por la amistad. Hay algo más grande sucediendo. Estás tratando de conectar al discípulo (estudiante) con Dios (maestro) e incentivarlo a ser un seguidor.

Tú No Eres Su Señor

Se supone que los seguidores deben seguir a Dios. Jesús es el Señor. Nunca debemos guiar sus decisiones, aprobar sus ideas o de ninguna manera meternos en el pastel de su vida. Debemos guiarlos a las verdades de Dios y ayudarlos a aprender a aplicar esas verdades. Si alguien va a decirles qué hacer, es Dios quién debe de hacerlo.

Del mismo modo, tú no eres su espíritu. Se supone que el Espíritu Santo los convence y los guía. No es tu trabajo cavar, buscando cosas que los discípulos necesitan cambiar. Puedes destruir a un seguidor forzándolo a enfrentar cosas que Dios no le está mostrando. Guía a los discípulos a Dios, y Su Espíritu puede hacer lo que necesitan hacer. Mantente fuera del camino de Dios.

Y ten cuidado, tú tampoco eres su padre o madre. Las verdades y reglas de sus vidas provienen de su verdadero Padre: Dios. Tú no eres su sacerdote. Tú no eres su creador de reglas. Tú no eres quién debe disciplinarlos. No deben esforzarse por tu aprobación de ninguna manera. La naturaleza misma de que alguien sea un discípulo de Dios es que Dios es la autoridad. Las verdades de Dios son las verdades a las que el discípulo es responsable. El discípulo es responsable ante Dios si no aplica esas verdades.

Entiendo que Dios ha ordenado relaciones de autoridad y responsabilidad espiritual entre su pueblo. Hay muchas relaciones diarias de responsabilidad entre los cristianos, con los líderes y en el ministerio. Más adelante en el discipulado, al discípulo se le enseñará a manejar y vivir bajo estas relaciones. Él abrazará esas verdades y podrá seguir a los líderes humanos cuando Dios les dé autoridad, propósito o posición.

Pero la relación de discipulado es diferente. No somos las autoridades espirituales de aquellos a quienes hacemos discípulos. Nosotros sólo somos guías, maestros, mentores y modelos. Necesitamos hacer todo lo que esté a nuestro alcance para evitar ser líderes posicionales dando instrucciones a las cuales deben seguirse. Debemos tener cuidado de no interponernos entre el discípulo y Dios. Nuestro impulso más significativo es enseñar, modelar y guiar al discípulo para que sea la persona completamente responsable ante Dios por todo su aprendizaje y sus elecciones.

Tú No Eres Su Terapeuta

Existe una percepción común de que el discipulado es una relación de consejería. ¡No es verdad! Las personas a menudo comienzan el discipulado para abordar sus problemas. Si eso los lleva a seguir a Dios, grandioso, pero debemos dirigirlos inmediatamente a Dios para obtener una respuesta. Podemos escuchar los problemas en el camino. Es un privilegio escuchar una pregunta, guiarlos a la respuesta de Dios y luego desafiarlos a intentarlo. Si el discipulado descubre problemas más profundos y difíciles, conéctalos con un consejero independiente y calificado y sigue adelante enseñándoles las verdades de Dios.

El núcleo de la relación de discipulado es que guiamos a los discípulos a una relación estudiante/seguidor con Dios. El objetivo es conectar a las personas con su maestro: Dios. Ese objetivo se distorsiona cuando comenzamos a tratar de corregir el comportamiento de las personas. La madurez cristiana es muy orgánica—pon al discípulo en el terreno de Dios, arroja toneladas de verdades fertilizantes y crecerá según el diseño.

Incluso si eres psicólogo, no eres su psicólogo. Esto no es una terapia—es un discipulado. Es aprender acerca de Dios, todos sus caminos y el increíble camino hacia su mejor vida por siempre. Si necesitan un psicólogo, ayúdalos a encontrar uno y vuelve a enseñar y guiar.

Tú No Eres Su Administrador en Rendición de Cuentas

El enfoque de ser el administrador de rendición de cuentas o responsabilidades para el discipulado es tan desastroso como el enfoque del mejor amigo. Los administradores de grupos de responsabilidad para la recuperación, el asesoramiento y las reformas particulares del alma son extremadamente valiosas, pero no tienen lugar en el discipulado.

Adoptamos grupos de administradores responsabilidad como una forma de discipulado en el antiguo movimiento Cumplidores de Promesas. Y siempre falló. Siempre se centró en los problemas y no en el discipulado. Abandonamos todo esto y subcontratamos ayuda para problemas que necesitaban la recuperación, el asesoramiento o reforma para las personas.

El discipulado se trata de convertirse en un seguidor de Dios. El discipulado trata de aprender las verdades de Dios y aprender a seguirlas. Puede haber ocasiones en las que preguntes: "¿Cómo te va con esto o aquello?," pero el hacedor de discípulos debe dirigir al discípulo para que esta persona sea responsable ante Dios.

Esta Única Cosa

Tenemos una tarea simple: hacer seguidores de Dios. Presentamos a las personas a Dios, quién las ama y las entiende, las ayudamos a entender quiénes son y quiénes pueden ser, las ayudamos a aplicar las verdades transformadoras de Dios y las soltamos como personas preparadas, seguras y capacitadas para vivir por siempre su mejor vida en la Tierra.

Guía a aquellos a quienes discípulas a una práctica de por vida, la práctica de seguir a Dios. Ayúdalos a aprender a aprender. Ayúdalos a confiar en Dios. Las agencias misioneras han adoptado durante mucho tiempo el adagio de *La Señora Dymond* de Anne Isabella Thackeray Ritchie: "Si le das a un hombre un pescado, vuelve a tener hambre en una hora. Si le enseñas a pescar un pez, le ayudas a tener un cambio apropiado."[7]

Puedes darle un pescado a cualquiera. El regalo más grande que puedes dar es una caña de pescar, un anzuelo y enseñar a alguien a pescar. Entonces, ¿qué es el "pez vs. la pesca" en el discipulado?

Enseñar a las personas las verdades elementales les da un pez. (pero pronto volverán para obtener otra respuesta). Al ayudarlos a aprender a aprender y confiar en Dios (al igual que tú lo hiciste) les estás enseñando a pescar. Desafíalos a convertirse en cazadores–recolectores, productores y sucesores independientes. Enséñales, empújalos, anímalos a seguir, a encontrar los caminos de Dios, los cuales estarán consumiéndolos y estarán aplicándolos a sus vidas continuamente.

Ayúdalos a aprender acerca de Dios, de los héroes de la fe y de los fracasos en la fe. Ayúdalos a repetir las partes de la historia que vale la pena repetir mientras evitan el resto de esta. Muéstrales que los caminos de Dios no son limitantes, sino que en realidad nos liberan para ser exactamente quiénes fuimos diseñados a ser. Tu objetivo es ayudarlos a seguirlo ferozmente hacia su próximo mejor día.

¿Cómo haces eso? ¿Cómo haces realmente discípulos? Los siguientes tres capítulos lo llevarán a través de un proceso paso a paso para cada fase. ¡Qué privilegio es hacer discípulos!

PARTE IV
LA GUÍA PASO A PASO

15

LANZA TU GRUPO DE DISCIPULADO-UNO

"Dame seis horas para cortar un árbol y pasaré cuatro afilando el hacha."

— ABRAHAM LINCOLN

¿Recuerdas que dije que "fingimos hasta que lo logramos"? Yo no tenía idea de lo que estaba haciendo. Tu viaje puede ser muy diferente. Tu proceso de discipulado comienza con una sólida comprensión de los modelos de discipulado de Dios. Tienes una definición más simple. Tienes la salsa secreta y conoces ahora los componentes que deben estar presentes. Ya tienes los siete elementos de acción que constituyen la base de su proceso. Pero incluso con todo eso, pueden surgir preguntas. La incertidumbre es natural y debemos luchar contra ella. Las personas que te piden que hagas un discípulo de ellos necesitan dirección, seguridad y liderazgo. Debes prepararte y, dentro de esta preparación, necesitas ser líder. No debes deambular. Debes liderarlos. Tienes que tomar la iniciativa. No digas: "Bueno, esta es mi primera vez" o " Bueno soy nuevo en esto." Debes de inspirar confianza. El discipulado ha funcionado para ti, y funcionará para ellos. Ser un líder puede ser nuevo para ti, pero puedes hacerlo, y debes creer en que puedes.

Lucha contra el orgullo que puede arruinar rápidamente el proceso. Tú no estás siendo comprobado o juzgado. Tú autoestima no está en juego. De hecho, esto no se trata de ti. Sólo lleva a los discípulos a donde tú has ido. Da el primer paso con toda confianza.

Si nunca has tenido el privilegio del discipulado, tendrás que conseguir tu propia Biblia y marcarla. Es posible que haya momentos hacia una pregunta: "Buscaré eso y me pondré en contacto contigo cuando lo averigüe." Pero recuerda siempre, es tu experiencia la que impulsa el proceso. No estás enseñando lo que tú lees. Les estás ayudando a aprender lo que ellos leen.

El primer ciclo o dos requiere que leas y vuelvas a leer la Biblia y los libros extra-bíblicos. Necesitas mantenerte por delante de aquellos a quienes guías. La preparación lleva tiempo, pero la capacidad y el conocimiento se convertirán en confianza y eficiencia. El discipulado es una ejecución extensa del cristianismo.

Este capítulo está diseñado para darte una guía simple, paso a paso, para lanzar tú primer grupo de discipulado–uno. Está escrito desde la perspectiva de lanzar un grupo, pero los pasos son prácticamente los mismos para el discipulado uno a uno. Estos pasos son los doce pasos que podemos garantizar. Éstos son los pasos que usamos cada vez que comenzamos un nuevo grupo de discipulado. Así es como hacemos el discipulado uno.

Paso Uno
Revisar el Modelo

Si estás leyendo este libro por primera vez, revisar el modelo puede parecer redundante. Incluso puedes hojear este paso mientras lees. Pero te animo a que hagas este paso de revisar el modelo, cuando te prepares para lanzar tu grupo de discipulado–uno. Conozco las verdades subyacentes del discipulado. Conozco los pasos. Entiendo los conceptos. He dirigido tantos ciclos de discipulado uno y siempre reviso el modelo antes de lanzar un nuevo grupo. Me ayuda a concentrarme en el camino. Revisar el modelo me recuerda para lo que me estoy preparando y la mejor manera en que Dios quiere que lo haga.

Hacer discípulos se trata completamente de quiénes son y en quién se convertirán. No se trata de lo que hacen o cómo lo hacen. Hacer es el resultado natural del ser.

La meta del discipulado es enseñar a aquellos que quieren seguir y, mientras enseñas, mostrar el porqué y el valor de las verdades de Dios. Necesitamos mostrarles quiénes pueden "ser" y cómo eso puede cambiar su mundo. Necesitamos mostrarles, a lo largo del camino, quiénes ya "son." El discipulado se trata de la transformación de las personas, y no de la educación o conformación de las personas.

Seguir a Dios, ser hecho discípulo y ser discípulo se trata completamente de ser transformado por dentro. Seguir a Dios permite a las personas abrazar la mejor manera de vivir para que puedan prosperar. Jesús dijo:

"Yo he venido para que tengan vida y la tengan en abundancia."

— JUAN 10:10

Hay cuatro componentes fundamentales para hacer discípulos sostenibles:

- El combustible para la transformación es la Palabra de Dios.
- El proceso es intencional

- La definición debe ser simple para mantenernos enfocados.
- La atención se centra en los individuos.

El discipulado sostenible agrega la preparación, la confianza y la capacidad para ser lo que ya somos: "seguidores de Dios."

El Combustible es la Palabra de Dios

No hay sustituto para la Palabra de Dios. Su palabra trae vida, nos completa, nos prepara y nos inspira a seguir. Su palabra nos muestra su carácter, nuestro diseño, y comunica el valor de prosperar con Dios. El regalo más grande que les darás a los discípulos es guiarlos a través de leer la Biblia tres veces.

Toda obra extrabíblica debe estar ligada a las verdades y principios de Dios. Los discípulos deben descubrir las conexiones, expansiones y aplicaciones de las verdades de Dios mientras leen los libros extra-bíblicos. Tienes el privilegio de revelar las conexiones que los discípulos no encontraron. Los autores extra-bíblicos se convierten en mentores reales aplicando la palabra de Dios en situaciones específicas. Siempre debemos recordar que el Espíritu Santo usa las verdades de Dios para transformar a las personas.

El Proceso Es Intencional

Todo lo de valor acontece con intención. El discipulado integral requiere intencionalidad.

Al igual que el ser viene antes de hacer, un plan de discipulado debe preceder al discipulado.

Los modelos bíblicos ilustran la necesidad y los métodos de discipulado proactivo y reactivo. El discipulado debe invadir cada uno de nuestros pensamientos, interacciones y planes. Los discípulos sostenibles se hacen a lo largo del camino a medida que nosotros:

- llamamos a las personas a rendirse,
- hacemos preguntas difíciles,
- creamos desafíos relevantes,
- ponemos a las personas en residencia, y
- las liberamos.

El discipulado toma tiempo. Es una ejecución extensa en el camino del cristianismo. Necesitas un plan. Tienes que ser intencional. Necesitas ser integral. Tu objetivo, es decir: "Solíamos hacer muchas cosas por muchas razones. Ahora hacemos una sola cosa—hacer discípulos—de muchas maneras diferentes."

El proceso aprovecha el camino predecible. Empujas a las personas al siguiente gran paso, al siguiente gran lugar, en su relación con Dios. Enseñas el pensamiento crítico y enseñas a las personas a aprender a aprender por sí mismas. Y haces todo esto con intención.

La Definición Debe Ser Simple

El discipulado sostenible utiliza una definición simple. Los discípulos son seguidores de Dios. El discipulado es hacer discípulos.

> Hacer discípulos presenta a las personas a Dios, quién las ama y las entiende, les ayuda a entender quiénes son y qué pueden ser, les ayuda a aplicar las verdades transformadoras de Dios y las libera como preparadas, seguras y capacitadas para vivir por siempre su mejor vida en la tierra.

El discipulado prepara a las personas para hacerlo por su

cuenta. Es un esfuerzo práctico y comunitario para todos. Es interactivo y fácil. El discipulado es natural, y no debemos hacerlo difícil.

El Enfoque Son Los Individuos

La creación sostenible de discípulos se centra en los individuos. Es un proceso íntimo, de líder a seguidor—incluso en un grupo. Dios naturalmente personaliza el discipulado de un individuo, y debemos unirnos a Dios donde Él está trabajando en la vida de cada discípulo. Debemos personalizar el discipulado de acuerdo con el diseño, los desafíos y las limitaciones prácticas de cada persona.

Paso Dos
Establecer los Objetivos

Los discipulados uno, dos y tres tienen objetivos específicos para guiar y mover a las personas por el camino predecible para seguir a Dios de manera independiente. Cada fase tiene un tono particular. Los discípulos enfrentarán ciertos peligros. La forma en que los discípulos leen la Biblia es diferente para cada fase.

El discipulado uno es un proceso de doce meses que guía a los discípulos a través de los primeros seis pasos a lo largo del camino:

- Ser Convencido
- Arrepentirse
- Escuchar
- Ser Iluminado
- Ser Llamado
- Servir

El Enfoque del Discipulado Uno

El discipulado uno comienza con convicción y se enfoca en enseñar las verdades de Dios al discípulo. El desafío constante es que el discípulo aplique estas verdades. Caminas junto al discípulo mientras se une a ti, involucrándose con otros cristianos y sirviendo. El discípulo se adapta a la lectura, la tarea y la autodisciplina durante esta fase.

El Tono del Discipulado Uno

El tono del discipulado uno construye disciplina. En el discipulado uno, eres firme mientras eres amoroso y alentador. Firme significa que hay poco espacio para variación. Significa que esperas que se haga la lectura. Significa que los discípulos deben llegar a su tiempo de reunión. Que los discípulos participen en el servicio y en los proyectos que son buenos para tus seguidores. Seguir requiere disciplina personal y rutina. El discipulado uno debe construir silenciosamente esta disciplina de rutina.

Los Seguidores del Discipulado Uno

El discipulado uno tendrá un espectro más amplio en ser seguidores de las tres fases. Si estás lanzando el discipulado sostenible como un nuevo proceso, querrás que todos tus futuros hacedores de discípulos pasen por el proceso. Eso significa que es probable que tengas algunos excelentes eruditos y maestros en el discipulado uno. Tendrás discípulos que son pizarras en blanco. Si tu iglesia es más antigua, es posible que haya personas que piensen que ya lo saben todo. Necesitarás establecer la expectativa de que hay algo para que todos aprendan. Necesitas verlos a todos bajo la misma luz: todos son nuevos discípulos. A los grandes eruditos y maestros les encanta el proceso. Están buscando un nuevo ángulo para llevar a las personas y crecer. Ellos estarán tratando de descubrir tus tácticas. Las personas nuevas son como libros abiertos. Liderarlos es fácil. Se vestirían como un dinosaurio si pensaran que esto arreglaría sus vidas. Las personas sabelotodo serán tu mayor desafío. Es probable que luchen contra la sumisión, la confianza y el control. Es probable que te cuestionen todo mientras los guías. Necesitas trabajar con ellos para evitar que arruinen al grupo. Tu objetivo es mantener el control y guiar a la amplia variedad de discípulos como nuevos discípulos.

El Enfoque de Lectura Bíblica en el Discipulado Uno

Los discípulos usan un plan estándar para leer la Biblia de principio a fin. El plan de cincuenta semanas requiere la lectura de la Biblia cada día. No hay días libres. Los discípulos son animados a leer diariamente en lugar de leerlo todo en el día antes de su reunión. Les pedimos a los discípulos que elijan una traducción de la Biblia que entiendan y que usen una Biblia que estén dispuestos a resaltar o marcar.

A los discípulos en esta fase se les pide que resalten las siguientes cosas a medida que la leen:

- Cosas desconcertantes. Cosas que parecen no tener sentido.
- Cosas increíbles. Cosas que son grandiosas e increíbles o que le conmovieron mientras leía Llamamos a estos versículos "ajá."
- Preguntas. Cualquier cosa que sea una pregunta simple. Cómo, ¿creó Dios todos los animales en ese día?

El estudio bíblico temático no es la meta del discipulado. El objetivo es permitir que el Espíritu de Dios revele verdades e ideas específicas a medida que el discípulo lee la Biblia. Queremos que descubran la palabra de Dios, que encuentren los momentos de "ajá," que vean a un Dios milagroso, que descubran su carácter y que hagan estas preguntas iniciales. El valor actual de una moneda de un ciclo tiene poco valor para nosotros. Darse cuenta de que hay dos relatos de la creación es valioso. Aprender la diferencia entre los registros históricos cronológicos y conceptuales fortalece la capacidad del discípulo para entender la palabra de Dios. Trazar la genealogía desde Adán hasta Jesús no tiene ningún valor en particular. Ver que Rahab, una prostituta, está en el linaje revela el carácter elector, redentor y amoroso de Dios. Buscar momentos de "ajá" en pasajes difíciles es la salsa secreta para encontrar verdades que se pueden aplicar a nuestras vidas y nuestras elecciones. No revelamos esta salsa secreta. Simplemente dejamos que el proceso funcione solo. ¡Y funciona!

Sugerimos que los discípulos no tomen notas, usen Internet o investiguen durante el primer año. No "estudiar" esto desafiará a los ratones de biblioteca, a los cerebritos del estudio de la Biblia y a los analíticos. Alentamos a los discípulos a simplemente dejar que las palabras de Dios los inunden y los llene. Empujamos a los discípulos a elegir lo que se destaca. Hacemos hincapié en la oración y les enseñamos que el Espíritu Santo es más que capaz de traer a la mente lo que cada uno de ellos necesita aprender. No nos desviemos de verdades no aplicables. Nota: No revelamos verdades que ellos no hayan resaltado.

Lectura Extrabíblica y Trabajo Para el Discipulado Uno

Los discípulos completarán el Manual de Discusión de Discipulado, "Inicio, Rápido e Inteligente," entre las semanas dos y diecisiete.

La lectura externa en las treinta y tres semanas restantes se enfoca en la autoestima (identidad en Cristo), la lectura inspiradora y los libros que modelan el discipulado, la gracia, la oración y el perdón. A menudo agregamos lecturas personalizadas para aquellos que luchan con el estrés o los horarios. Tu objetivo es obtener una buena base para que puedan crecer y prosperar. Los discípulos deben leer al menos seis libros extra-bíblicos durante el discipulado uno.

Requerimos que los discípulos lean los siguientes libros durante el discipulado uno:

- *Los Tiernos Mandamientos – The Tender Commandments* (Ronald D. Mehl)
- *En Sus Pasos – In His Steps* (Charles Sheldon)
- *Desafío a Servir – Improving your Serve* (Charles R. Swindoll)
- *Cómo Orar – How to Pray* (Reuben A. Torrey)

La biblioteca sostenible clasifica los siguientes libros como recursos de apoyo adicionales para el discipulado uno:

- *La Búsqueda de Significado* (Robert S. McGee)
- *Fuego Vivo, Viento Fresco* (Dean Merrill y Jim Cymbala)
- *Ésta Patente Oscuridad* (Frank E. Peretti)
- *La Cabaña – The Shack* (William P. Young)
- *Confianza Despiadada* (Brennan Manning)
- *En Busca de la Santidad* (Jerry Bridges)

La biblioteca también tiene libros temáticos apropiados para cualquier fase, para abordar necesidades específicas o para impulsar al grupo hacia adelante. Algunos ejemplos son: *Rehacer – Do Over* de John Acuff, *Aterradora Cercanía* de Donald Miller, *El Mejor Sí – The Best Yes* de Lysa TerKeurst. *Rehacer – Do Over*, es excelente para las personas que enfrentan un cambio de vida. *Aterradora Cercanía* se centra en la intimidad y en ser real. *El Mejor Sí – The Best Yes* se trata completamente de aprender a decir no y a mantenerse en el camino. Si eliges construir tu propia biblioteca, asegúrate de que los libros se centren en el tono, el plan y los desafíos típicos que enfrentarán en los primeros seis pasos del discipulado.

Todo tu grupo de discipulado debe leer los mismos libros al mismo tiempo. Escoge sabiamente, confía en Dios y observa cómo se desarrolla la verdad.

Los Peligros del Discipulado Uno

La trinidad impía del dinero, la familia y el orgullo puede arruinar rápidamente el proceso de discipulado. Señala estos peligros tan pronto como los veas. Ahorra tiempo a todos y salva al discípulo del enemigo.

El desafío 4b puede surgir a medida que los discípulos aprenden más. Si escuchas o sientes que los discípulos piensan: "¿Por qué tengo que hacer eso?," es posible que se dirijan hacia muchas más dificultades para seguir. Este desafío se analiza a fondo en el capítulo 14. Tu papel en este desafío es un equilibrio entre la empatía (en donde todos hemos estado allí) y la responsabilidad. Tu objetivo es averiguar por qué lo que les molesta, les molesta y guiarlos hacia un lugar seguro.

Viajes Misioneros y Oportunidades de Servicio Para el Discipulado Uno

Debes presionar a cada discípulo para que se una a ti en un viaje misionero de una semana. Hay vínculos, poder y oportunidades de enseñanza en viajes prolongados. No dejes pasar esta oportunidad. También debes requerir servicio en eventos especiales de la iglesia. Debes requerir un área de servicio regular dentro de las primeras dieciséis semanas. Los discípulos deben servir, no enseñar o dirigir durante el discipulado uno.

Paso Tres
Desarrolla Tu Plan

Es hora de descubrir las prácticas y lanzar el discipulado. Tienes que decidir cuándo vas a empezar y cuándo te reunirás.

Debes elegir un lugar para reunirte. Debes averiguar si se necesitará el cuidado de niños. Pero antes de crear tu plan específico, calcula el costo. Pedirles a las personas que renuncien a un año de sus vidas para ser discipulados es una gran pregunta. Tienes que enfatizarles debes estar comprometido. El discipulado uno, tiene que ser una prioridad. Es posible que tengas que limitar tus viajes para estar allí semanalmente. Es posible que tengas que abandonar algunas actividades para tener tiempo de preparación. Comenzar algo siempre lleva más tiempo que hacerlo una cuarta vez. Toma en cuenta el costo y planifica bien.

Haciendo Tiempo

Si ésta es la primera vez que diriges el discipulado, tendrás que leer todo lo que los discípulos leen. Necesitarás al menos cuarenta y cinco minutos de tiempo ininterrumpido al día para leer y prepararte. Necesitas dos horas a la semana para dirigir la reunión de discipulado. También necesitas unas horas fuera de la reunión para responder correos electrónicos y mensajes de texto, y tomar un café con aquellos a quienes diriges. Necesita hacer tiempo para eventos de servicio, viajes misioneros y de servicio regular. Estos son los momentos en los que guías a lo largo del camino y enseñas en el momento. Suena como mucho tiempo. Lo es, pero hacer discípulos y practicar tu discipulado vale cada minuto. Planifica tu tiempo paso a paso.

1. ¿A qué hora leerás y te prepararás cada día?
2. ¿Qué día y hora puedes llevar a cabo una reunión de discipulado programada regularmente?
3. ¿Qué meses estás disponible para irte a un viaje misionero o tener un evento de servicio prolongado?
4. ¿Tu iglesia tiene un viaje misionero o un evento de servicio prolongado en el que puedas conectar a tu grupo? Si no, es posible que tengas que investigar un poco más.

5. ¿Qué servicio regular estás haciendo actualmente?
6. ¿Qué otras oportunidades de servicio hay—en ese momento—en las que tu grupo pueda unirse a ti? Es posible que debas cambiar tu servicio regular para estar cerca de aquellos a quienes diriges.

Elige Tu Fecha de Lanzamiento.

Elegir una fecha de lanzamiento requiere un poco de reflexión. Nuestra iglesia generalmente lanza nuevos grupos de discipulado a finales de enero. Hay algo acerca de comenzar en el Año Nuevo que funciona para esto. El invierno es más lento, las vacaciones han terminado y el verano está a cinco meses de distancia. El horario de reuniones rara vez se ve interrumpido por las vacaciones o actividades. El verano es un momento difícil para comenzar un grupo. Siempre es difícil conseguir que el horario de todos se alinee. Agrega a esto algunas vacaciones y actividades de verano, y puede ser imposible encontrar un día de reunión estándar. El lanzamiento en otoño crea conflictos con el inicio de la escuela, el fútbol y las vacaciones.

Cada grupo tendrá una semana libre debido a las vacaciones. Cada grupo tendrá un miembro ocasional que vaya a ver a la familia. Pero las semanas libres y las personas que se van arruinarán a tu grupo al principio.

También necesitas pensar a largo plazo. Tu grupo terminará, y los discípulos querrán comenzar el discipulado número dos. Dentro de tres años, estarás tratando de llevar a cabo las tres fases del discipulado. Es mejor tener un plan integral para lanzar todos estos grupos al mismo tiempo.

Esto se vuelve difícil si estás muy emocionado de comenzar con el discipulado. ¿Tienes que esperar hasta enero? No. Sólo necesitas tener un plan que mire hacia adelante y sea sensible a tu comienzo con futuros grupos.

¿Cuándo lanzarás tu grupo?

Elige el Día y la Hora de Tus Reuniones

Elegir el día y la hora estándar de tu reunión es en realidad elegir dos o tres que funcionan para ti y para aquellos que integrarán tu grupo. Si estás lanzando varios grupos de discipulado, debes tener la flexibilidad de conectar seguidores en varios momentos diferentes. Si tú eres el único líder que lanza dos grupos, definitivamente necesitarás algunas opciones y deberás ser flexible.

Nataniel dirigió un grupo con hombres de negocios que viajaban. Sus horarios eran una locura y a menudo se cruzaban entre sí. El grupo terminaba eligiendo en la reunión el día para la siguiente semana y esto cambiaba cada semana. No era ideal para Nataniel y ni para los otros hombres que trabajan desde casa, pero por el valor del discipulado valía la pena su personalización. Requería sacrificio, y funcionó. El reunirse el mismo día y a la misma hora es mucho más fácil. Las personas somos criaturas de hábitos. Las reuniones regulares son fáciles y predecibles, y siempre funcionan mejor.

¿Cuáles son tus mejores días para reunirte?
¿Cuáles son tus mejores horas para reunirse en estos días?
¿Estás dispuesto a ser flexible?

Elige Tu Lugar de Reunión

Los agentes inmobiliarios siempre dicen, "Ubicación, ubicación, ubicación," como lo más importante en la venta de una propiedad. Los hacedores de discípulos sostenibles predican lo mismo para un discipulado efectivo y eficiente. El lugar donde te encuentras es crítico. Hemos tenido experiencias terribles reuniéndonos en los hogares. Habían demasiadas distracciones; sonaban los teléfonos, sonaban timbres y, bueno, los niños son niños. Las cafeterías o restaurantes también presentan desafíos. Sentirse apresurado para desocupar la mesa o tratar de escuchar con todo el ruido alrededor son sólo el comienzo. El discípulo puede pensar ¿Qué tan real puedo ser estando sentado en una cafetería? ¿Puedo frustrarme? ¿Puedo llorar? Las aulas de la iglesia no son tan terribles y los consultorios gritan educación y preparan un escenario para la mentalidad de la escuela dominical. Nuestras mejores experiencias han sido en lo que llamamos ubicaciones de "terceros." Las ubicaciones de terceros son lugares cómodos, relajados y tranquilos que no son propiedad de nadie en el grupo. Los lugares con asientos cómodos y flexibles son óptimos. A muchas personas les encanta sentarse en el suelo. Los espacios de terceros son terreno neutral. Los espacios de terceros tienen poco para distraer a los líderes o seguidores. Varios líderes usan mi oficina estilo sala de estar. He utilizado una sala de reuniones compartida creativa con muebles cómodos y pizarras. Sea cual sea el espacio, hazlo cómodo y relajado.

¿A qué tres espacios puedes acceder para tu reunión?
¿El espacio es silencioso o libre de interrupciones?
¿Es cómodo?
¿Te sentirás apurado?
¿Tiene una pizarra?

Elige los Libros que Necesitas Leer

En tu primer discipulado–uno grupo será más eficiente e informativo si te mantienes por delante de aquellos a quienes haces discípulos. Si nunca has leído la Biblia de principio a fin, es posible que desees mantener tu lanzamiento hasta que lo hagas, debido a que en el discipulado uno requiere a los discípulos que lean la Biblia de principio a fin. Un lector competente puede leer toda la Biblia en unas setenta y dos horas. Mi horario habitual de lectura me permite leer la Biblia en ocho semanas. Si lees la Biblia mientras diriges a las personas, aún debes estar varias semanas por delante de aquellos a quienes diriges. Ésto le da tiempo al Espíritu Santo para que las verdades de Dios se empapen en tu corazón. También te da tiempo para hacer un poco de trabajo y para poder responder preguntas simples. Independientemente de cómo leas la Biblia, te sugerimos que resaltes los versículos de discipulado la primera vez que la leas en el discipulado.

También querrás estar por delante de los discípulos en los recursos de apoyo extra-bíblicos. Asegúrate de completar los "Inicio Rápido e Inteligente" (¡llena cada espacio en blanco!) antes de tener tu primera reunión de discipulado uno. Este texto te da una buena idea del camino y el crecimiento que esperas en los primeros seis meses de discipulado. Pedimos a nuestros líderes que estés al menos un libro por delante del plan de lectura que tienes para los discípulos.

> ¿Cuántas veces has leído la Biblia de principio a fin?
> ¿La leerás antes de comenzar el discipulado?
> ¿Has resaltado la Biblia usando el enfoque de discipulado de una lectura?
> ¿Has completado el libro "Inicio Rápido e Inteligente"?
> ¿Has revisado la lista recomendada de libros?
> ¿Cuáles son los dos primeros libros que los discípulos leerán?

Configura Tu Agenda de Reunión

Utilizamos la agenda estándar discutida en el capítulo "Siete Prácticas Básicas." Las reuniones regulares, estructuradas y eficientes son fundamentales para el éxito del discipulado sostenible. Debes determinar la duración y la agenda estándar de tus reuniones. Utiliza la siguiente agenda para el discipulado uno.

- Actualización y Oración (5 minutos)
- Revisión de Lectura de la Biblia (55 minutos)
- Revisión de Lectura Extrabíblica (30 minutos)

¿Cuánto durará tu reunión estándar?
¿Cuál es tu agenda?

Paso Cuatro
Establece Los Requisitos Para el Discipulado

Hay requisitos para el discipulado. Jesús reveló estos "requisitos" bíblicos para ser sus discípulos mientras enseñaba a varias personas. También hay requisitos prácticos para el discipulado. Los requisitos de Jesús son de Él. Los requisitos que enseñó reflejan las verdades y las realidades eternas de Dios. Sus requisitos son declaraciones sobre lo que significa el seguir. Sus requisitos son reales y siguen y seguirán siendo ciertos.

- Ama a Dios más que a nadie.
- Niégate a ti mismo y toma tu cruz.
- Abandona todo lo que tienes.
- Toma en cuenta el costo.

El mensaje de Jesús a una gran multitud ilustra que creer no siempre resulta en seguir. Fue un mensaje fuerte—muy fuerte. Greg Laurie escribe sobre esto en su artículo en internet "Los Requisitos del Discipulado":

Jesús vio una gran multitud reunida. Él sabía que estas personas creían y aceptaban su mensaje al principio. Antes de este punto, Jesús había mostrado cómo el mensaje del evangelio era para todos. Había expuesto a los fariseos como los hipócritas religiosos que eran. Como resultado, se había vuelto enormemente popular. Ahora Él quería eliminar a aquellos que lo estaban siguiendo por las razones equivocadas. Algunos querían deslumbrarse por los milagros de Jesús, mientras que otros vinieron buscando una comida gratis. Algunos incluso esperaban que Él derrocará a Roma y establecería el Reino de Dios. Así que Jesús se volvió hacia la multitud y predicó un sermón que deliberadamente redujo las filas.

. . . ¿Por qué Jesús diría tales cosas a todas las personas que lo siguieron? Parece que Él está tratando intencionalmente de deshacerse de ellos. En cierto sentido, Él está tratando de deshacerse de al menos algunos de ellos.[1]

¿Qué dijo Jesús? Él enseñó que debemos contar el costo de seguirlo. Él enseñó que debemos renunciar a todo. Incluso enseñó que debemos "renunciar a todos los demás" y "renunciar incluso nuestras propias vidas." Estas lecciones comparativas hicieron un punto serio: seguirlo era más que obtener una solución egoísta. Seguirlo podría costar familias, medios de vida y mucho más. Él quiere que sepamos el costo a medida que decidimos seguirlo. El mensaje es verdadero y relevante hasta el día de hoy. Aquí está:

> *Grandes multitudes seguían a Jesús, y él se volvió y les dijo: "Si alguno viene a mí y no sacrifica el amor a su padre y a su madre, a su esposa y a sus hijos, a sus hermanos y a sus hermanas, y aún a su propia vida, no puede ser mi discípulo. Y el que no carga su cruz y me sigue no puede ser mi discípulo. Supongamos que alguno de ustedes quiere construir una torre. ¿Acaso no se sienta primero a calcular el costo para ver si tiene suficiente dinero para terminarla? Si echa los cimientos y no puede terminarla, todos los que la vean comenzarán a burlarse de él y dirán: 'Este hombre ya no pudo terminar lo que comenzó a construir.' O supongamos que un rey esta a punto de ir a la guerra contra otro rey. ¿Acaso no se sienta primero a calcular si con diez mil hombres es posible enfrentarse al que viene contra él con veinte mil? Si no puede, enviará una delegación mientras el otro está todavía lejos, para pedir condiciones de paz. De la misma manera, cualquiera de ustedes que no renuncie a todos sus bienes no puede ser mi discípulo."*
>
> — LUCAS 14:25–33

Es interesante que Jesús nunca enseñó este difícil mensaje

antes de ese día. No les dijo a sus primeros seguidores estos requisitos. Simplemente dijo: "Sígueme." No tenemos registro de que Él les haya dicho a los setenta o más discípulos fieles estos requisitos. ¿Es posible que Jesús hablara lo que necesitaba ser hablado a esa multitud en ese día? ¿Es posible que las personas crezcan hasta el punto de abandonarse a sí mismas a medida que siguen? Ese parece ser el caso de Jesús y sus seguidores. Jesús enseñó a lo largo del camino a medida que crecían. No lo vemos diciéndoles a los seguidores antes de que siguieran que no podían dejar el trabajo para ir a los funerales. Sin embargo, hubo un día en que le dijo eso a un discípulo:

> *Otro discípulo pidió: —Señor, primero déjame ir a enterrar a mi padre. —Sígueme —contestó Jesús— y deja que los muertos entierren a sus muertos.*
>
> — MATEO 8:21–22

Debemos ser sabios y considerar que Jesús habló a sus discípulos como individuos. Tenía la intención de enseñar, animarlos y llamarlos a seguir cada vez más. Las declaraciones de Jesús acerca de lo que se necesitó para ser su discípulo son válidas hoy, pero estas declaraciones pueden no ser obstáculos apropiados para cada discípulo principiante. Es posible que el nuevo creyente ni siquiera pueda comprender elecciones como estas. Tal vez un seguidor apasionado no necesita escuchar que debe poner a Dios antes que a su familia hasta que ese desafío surja en su vida. Tal vez cada paso hacia la madurez requiere un abandono creciente. Las palabras y los compromisos no son nada hasta que se ponen a prueba. Podemos decirle a alguien: "Tienes que elegir a Dios sobre tu familia. ¿Estás listo para hacer eso?" Pero su respuesta es casi irrelevante hasta que llega la prueba. ¿Le dirías tú o yo a un hombre que deje a su esposa porque ella no quiere que él siga a Dios? Pablo no lo hizo cuando se le hizo esa pregunta exacta.[2]

Las palabras registradas en Lucas fueron más relevantes para la multitud atrapada en el momento que para los doce que se alejaron para seguirlo. Debemos tener cuidado de no poner demasiados obstáculos en el camino de aquellos que quieren seguir. ¿Cuántos líderes que enseñan, "Debes abandonar todo para ser un discípulo," han vaciado sus cuentas bancarias y han dejado a sus familias? Los fariseos cometieron este error, y Jesús los criticó por ello:

Pero no hagan lo que hacen ellos, porque no practican lo que predican. Atan cargas pesadas y las ponen sobre la espalda de los demás, pero ellos mismos no están dispuestos a mover ni un dedo para levantarlas.

— MATEO 23:3–4

Es mejor aceptar a las personas en su estado actual y enseñarles en el camino. Pueden llegar un día las palabras duras que Lucas registró—o puede que no. Pueden aprender y aceptar los requisitos de Jesús en el camino—al igual que los Doce.

Seguir significa compromiso absoluto, pero ninguno de nosotros que guiamos a otros puede decir que realmente hemos hecho éstos compromisos hasta que lo hemos probado en ellos. Los discípulos maduros han calculado el costo y están listos para elegir a Dios por encima de todo. Los discípulos inmaduros pueden tener que crecer hasta llegar a ese punto.

Hay tres requisitos básicos para comenzar y sostener un proceso formal de discipulado. Estos deben compartirse a medida que reclutas personas para el Discipulado Tres.[3]

- Las reuniones semanales son necesarias.
- Necesitan tener tiempo para leer.
- Deben leer la Biblia de principio a fin.

Otros requisitos surgen a medida que los discípulos

comienzan a aprender y son desafiados a aplicar las verdades de Dios. Los compartiré a medida que surgen en la vida de los discípulos. Una vez que surge uno de estos problemas, se convierte en un requisito. Debes estar dispuesto a terminar el discipulado formal si los discípulos no cumplen con el requisito. Suena duro. Es difícil, pero no es malo.

Stuart estaba súper ansioso por el discipulado. Stuart luchó con situaciones de dinero. Los cupones de alimentos eran parte de su presupuesto. Lo sabía. Sabía que, dentro de las primeras seis semanas, aprenderíamos sobre el dinero y el diezmo. Estaba bastante seguro de que Stuart iba a tener un problema interno. "Stuart. Somos amigos. Te amo. De hecho, te amo lo suficiente como para decirte algo difícil. No desarrollo el proceso formal del discipulado a menos de que las personas asistan, diezmen y sirvan. Simplemente nunca funciona. He descubierto que, si las personas no asisten, es porque no tiene hambre de Dios. He aprendido que, si las personas no están diezmando, es que no han entregado sus cosas a Dios. He aprendido que, si las personas no están sirviendo, no están listas para el proceso formal. ¿Estás diezmando? ¿Has resuelto esto en tu vida?" Stuart trató de evadir a través de una explicación. "Stuart, está bien. Te amo. Estoy feliz de ayudarte a crecer. Hay mil maneras de hacer discipulado, pero el proceso formal es intenso. Puedo garantizarte que funcionará, pero también puedo garantizarte que no funcionará a menos de que los discípulos asistan, diezmen y sirvan. Esto sucede. En lugar de comenzar algo que no terminarán, hagamos otra cosa."

El discipulado sostenible debe ser accesible para todos. Debemos discipular integralmente. También necesitamos conocer las limitaciones del discipulado formal. Stuart lo entendió. Fue difícil, pero aceptó la respuesta. Me aseguré de su bienestar de manera intencional y pasé ratos con él durante los meses siguientes. Yo quería que supiera que estaba bien el no estar listo para el proceso formal. Necesitaba que tomara la rampa de salida sin desconectarse de la iglesia.

El ejemplo de Stuart ilustra cómo abordar este requisito cuando surge. Conocí a Stuart. Conocía sus desafíos. Sabía que esto era un problema. Así que tuvimos un momento de "dejar que los muertos entierren a sus muertos." No conozco la vida de otros discípulos. Puede que no me dé cuenta de que el materialismo es un gran problema hasta que crezcamos en estas lecciones. Cuando enseñó acerca del diezmo[4], recorro el salón y pregunto: "¿Estás diezmando?" Sé que es desafiante, pero construye intimidad y transparencia. Permite la apertura y el entrenamiento que beneficia a todos en el grupo. Si un miembro del grupo no está dando, vuelvo a enseñar el requisito de asistir, diezmar y servir. Les recuerdo a todos que tres cosas arruinarán el discipulado: el dinero, la familia y el orgullo. La conversación y el requisito se convierten en un problema cuando son un problema. Debes estar dispuesto a crear una rampa de salida si los discípulos no aplican la verdad. Debes amarlos lo suficiente como para no perder su tiempo—para no perder el tiempo del grupo. Amarlos lo suficiente como para empujarlos.

Al final, Stuart estaba agradecido por el empuje. Se enfrentó a su demonio. Le ayudamos fuera del proceso formal. Lo animamos y alimentamos. Stuart creció. Unos años más tarde, Stuart entró en el proceso formal y terminó como un guerrero hambriento de Dios.

Terminar el discipulado no significa terminar las relaciones. El discipulado formal no es obligatorio para estar en una iglesia. El discipulado formal no es el único camino. No todos están listos para un proceso formal. Intencionalmente creamos rampas de salida durante el proceso de reclutamiento para permitir que los interesados, pero no listos retrocedan amablemente.

No debes apresurarte, pero debes estar dispuesto y listo para terminarlo (o nunca comenzar) el discipulado. Al igual que Jesús, hay momentos en que debes reducir la multitud. Hazlo con gracia y amor. Crea otras oportunidades para que crezcan. Nunca renuncies en discipular a las personas.

Siempre cubre los requisitos básicos a medida que los reclutas. Aquí hay otros cuatro requisitos que usamos al hacer discípulos sostenibles. Debes compartirlos según corresponda durante todo el proceso.

No Hay Aprendizaje Sin Sumisión

Los discípulos deben tener un corazón enseñable y abordar el proceso para aprender y crecer. Deben estar dispuestos a seguir el plan, someterse y encontrar su valor. Este desafío parece ocurrir alrededor del paso dos (arrepentirse) o durante el desafío 4b.

José era un seguidor algo seguro de sí mismo, que le dijo a su grupo de discipulado: "No veo ningún valor en que me discipulen. No tienen nada que ofrecerme que yo no sepa." La declaración de José fue hecha en respuesta a mi pregunta: "¿Quieres estar en el discipulado?" Todo el grupo podía sentir que algo andaba mal. Había un elefante en la habitación cada semana mientras José se negaba a interactuar, daba respuestas superficiales y permanecía desconectado del grupo. Mi pregunta fue el comienzo de mi construcción de una rampa de salida. Greg, un seguidor experimentado en el discipulado, construyó la otra parte de la rampa. Y le dijo "Entonces José, mi hijo está en tu grupo juvenil, ¿Y me estás diciendo que él debería estar en el discipulado, pero que tú no estás dispuesto a estar en el?" La conversación tensa pero amable continuó hasta que José determinó que no debía estar en el grupo. Oramos con él y lo amamos, y se fue. El grupo sobresalió en transparencia e intimidad en las semanas posteriores a su partida. Cada miembro del grupo intencionalmente se acercó, enviaron mensajes de texto y se mantuvieron conectados con José. Durante los siguientes años, José se superó a sí mismo, dejó su puesto de profesor y se centró en su caminar. José sigue siendo uno de mis mejores compañeros de oración y camaradas en la fe.

No podía ver que su orgullo lo estaba empujando fuera del discipulado. Fue difícil, pero construí una rampa de salida que era lo mejor para José, lo mejor para el grupo y lo mejor para el Reino.

¿Recuerdas la historia de Sally? Ella estaba teniendo problemas para seguir debido a problemas de confianza y control. Ella tenía experiencia en la iglesia. Ella había dirigido estudios bíblicos. Después de semanas de conflictos pasivo–agresivos frente al grupo, le pregunté: "Sally, ¿confías en mí?" El grupo se quedó en silencio. "Está bien si no lo haces, pero debes saber que realmente tengo un plan. Debes saber que te amo." Estaba construyendo una rampa de salida la cual yo esperaba no necesitar. El grupo se quedó callado mientras ella decía: "Lo siento." Inmediatamente cerré la rampa de salida, diciendo: "No. No te preocupes. Está bien. Estoy bien contigo. Si pudieras, simplemente escuchar mis comentarios y no asumir que soy hiriente contigo o con otra persona." Sally sabía que estaba terriblemente orientada al rendimiento. Ella sólo necesitaba ser empujada al paso del arrepentimiento. Sally comenzó a sobresalir en el discipulado mientras confiaba en mí y seguía. Hoy tenemos una gran relación.

El proceso formal del discipulado no funcionará si los discípulos no son enseñables.

Asistir, Servir y Diezmar Son Esenciales

Nuestra experiencia ha dado como resultado que hagamos algunas preguntas desafiantes a lo largo del discipulado uno. Estos son factores decisivos: uno se quebranta inmediatamente, otro rápidamente y el último dentro de las primeras dieciséis semanas. Compartimos estos requisitos para los discípulos a corto y medio plazo durante el proceso de evaluación. Los compartimos con esperanza:

- Debe de asistir regularmente antes de que comencemos el discipulado.

- Debe estar sirviendo en algún lugar en las primeras seis semanas.
- Debe diezmar dentro de los primeros cuatro meses.

No estamos tratando de aumentar la asistencia, llenar puestos de trabajo o recaudar dinero. Estamos tratando de abordar los inicios del compromiso. Si no estás creciendo dentro de un cuerpo de creyentes, te estás perdiendo de una parte crítica en tu fe y práctica.

Había luchado con asistir a la iglesia y ser parte de las cosas de la iglesia durante el discipulado uno. Había empujado a Nataniel, su líder, a pensar en construir una rampa de salida. Nataniel escuchó mi consejo, pero retrocedió, diciendo que sentía que no era el momento. Trabajé con Michael, y Michael terminó el discipulado uno con una asistencia inconsistente a la iglesia. Cuando el discipulado de dos grupos se lanzó al año siguiente, noté que faltaba el nombre de Michael. "Noté que Michael no está inscrito en un grupo de discipulado dos. ¿Qué sucede?" Le pregunté. Me encantó la respuesta de Nataniel: "Le dije que debería tomarse un año libre y centrarse en involucrarse con la iglesia, el cuerpo y conectarse con otros cristianos. No estoy seguro de que obtenga el discipulado dos sin hacer esto." Nataniel construyó una rampa de salida. Michael lo tomó a pesar de que no era su deseo. No es sorprendente que la rampa de salida le enseñara a Michael. Constantemente asistió a la iglesia, se inscribió en viajes misioneros, asistió a proyectos de servicio y está entusiasmado con la vida y el discipulado futuro. Y nosotros también.

Los discípulos nunca estarán sanos sin la comunidad. Si no sirven, no seguirán. Así funciona. Jesús dijo que nuestros corazones están donde están nuestros tesoros. Si no das, nunca superarás el umbral de la entrega y el agradecimiento. Estas tres áreas indican rápidamente cuán serio es alguien acerca de seguir a Dios. Queremos que las personas lo sigan, y queremos que experimenten la plenitud de una gran relación. También queremos invertir nuestro tiempo sabiamente, donde dará frutos.

Nunca hemos visto frutos cuando las personas no atienden, sirven o dan.

No Perseguimos

Nosotros no perseguimos discípulos ausentes. Hay un poco de persuasión y entrenamiento, y luego les permitimos que se vayan. Lo hacemos con amor. Nos reunimos con ellos y les recordamos nuestra amistad. Les recordamos que el discipulado formal no es para todos todo el tiempo. Les recordamos que no es la única manera. Ofrecemos una elegante rampa de salida.

Los discípulos tienen que leer, tienen que asistir a reuniones y participar regularmente en la vida y el servicio de la iglesia.

No Mentimos

No hay discipulado sin transparencia y honestidad. No hay una base para una relación de discipulado sin honestidad. Ser deshonesto sobre la vida o las asignaciones son factores decisivos.

"¿Todos hicieron el trabajo en el Inicio Rápido e Inteligente libro?" Le pregunté a mi grupo. Un hombre dijo que estaba atrasado. Todos los demás dijeron: "Sí." Le di las gracias por su veracidad. Compartí, una vez más, cómo la verdad y la confianza eran esenciales para que cualquier discipulado funcionara. Si no somos sinceros unos con otros, es poco probable que seamos sinceros con Dios y con nosotros mismos. Morgan tartamudeó un poco y me interrumpió, "Uh. Dije que sí, pero realmente, creo que estoy atrasada en un capítulo ¿Dijiste que se suponía que debíamos terminar con el capítulo cinco?" ¿Estaba siendo honesta ahora? Se sentía como si todavía se estuviera cubriendo en lugar de simplemente decir: "Mentí." Decidí que no valía la pena seguir y dije: "Gracias, Morgan. Todos, recuerden que están a salvo aquí. La verdad es increíble. Gracias por corregir, Morgan."

Necesitarás tiempo para generar confianza. Hay personas que han sido castigadas por ser honestas. Estas personas han sido rechazadas por la verdad. Ellos han sido presionados por no actuar de la manera que alguien deseaba. La mentira viene en muchas formas. Necesitas discernir todo esto mientras modelas, enseñas y empujas la honestidad. También debes estar listo para crear una rampa de salida si la deshonestidad arruina el proceso de discipulado formal. El modelo no funcionará con la mentira porque seguir a Dios no funcionará con la mentira.

Es posible que desees agregar o restar uno de estos requisitos a medida que adquieres experiencia. La cultura de tu nación o sociedad puede requerir cambios en los requisitos del discipulado formal. Ten cuidado al hacer requisitos. No hagas que el discipulado sea imposible o demasiado difícil. No ajustes los requisitos para sólo ciertos individuos. Los requisitos deben ser los mismos para el grupo—para cualquiera que este siendo discipulado. Evita el legalismo y asegúrate de que los requisitos están basados en la Biblia.

Paso Cinco
Recluta a Tus Primeros Miembros

El primer paso para hacer discípulos es encontrar a alguien que quiera seguir a Dios. Para encontrar a alguien hay dos formas:

- Evangelismo
- Contactando Cristianos Que han Perdido el Rumbo

Bill es mi amigo y hacedor de discípulos. Él también tiene el don del evangelismo. Me recuerda a mi amigo y mentor mayor, Bob Canuette, que ahora está en el cielo. Bob evangelizó simple y eficientemente cada momento de su vida. Todavía puedo escucharlo en el almuerzo. (Lo admito, me sonrojé un par de veces al principio).

"¿Qué te gustaría beber?," preguntó una camarera.

"Té dulce," respondió Bob. "¿Sabes por qué quiero té dulce?"

"Uh, no, uh, ¿te gusta?"

"Me gusta, pero ¿sabes por qué el té dulce es como Jesús?"

"Uh..."

"Una vez pones el azúcar en el té, simplemente no puedes sacarlo. Jesús es así. Él entra en tu vida y la endulza. Entonces nadie puede sacar ese azúcar."

Todavía puedo oírlo. Aprovechó su edad para hablar con todos como un niño muy querido. Bill es parecido, pero más joven. No puede ser detenido. Sus acciones y palabras son una invitación constante, gentil y cariñosa para conocer a Dios a través de Cristo. Él está continuamente reclutando discípulos a través del evangelismo. No hay forma de evitarlo, el evangelismo es parte del proceso de hacer discípulos. Es una de las invitaciones esenciales para convertirse en un seguidor de Cristo.

También debemos invitar a los cristianos que no están siguiendo activamente a Dios. Solo uno de cada cuatro cristianos ha tenido alguien que invierta significativamente en que se conviertan en seguidores activos.[5] Eso significa que el 75 por ciento de los cristianos que asisten a la iglesia podrían estar viviendo una vida menos significativa. Sólo dos de cada diez personas han leído toda la Biblia.[6] Los cristianos se han convertido en discípulos de Cristo en la elección, pero no siempre en la aplicación. Estos aspirantes a seguidores no son malas personas. La mayoría de ellos simplemente no han sido invitados a aprender y aplicar las verdades de Dios. Fueron llamados a la salvación, y es hora de que los llamemos (recojamos) para obtener todo lo que Dios quiere para ellos.

El mejor llamado al discipulado es tu historia de transformación y de una vida plena.[7] Tu historia, junto con las verdades de

Dios que cambiarán su vida, son las dos herramientas más poderosas para invitar a otros a una vida de discipulado.

La mejor llamada es intencional. Necesitamos ser intencionales para alcanzar a aquellos que no saben cuánto Dios los ama. Para recordar a cada cristiano que no está siguiendo activamente. Necesitamos llamar intencional y consistentemente desde nuestros asientos, durante el almuerzo y con las personas que conocemos en el camino.

La mejor llamada está preparada. Las invitaciones deben tener un plan de seguimiento o un "¿qué sigue?". Lograr que las personas se salven es grandioso, pero Dios nos llamó a hacer discípulos completos. El mayor desafío para las campañas evangelísticas es el seguimiento. Hacemos enormes avances guiando a las personas a Cristo, sin embargo, a menudo fallamos en alimentar a estos nuevos bebés. Los dejamos desnutridos, y nunca reciben la finalidad de su fe. Necesitamos invertir en las personas como si fueran nuestra responsabilidad—porque son de hecho nuestra responsabilidad.

Discipular implica necesariamente iniciar. No es pasivo.[8]

Debes iniciar el proceso y la práctica del discipulado de por vida. Debes invitar a las personas a una vida que las transforme. Necesitas invitarlos a una solución.

No Todos Elegirán Seguir

No todos se convertirán en seguidores. Jesús dijo que el camino al infierno es ancho y el camino a la vida es estrecho.[9] El libro de Apocalipsis nos dice que habrá muchos que nunca dejarán de ser sus propios dioses por aceptar al único Dios verdadero. En una de las tragedias más grandes de la vida, las invitaciones evangelísticas y de reconexión quedarán sin respuesta, serán rechazadas e ignoradas.

Mantente animado. Tu éxito no se basa en cuántos seguidores haces. Dios quiere que cada ser humano lo conozca, lo elija y encuentre el perdón. Deberías querer lo mismo. Dios quiere que cada ser humano lo siga, y lo siga viviendo una vida increíble. Deberías morir por darle a las personas esta misma oportunidad.

Sin embargo, tú no eres el responsable si no eligen seguir. No es más tu responsabilidad ni la responsabilidad de Dios. Las personas son libres de elegir seguir a Dios o no seguir a Dios. Él no es responsable de su elección, y si Él no es responsable, tú tampoco eres responsable.

La gran comisión nos hace responsables de "hacer discípulos."

> *"Por tanto, vayan y hagan discípulos de todas las naciones, bautizándolos en el nombre del Padre y del Hijo y del Espíritu Santo, enseñándoles a obedecer todo lo que les he mandado a ustedes. Y les aseguro que estaré con ustedes siempre, hasta el fin del mundo."*
>
> — JESÚS, EN MATEO 28:19-20

Somos responsables de invitar. Somos responsables de enseñarles las verdades de Dios si ellos responden. De incentivarlos a valerse por sí mismos y de convertirse en nuestros compañeros. No somos responsables de su respuesta y aceptación.

No Todos Están Listos

Pablo dijo, con respecto al evangelismo,

> *Después de todo, ¿qué es Apolos? ¿Y qué es Pablo? Nada más que servidores por medio de los cuales ustedes llegaron a creer, según lo que el Señor asignó a cada uno. Yo sembré, Apolos regó, pero Dios ha dado el crecimiento. Así que no cuenta ni el que siembra ni el que riega, sino solo Dios porque es quién hace crecer. El que siembra y el que riega están al mismo nivel, aunque cada uno será recompensado según su propio trabajo. En efecto, nosotros somos*

colaboradores al servicio de Dios; y ustedes son el campo de cultivo de Dios, son el edificio de Dios.

— 1 CORINTIOS 3:5–9

La semilla del evangelismo crece en cada persona a ritmos diferentes. La cosecha a veces requiere más riego y "tiempo de crecimiento de Dios." Lo mismo es cierto para la invitación o la revocación a algunas de tus invitaciones. Algunas de tus invitaciones serán respondidas con "Ahora no," "No estoy listo" o "No tengo tiempo." Está bien. Respira. No todos están listos ahora.

El invitado no te rechazó, así que deja que la semilla se asiente. Riégalo de vez en cuando. Permite que sea regado observando el éxito de los discípulos. Que sea regado por futuras invitaciones que vienen de otras maneras. Deja que sea regado por la cultura de discipulado de tu iglesia. Mantente listo para cosechar. Nunca temas revisar el cultivo continuamente, pero ten cuidado de no presionar demasiado.

Si empujas a alguien al discipulado, una de las trinidades impías sin duda lo sacará. ¿Recuerdas la historia de José? José era ese seguidor muy seguro de sí mismo en lo personal. Fue increíble. Lo amábamos a él y a su corazón. Él amaba a Dios y vivía para Dios, pero nunca llegó a formar parte de nuestra cultura. Tenía que hacerlo a su manera. Lo cuestionó todo. Finalmente le presionamos lo suficiente como para que el sintiera que "tenía" que hacer discipulado. Terminó terriblemente, cuando le dijo al grupo que él no los necesitaba para discipularse. Él creía que estaba "completo." A los veinticuatro años, dijo: "No veo ningún valor en que me discipulen. No tienen nada que ofrecer que yo no sepa." Lo empujamos al discipulado, y el orgullo lo expulsó. Me pregunto si estará en el mismo lugar a los treinta y cuatro años. Lo dudo.

Sam lo había visto todo. A Sam no le gustaba leer. Sam había sido cristiano desde que aprendió a caminar. Invitación tras invitación al discipulado quedaron silenciosamente sin respuesta.

Sam nunca se inscribió para el discipulado, bueno, hasta que un día Sam se dio cuenta de que estaba siendo una especie de punk. (Esas son sus palabras.) Años después, Sam está terminando el proceso y defiende el discipulado para otros. ¡También ha aprendido a esperar a que personas como él acepten la invitación!

Dios y la vida tienen una manera de llevarnos al punto en que estamos abiertos a ser hechos mejores discípulos. Sé paciente. Ponlos en una lista de espera y observa cómo crece el cultivo.

¿Cómo Encontrar a las Personas Adecuadas?

Los materiales de entrenamiento de discipulado a menudo citan las palabras de Pablo a Timoteo:

> *Lo que me has oído decir en presencia de muchos testigos, encomiéndalo a creyentes dignos de confianza, que a su vez estén capacitados para enseñar a otros.*
>
> — 2 TIMOTEO 2:2

Las palabras de Pablo necesitan ser mantenidas en contexto. Pablo le está enseñando a Timoteo cómo seleccionar y capacitar a los ancianos y líderes. Pablo no está hablando de un proceso de discipulado. Pablo no rechazó a las personas que quisieran escuchar. Dios ya ha seleccionado el grupo de invitados: todos. Pablo realmente le enseña a Timoteo esto con respecto a hacer discípulos:

> *Así que, recomiendo, ante todo, que se hagan plegarias, oraciones, súplicas y acciones de gracias por todos, por los reyes y por todas las autoridades, para que tengamos paz y tranquilidad, y llevemos una vida devota y digna. Esto es bueno y agradable a Dios nuestro Salvador, pues él quiere que todos sean salvos y lleguen a conocer la verdad. Porque hay un solo Dios y un solo mediador entre Dios y*

los hombres, Jesucristo hombre, quién dio su vida como rescate por todos. Este testimonio Dios lo ha dado a su debido tiempo,

— 1 TIMOTEO 2:1–6

No tienes que encontrar a las personas adecuadas. Simplemente necesitas reclutar. Quién responda al llamado de Dios y se convierta en cristiano es más que digno de ser hecho un discípulo. La calificación es simple. Si quieren seguir, ayúdalos a ser convertidos en discípulos.

¿Cuántas Personas Debo Discipular?

Algunos pueden no estar listos, algunos pueden rechazar, pero muchos responderán al llamado de Dios a través de tu invitación. ¿Qué haces cuando obtienes más respuestas positivas de lo que crees que puedes manejar? Los seguidores de Jesús crecieron y se redujeron en número. A veces tenía once, y otras veces tenía cientos. Pero nunca rechazó a nadie. En el contexto de hacer discípulos, Jesús nos dijo que fuéramos a todo el mundo. Miles fueron agregados diariamente en la iglesia primitiva. No hay límite para el número de personas que discipularemos. Tampoco debería haber límite para ti. Nuestros métodos pueden necesitar adaptarse, pero el modelo bíblico para el discipulado funciona para cualquier número de personas. Es posible que tengamos que reclutar ayuda, podríamos estar cansados durante algunos años, pero no hay límite para la cantidad de personas que podemos discipular.

Invítalos. Confía en Dios. ¡Sueña en grande!

Paso Seis
Evalúa a Tus Primeros Miembros

¡Aquí vienen! Tus invitados están apareciendo. Los invitaste responsablemente, pero ¿tienes un plan responsable con ellos? El siguiente paso es averiguar a quién podrías estar discipulando y asegurarse de que estén listos para comenzar. Internamente, utilizamos este paso de planificación para comenzar nuestra evaluación de candidatos. Externamente, usamos una reunión informativa para explicar el discipulado y responder cualquier pregunta.

El objetivo interno es descubrir lo que creen que necesitan y en dónde se encuentran en su viaje. La evaluación es el primer paso hacia la personalización del discipulado para cada individuo único.

Utilizamos un modelo de seis pasos en esta evaluación grupal.

1. Escucha. Este es un buen momento para ver si la persona es cristiana. Este es un buen momento para entender por qué respondieron a tu invitación.
2. Explica, en palabras fáciles, qué es el discipulado, cómo ocurre y cuáles son los beneficios de este. Cuenta tu historia.
3. Responde a sus preguntas.
4. Engancha, vende y hazles soñar.
5. Llama a cada persona a la acción.
6. Traza, esquematiza y determina una fecha de inicio.

Hay tres resultados en la evaluación:

- La persona no es cristiana, y la guiamos a Cristo;
- La persona no está lista para el discipulado formal, por lo que la guiamos a oportunidades para continuar creciendo con otros creyentes en un contexto de discipulado menos formal; o
- La persona está lista para un proceso formal, está emocionada, y comenzamos.

Si la persona no es cristiana y tenemos el privilegio de "cosechar" trazamos un plan simple para el discipulado regular y lo ponemos en marcha. Los nuevos creyentes no necesitan una explicación con profundidad. Están renovados, enamorados y listos para hacer más. Poco saben que nos vamos a centrar en que "sean" mucho más.

Si la persona no está lista para el discipulado, practicaremos la afirmación. Hay muchas personas excelentes que no están listas para participar en el discipulado formal. Somos empáticos. Siempre crearemos una elegante rampa de salida del grupo. Nadie tiene que hacer discipulado formal para hacer discipulado. Nuestro objetivo cambia al fortalecer la relación que hemos comenzado. Programamos un almuerzo o café y nos enfocamos en ser hermanos o hermanas en Cristo. Fomentamos su deseo de conexión. El discipulado formal no es un factor decisivo cuando vives en una cultura de discipulado. El discipulado formal es sólo una avenida entre muchos caminos.

Si esta persona está lista y emocionada, la llamamos a la acción y recopilamos información básica, determinamos sus mejores días y horarios para reunirse, decidimos si necesitarán o no cuidado infantil. Toda esta información nos ayudará a determinar un plan para la reunión grupal.

En nuestra experiencia, entre sesenta a noventa minutos es tiempo suficiente para compartir el Evangelio, profundizar en lo que necesitas y establecer un plan. Demasiado tiempo puede hacer que digas demasiado. No necesitas decirles todo sobre el discipulado. Necesitas enfocarte en sus historias. Sólo necesitas comunicar el panorama general del proceso de discipulado–uno. No te apresures. Incluso si alguien claramente no está listo, no desperdicies la oportunidad de sembrar las semillas del discipulado. Disfruta del tiempo y difunde la gracia.

Las evaluaciones grupales con más de treinta candidatos requieren un líder altamente inspirador y enérgico para fomentar la interacción y la intimidad. Habrá poco descubrimiento sin interacción. Es difícil hacer una evaluación íntima en un entorno tan grande, pero se puede hacer.

No traigas este libro, o una hoja de tácticas, o un bloc de notas o un gráfico. No tomes notas, o escribas cosas en tu teléfono o incluso no uses tu teléfono. Gordon Ramsay dice: "Sin color, sin sabor," cuando se trata de cocinar. Decimos: "si no es casual, no hay conversación," cuando se trata de evaluaciones. Aquí hay un poco más de detalle sobre cómo ejecutamos cada paso.

1. Escucha

Escuchar es siempre lo primero. Después de unos minutos de charla, pregúntale lo obvio: "Entonces, ¿qué puedo decirte sobre el discipulado? ¿Estás emocionado?" Esto conducirá a la conversación obvia del día. Sé claro en sus respuestas. Si te confundes, pierdes. Sé considerado y déjalos hablar. Aquí está el plan interno para el paso de escuchar:

- Pregunta: "¿Qué puedo decirles acerca del discipulado?"
- Pregunta: "¿Por qué estás interesado?"
- Pregunta: "¿Qué necesitas?"
- Amplía sus respuestas y escucha para entender. Pregúnteles acerca de sus respuestas. Afírmalas.
- Pregunta: "¿Qué es lo que amas? ¿Qué te gusta? ¿Qué te hace prosperar?"
- Pregunta: "¿Dónde pasas tu tiempo?"
- Pregunta: "¿Eres cristiano?"

Hay tres objetivos internos dentro del paso de escuchar:

1. Identifica en cuál de los catorce pasos está la persona (sin mostrarles el gráfico). Haz esto escuchando cómo es su vida, cómo está persona es espiritualmente y qué es lo que la hace funcionar. Esto es interno e intuitivo.

2. Identifica dónde están sirviendo dentro los catorce pasos. ¿Están sirviendo como líderes? ¿Están enseñando? ¿Están solo estudiando?
3. Compara y haz el contraste de dónde están espiritualmente y en dónde están sirviendo para entender cómo puedes ayudarlos mejor con el discipulado.

Si no son cristianos, concéntrate en la salvación. Para la invitación a reconectarse, el paso de comparar y contrastar es uno de mis momentos favoritos en la evaluación. Me sorprende la cantidad de personas que nunca han estudiado lo básico de lo que están enseñando. Una y otra vez, descubro líderes que guían sin capacitación en liderazgo, mentores o entrenadores. Me sorprende cuando encuentro personas calificadas que no hacen nada. Mientras comparo y contrasto, reviso mis observaciones con una ronda diferente de las mismas preguntas:

- Pregunta: "¿Eres feliz?"
- Pregunta: "¿Estás satisfecho?"
- Pregunta: "¿Estás prosperando?"
- Pregunta: "¿Qué no harías si no pudieras hacerlo?"
- Pregunta: "¿Quiénes son las personas que te rodean?"

El paso de escuchar es crítico para comenzar una relación de discipulado. Asegúrate de estar orando mientras escuchas para que puedas escuchar al Espíritu guiarte a tu siguiente pregunta. Te sorprenderás una y otra vez cuando Dios dirija la conversación a un lugar útil.

2. Explica

Explica qué es el discipulado en términos fáciles, simples y claros. Relata tu historia de éxito. Diles los beneficios. Cuéntales algunas de tus verdades favoritas que aprendiste. Expón el camino ante ellos.

Ten cuidado de no profundizar demasiado en este paso. No hay necesidad de decirles lo difícil que será a veces, que el enemigo pondrá un objetivo en su espalda, o que va a tomar cuatro años. No los exasperes. Vinieron a escuchar algo que les interesa. Mantenlo en ese nivel.

Se responsable en este paso. Comparte cuáles son los requisitos básicos para comenzar y continuar en una relación formal de discipulado:

- Las reuniones deben ser semanales.
- Deben tener tiempo para leer.
- Deben leer la Biblia de principio a fin.
- Deben empezar a servir en la iglesia.

Es responsable solamente en asegurarse de que sepan qué esperar.

3. Responde

Sondea si tienen preguntas y respóndelas brevemente. Si no tienen preguntas, no te vayas rápidamente. Simplemente asume que tú y Dios han hecho un gran trabajo, y continúa con el paso cuatro.

4. Engancha, Vende y Sueña.

Ahora es el momento de cerrar el trato. El enganchar les ayuda a identificar el valor inmediato del proceso de discipulado para ellos. Toma la infografía del camino del discipulado y pregúntales: "¿Dónde crees que estás en este camino?" Guíalos a una respuesta. Si su respuesta entra en conflicto con su entendimiento, haz preguntas importantes para que ambos entiendan y descubran dónde están en su camino. Aquí hay algunas ideas sobre preguntas principales:

- La persona responde que está iluminado, pero no estás tan seguro. Pregúntale algunas del libro "Inicio Rápido e Inteligente" y ve si puede dar respuestas claras. Se amable y guíalo a cuestionar su percepción si no tiene las respuestas básicas.
- La persona responde que está consagrada, pero no estás seguro. Pregúntale sobre las situaciones en las que se ha alejado. Explora las cosas que te hacen cuestionar su respuesta.
- La persona responde que es llamado, pero no tiene una pasión clara. Explica que un llamado generalmente resulta en una pasión. Explora esta idea.
- La persona dice que le están enseñando, pero tu piensas que ya está aprendiendo a aprender por sí misma. Pregúntele sobre la diferencia entre que le enseñen y aprender por su cuenta. Pregúntale sobre la confianza en sí misma. Explora sus respuestas.

Recuerda, es su camino, no tu camino. Ayúdalos a enfocar su respuesta en quiénes son (su ser) en lugar de lo que están haciendo. Finalmente, encierra en un círculo la respuesta.

Ahora pregunta: "¿Dónde creen que están viviendo o sirviendo en este camino?" Es posible que tengas que explicar un poco este concepto. Nuestra experiencia ha demostrado que la mayoría de las personas están sirviendo por debajo o mucho más allá de donde están en el camino. Esta conversación ofrece una excelente oportunidad para que los recluteu. Si están frustrados, hambrientos y agotados, muéstrales cómo están sirviendo más allá de donde lo que han sido preparados. Si no han tenido un gran mentor en el área de práctica o han sido abandonados en un papel de liderazgo, muéstrales lo maravilloso que podría ser tener un mentor o dos. Usa el momento de ofrecimiento para ilustrar cómo debería funcionar el proceso de madurez bíblica. Muéstrales cómo puedes bendecirlos y lo increíble que es. Luego muévete a convencerles.

La venta es simple. ¿Cómo podría ser la vida si pudieras llegar al siguiente lugar en tu madurez cristiana? ¿Qué pasaría si pudiéramos ayudarte a obtener lo que quieres en la vida? ¿Qué pasaría si pudieras volverte a prueba de balas? ¿Qué pasa si vuelves a lo básico? ¿Y si pudieras resolver esa frustración? ¿Qué pasaría si pudieras tener una vida aún mejor? Muéstrales cómo pueden tener una gran vida, haciendo grandes cosas. En tu ofrecimiento, es un buen momento para impresionar la importancia y el valor del "ser" antes del "hacer."

Soñar es el desarrollo de una vista panorámica del proceso de discipulado para su futuro. Atraer y ofrecer tienen más que ver con la resolución inmediata y la percepción de problemas. Soñar está ofreciendo el valor futuro del discipulado para sus vidas y para el Reino de Dios. El sueño tiene que ver con el futuro.

> *"El reino de los cielos es como una semilla de mostaza que un hombre sembró en su campo. Aunque es la más pequeña de todas las semillas, cuando crece es la más grande de las plantas del huerto. Se convierte en árbol, de modo que vienen las aves y anidan en sus ramas."*
>
> — JESÚS, EN MATEO 13:31–32

Siéntete libre de usar la ilustración de Jesús sobre el valor futuro del discipulado y el valor de la inversión a largo plazo.

El valor es la clave para atraer, ofrecer y soñar. Las personas toman decisiones basadas en el valor percibido. Las personas invierten en lo que tiene valor para ellas. Los inmaduros pueden estar más enfocados en el valor para ellos y sus vidas. Eso está bien. Esto es lo que hace la ignorancia. Hay mucho más tiempo en los discipulados dos y tres para que tengan una mentalidad del Reino. Ustedes saben que el discipulado tiene un gran valor. Comparte esto mientras atraes, ofreces y sueñas.

5. Llamado Para la Acción

¿Quieren ser parte de un proceso formal de discipulado? Puedes preguntarlo más casualmente: "¿Quieres ser discipulado?" El valor de un llamado a la acción no se puede enfatizar lo suficiente. El noventa por ciento de los cristianos encuestados dijeron que el discipulado nunca se les ofreció.[10] Ofrécelo. Llámalos a la acción.

Si dicen que sí, ve al paso siete. Si dicen que no, sigan tomando un café, enfatiza que hay muchas maneras y momentos de caminar, pregúntales por sus hijos y establezcan un horario para pasar el rato nuevamente. Dales un punto de salida fácil y amable de la discusión del discipulado. Hay más en la vida que el discipulado formal. Sugiere un libro o dos. Disfruta del tiempo con ellos.

6. Trazar y Crear un Esquema

Trazar y crear un esquema es lo primero en un proceso externo y luego en un proceso interno. El proceso externo es simple:

- Elabora un horario de reunión con el grupo, utilizando los horarios disponibles.
- Elige una hora y lugar de reunión.
- Intercambia información de contacto
- Diles que proporcionarás un plan de lectura de la Biblia.

Los esquemas internos son un poco más intuitivos. Es posible que desees comunicarte con tu mentor o tu cabeza de discipulado para obtener un poco más de perspectiva a medida que planificas. La experiencia es valiosa en el proceso de trazar y crear un esquema. Un esquema interno se realiza después de la evaluación y te hace escuchar a Dios sobre el mejor proceso para cada persona. Los esquemas internos responden a preguntas como estas:

- ¿Qué necesidades percibidas e inmediatas pueden satisfacerse?
- ¿Qué lectura externa podría ser apropiada?
- ¿Cuáles son los peligros (demasiado hablador, mentalidad de ingeniería, argumentativo, autoconsciente, etc.) de la relación del discipulado?
- ¿Por qué necesitas orar?
- ¿Necesitan recursos de apoyo externos, como asesoramiento?

La evaluación es una gran oportunidad para conocer a otra persona en el cuerpo de Cristo. Es una tremenda oportunidad ministerial. Si se hace bien, prepararás a las personas para el éxito inmediato y futuro. Incluso si el invitado rechaza el discipulado, la evaluación es un gran momento de inspiración y de enseñanza. Aprovecha el tiempo para el Reino. Planta la semilla. Riega la semilla. Tal vez incluso cosecharás una.

Paso Siete
Tu Primera Reunión

La primera reunión establece el tono y las expectativas para cada una de las reuniones posteriores. Debes tener una agenda bien planificada para esta primera reunión y cumplirla. Debes animar a los discípulos mientras estableces expectativas y asignas el trabajo. La estructura y la consistencia son importantes en el discipulado uno y construyen una base para las siguientes fases. Yo utilizo el siguiente esquema para mi primera reunión:

Inicia con Oraciones Individuales (15 minutos)

La agenda estándar para el discipulado sostenible comienza con un tiempo de oración enfocado. A los discípulos se les pide que oren por una cosa que necesitan en el momento. Les decimos: "Este tiempo de oración no es para tu tía, ni tu madre e incluso no es lo que tu cónyuge necesita. Que oren por una cosa que necesitan en este mismo momento." Puede sonar simple, pero te sorprenderás cuando veas lo difícil que es para los discípulos pedir una cosa específica para ellos. Los discípulos se abren con líneas estándar como: "Padre, quiero agradecerte por este tiempo" o "Dios, te alabo por todo lo que tengo." Algunos de estos abridores son genuinamente orados, y otros son oraciones un poco rutinarias. De cualquier manera, después de dos o tres, interrumpo al grupo y les digo:

"Hola, lamento interrumpir, pero Dios sabe que estás agradecido por este tiempo. Este es un momento para pedir una cosa específica en particular... ¿Qué quieres? ¿Puedes ver a Dios en el cielo diciendo: ¡Deténgase con los reclamos! Solo digan lo que necesitan. Me alegro de que estés agradecido, pero ¿estás orando una oración estándar? Cuando hablas con tu esposa, ¿le dices: Cariño, estoy agradecido por nuestro matrimonio. Estoy agradecido por hoy. Estoy agradecido de que te hayas casado conmigo. ¿Me puedes pasar la sal? La oración es una conversación. La oración es hablar genuinamente con Dios."

Interrumpir puede sonar intrusivo, arriesgado y perjudicial. Pero funciona para mí. Tú estableces el tono. Es posible que desees esperar y tener esta charla después de que todos terminen, pero tendrás que enseñarles a concentrarse.

También a veces interrumpo para enfocar el proceso y guiar a los discípulos a pedir una cosa específica en particular de lo que necesitan. Cuando un discípulo ora generalizando: "Dios, necesito dirección. y debo saber qué hacer," yo soy muy propenso a interrumpir y preguntarles,

"¿Para qué necesitas dirección? ¿Necesitas saber cómo llegar a algún lado? ¿Necesitas saber lo que Dios hará? ¿Qué es lo que realmente necesitas? ¿Estás confundido? ¿Cómo puede Él ayudar? Intentémoslo una vez más."

Cuando un discípulo ora: "Dios, estoy luchando con las finanzas y necesito ayuda," interrumpo y digo:

"¿Qué es lo que necesitas? ¿Necesitas cincuenta dólares? ¿Necesitas dejar de gastar tanto? ¿Qué podría hacer Dios ahora mismo que realmente te ayudaría? ¿Debes decirle que no sabes qué pedir? ¿Qué puede hacer Dios por ti ahora mismo?"

Interrumpo. Soy disruptivo. Me permite enseñarles a los discípulos el cómo ser más abiertos y reales, y de cómo hablar con Dios sobre lo que realmente necesitan en ese momento. Me permite enseñarles a ser conscientes y realistas. ¿Si Dios entrara en la habitación en este momento y te preguntará qué necesitas?, ¿estarías listo para responder? ¿Sabrías cuál es la cosa número uno con la que necesitas ayuda? ¿Sabrías lo único que hay que preguntar? Este tiempo de oración semanal se trata de honestidad despiadada y arriesgada delante de Dios y delante del cuerpo de Cristo. Haz que los discípulos oren y lleven las cargas de los demás. Es posible que no seas lo suficientemente valiente como para interrumpirlos amablemente. Pero sé tú mismo, pero asegúrate de aprovechar este corto tiempo para lograr la honestidad y la transparencia. Usa el tiempo para ayudar a las personas a identificar sus necesidades actuales.

Los Seis Sombreros Para Pensar (15 minutos)

Utilizo el marco de los *Seis Sombreros Para Pensar* desarrollado por Edward de Bono cada vez que comienzo un nuevo grupo. Creé un folleto simple con seis sombreros de colores y cada uno con un título. Comparto la idea de que los grandes equipos se comunican de diferentes maneras y en diferentes momentos. Comparto esto y lo positivo que es. Aquí hay un esquema rápido que utilizo:

1. Identifico los sombreros y comparto las premisas de Bono.
2. Cubro el sombrero rojo. La mayoría de nosotros usamos mucho el sombrero rojo cuando nos encontramos con cosas nuevas. Decimos cosas como: "Pienso" y "Siento." Hablar de lo que estamos pensando y sintiendo en el discipulado es totalmente aceptable. Compartir cómo nos sentimos cuando leemos un versículo en particular es bueno. Comprobar lo que pensamos acerca de una verdad es grandioso. Pero debemos tener claro que estamos usando el sombrero rojo, y tenemos que buscar los datos que proporciona el sombrero blanco.
3. Cubro el sombrero blanco. El sombrero blanco en el discipulado es lo que sabemos, lo que es la verdad, y lo que debe ser aplicado a nuestras vidas. Conocimiento, Verdades, es todo lo que queremos que esté edificado en nuestra vida. Debemos saber cuándo estamos compartiendo las verdades del sombrero blanco.
4. Cubro el sombrero negro. El pensamiento crítico es una gran parte de la comprensión, proceso y aplicación de la verdad. Nunca debemos temer a las preguntas, las críticas y el pensar estando en el "otro lado de la moneda." El pensamiento crítico es el camino desde que nos enseñan hasta que aprendemos por nuestra cuenta.
5. Cubro el sombrero verde. El pensamiento de sombrero verde es el despliegue de datos de sombrero blanco y pensamiento de sombrero negro. Necesitamos soñar y pensar en cómo las verdades son relevantes para nuestras vidas. Necesitamos ser creativos al descubrir cómo aplicar las verdades de Dios a nuestras vidas.

6. Cubro el sombrero azul. El líder lleva el sombrero azul. El líder guía el discipulado. Los discípulos no se están discipulando unos a otros. No se están guiando unos a otros. No se les puede permitir tomar el sombrero azul. Estás preparado, seguro y hábil para guiar a los discípulos. Éste es tu trabajo. Comunícalo.

La Relación Grupal (15 minutos)

Paso de la discusión del sombrero azul a una explicación simple de que, aunque hay un grupo, cada persona está en una relación individual conmigo. Cada persona está siendo discipulada individualmente en un grupo. Cada persona se beneficiará de escuchar los comentarios de los demás, pero cada uno de ellos sólo discutirá sus comentarios conmigo.

Comparto mi información de contacto para preguntas fuera del grupo. Les recuerdo que no deben trabajar juntos fuera de clase. Guio a las parejas casadas a entender que no están casadas mientras están en el grupo. Son individuos independientes. Puede beneficiarte el revisar la sección sobre el diseño de grupos en el capítulo sobre personalización.

También comparto los conceptos básicos de una relación de discipulado saludable para incluir las cosas que el discipulado no es:

- No es un grupo de rendición de cuentas
- No es un grupo de terapia
- No es una clase

Preguntas y Respuestas del Líder (20 minutos)

Incluso cuando estoy más familiarizado con los grupos, me tomo el tiempo para preguntar: "¿Qué quieres saber sobre mí?" Es divertido y, aunque parezca tan básico, comienza a construir con ellos intimidad y una relación más cercana. En este valioso tiempo comienza a construir transparencia y confianza con personas que no conoces. No hay nada más poderoso que tu historia, y esta sesión de preguntas y respuestas es un gran interruptor. Prepárate con algunas preguntas sobre tu alimentación. Hay personas que no están acostumbradas a entrevistarte. Los discípulos pueden no saber qué hacer con este tipo de cosas del compartir personalmente. Ten algunas preguntas listas, como: "¿Sabes cómo propuse matrimonio?" "¿Sabes cuál es mi cosa favorita?" o, "¿Conoces mi secreto más profundo?" Las personas aprenden a abrirse cuando nosotros nos abrimos. Deja que el Espíritu guíe tus respuestas y comienza a vincularte con tus discípulos.

La Razón del Discipulado (30 minutos)

Camino por la habitación y pregunté: "¿Por qué estás en el discipulado?" No hago ningún comentario mientras escucho. Para el grupo ideal de tres discípulos, solo escucho. Puedo hacer un seguimiento de sus respuestas. Para grupos más grandes, uso mi pizarra o un papelógrafo. Siempre obtengo las respuestas clásicas:

- Quiero acercarme a Dios.
- Quiero aprender a tomar mejores decisiones.
- Quiero entender más mi Biblia.
- Quiero saber lo que Dios quiere que haga.
- Quiero lidiar con mi amargura.

Todas éstas son grandes cosas que desean de parte Dios, pero ninguna de ellas es una buena razón para estar en el discipulado. Empujo, preguntando: "¿Qué quieres decir con 'acercarte a Dios'?" Pregunto ¿qué significa tomar mejores decisiones? ¿El discípulo toma malas decisiones? ¿Qué harás cuando entiendas más de la Biblia? ¿Cómo solucionarás estas cosas? les digo que todas estas cosas que desean son cosas grandes por parte de Dios, pero luego les digo algo como:

"¿Qué pasaría si le preguntaras a tu esposa por qué querías casarse contigo y ella dijera, para acercarme a ti, para tomar mejores decisiones, para entender más la vida, para averiguar qué hacer con mi vida y resolver mis problemas? Podrías comenzar a preguntarte si tu matrimonio fue una buena decisión. Es lo mismo con las respuestas más comunes a esta pregunta ¿Por qué quieres estar en el discipulado? Pueden ser cosas buenas que Dios te dé, pero no son las razones para estar en el discipulado. Gran parte de nuestra vida cristiana tiene que ver con el consumismo. ¿Qué sucederá cuando obtienes esta respuesta, esto es lo que quieres de Dios? ¿Se acabó el discipulado? Debemos querer ser seguidores porque lo amamos. Porque Él nos asombra. Porque queremos conocerlo mejor. Porque queremos seguir. Al igual que una relación humana, queremos estar con Dios porque estamos locamente enamorados de Él. Claro, Dios te dará dirección, proporcionará respuestas y te ayudará. Él es Dios. Al igual que ayudarás a tu cónyuge a ser mejor. Pero si tu novia sólo quiere ser tu novia por lo que obtiene de ti dentro de la relación, ¿qué tan terrible sería eso? Tú quieres que ella quiera estar en una relación real. Quieres que tu mejor amigo sea tu mejor amigo porque le gusta estar contigo, porque aprecia quién eres. Quieres que quiera conocerte. Es lo mismo con Dios."

La mejor razón para seguir a Dios es que Él es increíble. Sus caminos traen gloria. Sus caminos funcionan para nosotros. Ser como Él y aprender de Él es la joya de la corona del amor. Debemos querer seguirlo porque vale la pena seguirlo. Utilizo este tiempo para enseñar en silencio de qué se trata el discipulado. Enseño que el discipulado es una relación, un viaje, un caminar hacia donde sea que te lleve. El discipulado nos expone a verdades increíbles que transforman. Se trata de ser lo que ya dije, ser un seguidor. Al igual que en el tiempo de oración de apertura, en esta breve sección establece el tono de lo que será el discipulado. Hago todo lo posible para utilizar este tiempo sabiamente. Ayudo a corregir, establecer y expandir expectativas saludables. Afirmo que lo más probable es que obtengan lo que necesitan en el camino. También comparto que lo que piensan de que necesitan puede cambiar a medida que aprenden más acerca de Dios.

Dinero, Familia y Orgullo (10 minutos)

Hago la transición de lo increíble que puede ser el discipulado y en dar unas pocas advertencias rápidas. Comparto historias de la Biblia y de la vida que revelan las batallas que surgen cada vez que seguimos a Dios. Enseño cómo el enemigo te pone como un objetivo a cada uno de nosotros cuando comenzamos a hacer una diferencia. Comparto la trinidad impía que descarrilará el discipulado: el dinero, la familia y el orgullo. No discuto los desafíos 4b, 9a o 10–11. Estos desafíos sí serán compartidos, pero a medida que cada uno se vuelva más relevante. Mi objetivo es advertirles de éstos posibles desafíos y ponerlos en guardia contra el enemigo. Quiero que sean conscientes de sí mismos y estén preparados para enfrentar la batalla. También comparto historias de otros muchos que han tenido éxito.

Información Práctica (15 minutos)

Concluyo con información práctica. Comparto el horario estándar de reuniones. Para el grupo ideal de un líder y tres discípulos, esto es lo que usamos:

1. Actualización y Oración (5 minutos)
2. Revisión de Lectura de la Biblia (55 minutos)
3. Revisión Extrabíblica (30 minutos)
4. Conversación Relacional (después de la reunión formal, no más de 30 minutos)

Para el grupo de diez, utilizamos:

1. Actualización y Oración (10 minutos)
2. Revisión de Lectura de la Biblia (65 minutos)
3. Revisión Extrabíblica (40 minutos)
4. Conversación relacional (después de la reunión formal, no más de 30 minutos)

Debes proporcionar los siguientes materiales:

- Un plan de lectura de la Biblia de cuarenta y siete semanas. Esto permite dos descansos y compensa la primera reunión. El discipulado es un evento de cincuenta semanas. Para mantener los tiempos de inicio consistentes, debes terminar en cincuenta semanas. Si hay lectura en la primera reunión, reducimos el plan de lectura una semana menos. También permitimos dos semanas libres de lectura, reduciendo el plan en dos semanas más, para un tiempo total de lectura de cuarenta y siete semanas. En los primeros meses, tu grupo será más eficiente en la cobertura de los aspectos más destacados. Hemos encontrado que los primeros cinco libros de la Biblia toman mucho más de tiempo que todos los demás libros. Es posible que debas tomar una de las semanas libres que tienes de la lectura de la Biblia para ponerse al día con la revisión.
- El libro de trabajo Inicio Rápido e Inteligente.
- Los próximos tres meses de oportunidades de servicio.
- Una lista de oportunidades de viajes misioneros / proyectos.
- Un horario de reuniones, o al menos el calendario de "semanas libres" para el año.

Puedes optar por utilizar la agenda de mi primera reunión. Puedes desarrollar tu propia agenda que funcione mejor para ti.

Hagas lo que hagas, asegúrate de establecer el tono y las expectativas adecuadas para aquellos a quienes vas a hacer discípulos. Te animo a que hables poco sobre por qué estás haciendo lo que estás haciendo. Simplemente hazlo y deja que se experimenten los resultados. La primera reunión es la reunión de fomentar una visión. Utilízala bien.

Paso Ocho
Acierta en el Primer Trimestre

De la segunda a la duodécima reunión son críticas para un discipulado exitoso, una fase crucial para el discipulado dos. Estas reuniones consolidarán las expectativas, la disciplina de lectura y la agenda estándar de la reunión.

Tu objetivo en el discipulado uno es el de exponer a los discípulos a las verdades de Dios que harían que los lleve a ser convencidos, ser iluminados y o ser llamados a seguir. La obra consiste en arrepentirse, seguir, aprender y servir. Tu papel es el de ser un guía. No eres su maestro de aula. Los discípulos tienen que leer, tienen que asistir a las reuniones, y tienen que participar. Si no se comprometen, no serán hechos discípulos. No aprenderán a ser lo que ya se han convertido: seguidores.

Compartiste las expectativas en la primera reunión. Consolidarás esas expectativas durante las próximas once semanas. Los alentarás a enfocar sus oraciones iniciales. Los impulsarás a ser honestos para que puedan encontrar treinta minutos al día para Dios. Desarrollarás el hábito de exponerlos a Dios cada día, lo opuesto a nuestros estilos ocupados de vida. Hacer tiempo y arrepentirse serán los desafíos más simples inicialmente, pero serán más grandes en el primer trimestre. Las expectativas no deben ser compartidas como sus expectativas. Las expectativas ni siquiera deben ser compartidas como las expectativas de Dios. Necesitas hacer que el discípulo se apropie de estas expectativas. Por ejemplo, tomemos a Roger, un hombre de negocios que estaba luchando con la disciplina para leer y prepararse. "Roger,

¿me estás diciendo que no viste fútbol, leíste un periódico o hiciste otra cosa que no fuera trabajar, comer y dormir todos los días de la semana pasada? ¿Realmente? Seamos honestos. Puedes sacar cuántos minutos. ¿Cuántas horas estudiaste para obtener tu título de negocios? ¿Crees que aprender acerca de Dios y cómo vivir una vida increíble tomará menos tiempo?" Tendrás que incitar a que los discípulos acepten las expectativas y que las abracen por su propio bien.

Hacer tiempo para leer es la expectativa más desafiante al comienzo del discipulado. Pero no es la única expectativa desafiante. Las personas enfrentarán desafíos cuando compartan y corran el riesgo de ser transparentes. Enfrentarán desafíos cuando lean la Biblia con el enfoque de la fase uno. Las personas tendrán dificultades para dejar de lado su mentalidad analítica. Lucharán mientras los empujas a pensar por sí mismos. Los ajustes durante el primer trimestre son mayores que en cualquier otro momento a lo largo de la trayectoria del discipulado. Elegir seguir requiere mucho cambio personal y disciplina.

Sé diligente en seguir la agenda estándar en el primer trimestre. Mantén las oraciones cortas, lee la Biblia primero y termínala a tiempo. Empújalos para que sean eficientes. Anímalos para que se mantengan en el buen camino y a enfocarse en las cosas que se aplican. Enseña, pero ten cuidado de no tomar demasiado tiempo para esto. Debes de dejar tiempo para cubrir bien "Inicio Rápido e Inteligente". Estos principios básicos son importantes.

Encontrarás que toma mucho más tiempo cubrir los primeros cinco libros de la Biblia que cualquier otro libro. Cómo creó Dios y para quién Dios nos creó son grandes temas en Génesis. La corrupción de la humanidad es un tema fundamental que plantea muchas preguntas. El hecho de que Dios use líderes tan imperfectos es a la vez esperanzador y confuso. Abordar los fracasos de Abraham, las deficiencias de Aarón y la vida de José plantea temas de engaño y Dios cambiará de opinión. Las leyes que Dios estableció para su nación de personas son difíciles de procesar. Es difícil aceptar sus mejores deseos para sus seguidores y aplicarlos a nuestras vidas. Será difícil superar todos los aspectos más destacados de "ajá" y los momentos problemáticos. Temas candentes como el engaño, la homosexualidad y lo que constituye un asesinato desviarán a los discípulos. Son propensos a perder el enfoque, queriendo resolver los problemas del mundo en lugar de encontrar y aplicar la verdad encontrada a sus vidas. Decimos una y otra vez: "Si no se aplica a ti, acéptalo y sigue adelante." El discipulado uno no es una clase de teología. No es un estudio bíblico. No es un momento para que un discípulo decida nada por nadie más que por sí mismo. El discipulado uno es un tiempo para estar expuesto y aplicar las verdades transformadoras de Dios a nuestras vidas. Nos permite aprender el carácter de Dios y el diseño del hombre. Aprovecha los desafíos del primer trimestre para cimentar las expectativas y las disciplinas del discipulado individual.

Los discípulos enfrentan las expectativas de asistir, servir y diezmar durante el primer trimestre. Los discípulos necesitan asistir a las reuniones de la iglesia y del discipulado. Dentro de las primeras seis semanas, los discípulos deben identificar una oportunidad de servicio semanal que los involucre en la vida de los demás. Es vital que usted modele el servicio semanal también. Si no hay suficientes oportunidades de servicio, crea oportunidades. Es esencial que los discípulos sirvan regularmente.

Ajustar los presupuestos y los estilos de vida para facilitar el diezmo es un gran desafío dentro del primer trimestre. Enseñar sobre el diezmo también podría ser un gran desafío para ti. Enseñar sobre el dinero puede ser incómodo. Puede ser incómodo preguntar: "¿Estás diezmando?" Pero poder hablar abiertamente sobre dinero y finanzas trae transparencia y honestidad. El dinero, la familia y el orgullo descarrilan a los discípulos. El diezmar, el asistir y el servir son parte del antídoto de Dios contra estos peligros. El materialismo se desvanece ante el agradecimiento. Las relaciones se profundizan en la comunidad. El servicio lucha contra el orgullo como ninguna otra cosa puede hacerlo. Necesitas crear rampas de salida si los discípulos no pueden cumplir con la asistencia, el servicio y el diezmo.

También necesitas desafiar a los discípulos a completar el primer paso para hacer discípulos: el evangelismo. Mi amigo Bill le pregunta a su grupo: "¿Con quién compartiste tu historia esta semana? ¿Cómo te fue?" Él tiene tiempo extra para impulsar este principio. Él trabaja diligentemente para que los discípulos acepten la responsabilidad de compartir su nueva historia de vida. Independientemente de su enfoque, los discípulos crecen cuando comparten su historia. Compartir sus historias ofrece vida a otros y es parte de seguir el plan de Dios. El evangelismo es el comienzo de discípulos haciendo discípulos.

El primer trimestre prepara el escenario para el discipulado uno. También prepara el escenario para las otras fases del discipulado. Como los primeros años de la vida de un niño establecen el tono para toda su vida, el primer trimestre es crítico para todo el proceso de discipulado sostenible. Es mucho más fácil empezar bien que intentar cambiar más tarde.

Paso Nueve
Planea Ese Viaje

Los proyectos de servicio y los viajes misioneros han sido grandes herramientas en nuestro proceso de discipulado. El servicio y el viaje sobrealimentan el discipulado. Ambos requieren autosacrificio de vacaciones, tiempo y dinero. Estos eventos también sumergen a los discípulos en desafíos que brindan muchas oportunidades para aplicar las verdades que están aprendiendo. Los proyectos de servicio y los viajes misioneros se pueden usar intencionalmente para hacer discípulos.

Revisa tu calendario. Encuentra oportunidades. Comparte las opciones. Regístrate para un viaje y lleva a tus discípulos a una aventura. Empújalos a sacrificar una semana de vacaciones.

Anímalos a hacer algo más grande que ellos. Camina con ellos a través de lo incómodo. Prepáralos. Párate a su lado. Conócelos.

Paso Diez
Tu Vigésima Sexta Reunión

El discipulado uno es muy diferente a las otras fases. Los pasos dos y tres de discipulado son mucho más ordenados y discretos. El paso de la fase dos se trata de aprender a aprender y conduce naturalmente a estar preparado. Estar preparado conduce naturalmente a ser consagrado. El discipulado uno es un poco más desordenado. Tuviste que notar que estaban sucediendo muchas cosas al mismo tiempo. Los discípulos se arrepienten una y otra vez a medida que aprenden nuevas verdades. Los discípulos encuentran la iluminación a medida que aprenden, a medida que son convencidos o mientras sirven. La convicción parece ocurrir durante todo el proceso. Hay momentos en que pareciera que los discípulos están parados en los seis escalones al mismo tiempo.

Éste punto medio del discipulado es un buen momento para refrescar el proceso. Es un buen momento para proporcionar una visión general de lo que está sucediendo en el discipulado uno. Es un buen momento para reformular la visión, el tono y el enfoque. También es un buen momento para reevaluar a los individuos y al grupo. El punto medio puede indicar la necesidad de algunos libros específicos sobre temas específicos para guiar al grupo por el camino. Utilizo las siguientes preguntas para iniciar una conversación refrescante:

- ¿Cuáles son las tres cosas que arruinan el discipulado?
- ¿Has experimentado alguna de ellas hasta ahora?
- ¿Cómo resolviste cualquier desafío con la trinidad impía?
- ¿Por qué estás en el discipulado?

- ¿Cuál fue tu respuesta al principio?
- ¿Ha cambiado tu vida, tu práctica de seguir a Dios?
- ¿Cuál es el enfoque de la lectura de la Biblia?
- ¿Por qué usamos este método de lectura de la Biblia?

Siempre realizo una breve evaluación del grupo, preguntando cosas como ésta:

- ¿Estás diezmando?
- ¿Cómo va tu servicio semanal?
- ¿En cuántos proyectos de servicio ha participado?

El punto medio también es un buen momento para revisar tu plan. Mira hacia atrás en el modelo de discipulado sostenible y revisa los objetivos. Recorre tu plan original. ¿Sigues el curso? ¿Estarán listos aquellos a quienes haz hecho discípulos para el discipulado dos? ¿Todavía estás enfocándote en la transformación y el "ser" antes de "hacer"? Echa un vistazo hacia dónde te diriges y planifica los próximos libros que leerán los discípulos.

Tu grupo debe haber completado "Inicio Rápido e Inteligente" y al menos otros dos libros extra-bíblicos. Debes haber completado un viaje misionero con los discípulos o tener uno pronto. Los discípulos deben servir en tareas básicas en el ministerio del cuerpo de Cristo.

Has superado los desafíos del arranque. Las reuniones y métodos regulares se han convertido en rutina, y los líderes tienden a perder la fascinación. ¿Están haciendo los seguidores lo que se supone que deben hacer? Hay menos desafíos. Es fácil olvidar por qué estamos haciendo lo que estamos haciendo. Es fácil perder la visión debido a la rutina. El punto medio del discipulado uno es tu oportunidad de refrescar, volver a sintonizar y preparar al grupo para una segunda y exitosa mitad de la fase uno.

Paso Once
Tu Trigésima Novena Reunión

El último cuarto del discipulado uno ha llegado. El paso a través de la convicción y el arrepentimiento debería haberse vuelto más fácil. Los discípulos se han convertido en maestros en hacer ajustes rápidos a las verdades de Dios. Deben ser más competentes en la lectura de la Biblia y permitir que el Espíritu Santo guíe sus aspectos más destacados y sus meditaciones. La idea del estudio bíblico educativo y orientado al rendimiento deben estar muy lejos, totalmente en el pasado. El impulso para centrarse en las verdades aplicables debe ser un proceso natural e intuitivo.

Tu objetivo es terminar bien y sentar las bases para la siguiente fase. ¿Quieres que los discípulos tengan un discipulado dos emocionante y productivo? ¿Quieres entregar discípulos bien preparados al próximo líder? El tercer trimestre es el momento de prepararlos para todo lo que viene. Hasta ahora, has estado defendiendo los momentos "ajá." Has estado proporcionando corrección de rumbo a medida que los discípulos exploran las verdades de Dios. Les has estado enseñando a mantener las verdades en contexto. Has estado enseñando en el camino y ayudando a los discípulos a iluminarse. Has señalado aplicaciones a lo largo del camino. Has traído a la mente verdades que han aprendido y los has empujado a ajustar sus vidas a esas verdades. Los has empujado a servir y vivir más allá de su capacidad inmediata.

Les has estado dando el pescado.

El discipulado dos cambiará el enfoque del ser enseñado al aprender a aprender por sí mismos. Los discípulos aprenderán a pescar a medida que hacen conexiones directas de una verdad que conectan con otros versículos donde se enseña la misma verdad. El tercer trimestre es un buen momento para comenzar silenciosamente a preparar a los discípulos para esta nueva línea de pensamiento.

La lectura de la Biblia pasará del Antiguo al Nuevo Testamento en este último trimestre. Tu punto de influencia para preparar a los discípulos a conectar verdades es que ellos han consumido la mayor parte de la Biblia en este punto. Conocen muchas verdades, esperan ser conectados. Tu segundo punto de influencia es que el Nuevo Testamento hace referencia continuamente al Antiguo Testamento. Escritor tras escritor hace conexiones directas de una nueva verdad a verdades transmitidas de generación en generación. Tu tercer punto de influencia es que el Nuevo Testamento es más fácil de entender y digerir. La mayoría de las verdades se enseñan de una manera simple, y los escritores son propensos a explicarlas bien. Los cristianos a largo plazo también están más familiarizados con el Nuevo Testamento. Han crecido con las historias. Han escuchado el Evangelio. Es más fácil conectar lo que entendemos fácilmente.

Estos tres puntos son una palanca que te permite comenzar a hacer preguntas. Por ejemplo, cuando el discípulo lee las palabras de Pedro,

Así dice la Escritura: "Miren, yo pongo en Sion una piedra angular escogida y preciosa, y el que confíe en ella no será jamás defraudado"

— 1 PEDRO 2:6

puedes preguntar: "¿Tiene alguna Biblia una nota al pie que explique lo que Pedro está citando?" Si tienen una Nueva Traducción Viviente, la referencia cruzada se incluye en el texto bíblico. Otras traducciones pueden usar notas al pie de página. Es posible que tengas que leer con anticipación y planificar una o dos conexiones a la semana. La conexión directa para el versículo anterior es Isaías 28:16. Haz que los discípulos se detengan, lo busquen y luego sigan adelante. Te animo a no conectar cada verdad con otra verdad. Señala periódicamente un versículo que se pueda conectar fácilmente. Pregunta a los discípulos si ven o conocen la conexión. Si no lo hacen, ayúdalos a conectarlos. Modela el comportamiento crítico para aprender a aprender. Debemos preguntarnos: "¿Esto se conecta en alguna parte?" cada vez que notamos algo en la Biblia. No tienes que revelar el secreto. No tienes que explicar el comportamiento en detalle. Simplemente modela el comportamiento que ilustra lo que la Biblia enseña en su mayoría de las verdades una y otra vez.

Tu objetivo es llevarlos hacia el discipulado dos con enfoques y con capacidades. Tu trabajo no es terminar ese trabajo. Su trabajo es sentar una base que el discípulo encontrará familiar cuando comience el discipulado dos.

Paso Doce
Preparándose para la Transición

Cada nuevo ciclo de discipulado sostenible necesita un plan sólido y práctico. El último trimestre señala el momento de comenzar a prepararse para el próximo ciclo de discipulado. ¿Cómo te preparas para éste próximo ciclo?

Prepararse para tu primera transición es más fácil. Moverás a los discípulos del discipulado uno al discipulado dos, y con suerte, comenzarás otro ciclo de discipulado uno. Si todavía estás solo en tu iglesia, esto es todo lo que una persona puede manejar.

Prepararse para tu décima transición es más complicado. Los discípulos se moverán entre múltiples fases del discipulado. Estarás reclutando para el discipulado uno. Estarás buscando discípulos que se hayan "atascado" entre algunas fases. Tendrás más grupos y tendrás un grupo más grande de líderes entre los cuales seleccionarás tus líderes de grupo. Tenemos un líder quién trabaja en oración para guiar este proceso que está encargado de la canalización del discipulado. Él habla con líderes potenciales evaluando su preparación. Él revisa los discípulos actuales. También piensa en cosas como lugares de reunión, horarios de reuniones y fechas de lanzamiento. Nuestro líder canalizador es un casamentero combinado con un coordinador de eventos. Es posible que tengas que hacer todo esto por tu cuenta.

Utilizamos un conjunto simple de preguntas para ayudar a prepararnos para el comienzo de cada nuevo ciclo y para hacer la transición de los discípulos de una fase a otra de manera efectiva. Aquí hay una vista panorámica de cómo planeamos:

1. Planificamos la fecha de lanzamiento para el próximo ciclo. Terminamos un ciclo en unas cincuenta semanas, permitiéndonos dos semanas antes de comenzar el siguiente ciclo. Por lo general, comenzamos hacia finales de enero de cada año.
2. Comenzamos a hablar sobre el discipulado en las reuniones comunitarias al comienzo del cuarto trimestre del ciclo actual. Comenzamos a anunciar la fecha de lanzamiento en el undécimo mes. (Para nosotros, eso es a finales de octubre). Comenzamos a tomar nombres para el discipulado uno en el duodécimo mes.
3. Identificamos y hablamos con discípulos que se encuentran "atrapados" entre fases en el undécimo mes de los ciclos actuales. Evaluamos su deseo y disposición para pasar al siguiente paso.
4. Calculamos cuántos discípulos actuales pasarán a su siguiente fase. Preparamos nuestra estimación de la inscripción general en el undécimo mes.
5. Cuantificamos nuestros líderes disponibles para cada fase del nuevo ciclo. Prestamos atención a quién necesite un descanso, quién ha estado en descanso y en qué fases ha liderado. Nuestro objetivo es mezclar grupos, líderes y fases.
6. Planeamos nuestros grupos de discipulado tres. Nuestra preferencia es un grupo mixto de seis a nueve discípulos. Los discípulos en esta fase son eficientes, preparados, confiados y capacitados para

procesar la verdad. Un grupo más grande multiplica la preparación de los líderes. También aumenta la exposición a diferentes perspectivas. Hemos encontrado beneficios en hombres y mujeres que participan juntos. Nuestra segunda opción es una proporción de grupo de 1:3. Nuestra tercera opción es el discipulado uno a uno en esta fase. Los grupos más pequeños son siempre grupos de un solo género. En esta fase eliminamos a los discípulos que deben enfocarse en la práctica final y en agregar capacidades a su llamado.

7. Planeamos nuestros grupos de discipulado dos. Nuestra preferencia es un grupo de tres discípulos de un solo género. En ambos años de esta fase se requiere mucho más tiempo con cada discípulo. Hacemos nuestro mejor esfuerzo para usar sólo este tamaño de grupo para el discipulado dos.

8. Cuantificamos el número de personas que expresan interés en el discipulado uno. Planeamos estos grupos prefiriendo grupos de un solo género de tres discípulos. Si necesitamos usar grupos más grandes, consideramos seriamente los grupos mixtos. Hemos notado que los grupos mixtos tienden a ser más eficientes y mantenerse en el buen camino. Asignamos nuevos líderes en el segundo año de discipulado dos antes de asignar líderes existentes y disponibles.

9. Hablamos con los líderes actuales sobre los discípulos en sus grupos para tener una idea de cuánto necesitamos mezclar grupos. Escuchamos atentamente sus comentarios y trabajamos en el diseño final del grupo para todas las fases. Esta divertida reunión me recuerda el día del reclutamiento para fútbol, con todos los líderes y directores presentes.

10. Ofrecemos un seminario "Cómo liderar el discipulado uno" para los nuevos líderes de esta fase.
11. Ofrecemos un taller "Cómo dirigir los discipulados dos y tres" para cualquier nuevo líder de estas fases.
12. Organizamos una reunión de almuerzo de lanzamiento con todos los líderes, revisando el modelo, proyectando la visión y pasando un tiempo prolongado en oración.
13. Soltamos a los líderes para que preparen sus planes grupales de discipulado. Nuestro director de canalización brinda apoyo y rendición de cuentas.

Si estás empezando tu segundo o tercer ciclo, el proceso puede ser mucho más fácil y explícito. Pero el cuarto trimestre es el momento de planificar un lanzamiento efectivo y eficiente del próximo ciclo.

16

CONTINÚA GUIANDO A LOS DISCÍPULOS EN EL DISCIPULADO DOS

Cuando tienes confianza, puedes divertirte mucho. Y cuando te diviertes, puedes hacer cosas increíbles.

— JOE NAMATH

El discipulado dos es muy diferente al discipulado uno. El enfoque es diferente. La lectura es diferente. Los objetivos son diferentes. Los discípulos pasan de ser enseñados a aprender a aprender por sí mismos. El discipulado dos agrega confianza y capacidad a la preparación del discipulado uno. No sólo el enfoque del discipulado dos es diferente al uno, sino que aquellos a quienes guías también son diferentes.

Los discípulos que llegan al discipulado dos han invertido un año de sus vidas en convertirse en seguidores más preparados. Conocen más la verdad. Han visto las verdades de Dios obrar. Han fracasado, han caído y han aprendido a levantarse. Han visto honradas las promesas de Dios al aplicar sus verdades. Son mucho más firmes y estables. Estos discípulos entienden los requisitos y han calculado el costo. Han demostrado su compromiso para seguir a Dios más de cerca. Es posible que debas recordarles lo básico, pero tu trabajo más importante es ayudarlos a comenzar a conectar verdades a través de la Biblia.

El discipulado uno fue una simple exploración de la Biblia. De principio a fin, los discípulos simplemente observaron y resaltaron sus "ajá" y versículos problemáticos. Han sido expuestos a la totalidad de la Biblia, y el Espíritu Santo tiene mucha verdad con la cual obrar. Ellos han visto temas y verdades en muchos pasajes y contextos diferentes. Al comenzar el discipulado dos, el Espíritu Santo comenzará a recordarles todo lo que se les ha enseñado.[1] Tu tarea es ayudar a hacer las conexiones y mostrarles el poder de conectar estas verdades a través de la Biblia.

Los discípulos están listos para sumergirse más profundamente en los recursos de apoyo extra-bíblicos que amplían su comprensión de quiénes son en Cristo y de la salvación. El enfoque del discipulado dos es diferente. Los discípulos son diferentes. Y tú también eres diferente.

Estás preparado. Tienes confianza. Has experimentado el poder transformador de Dios a través del proceso. Lo has visto transformar a otros. Ya sabes cómo funciona el proceso. Confías en Él. Has invertido uno o dos años de tu vida en ser hecho y en caminar con aquellos que han sido hechos discípulos. Confías en tu capacidad para seguir a Dios. Confías en el poder de adaptarte a las verdades de Dios. Y estás seguro de que puedes transmitir esto a otros. Estás seguro de que todos pueden experimentar la vida plena que has encontrado.

Si ésta es la primera vez que lideras el discipulado dos, vas a tener que releer la Biblia y los libros extra-bíblicos. Tendrás que prestar atención al enfoque y al tono del discipulado dos. Debes conocer el método de lectura de la Biblia y los peligros inherentes que hay al discipulado dos. Si has completado ya varios ciclos, tendrás más confianza en el material. Puedes simplemente revisar los trabajos y los métodos.

Este capítulo está diseñado para darle una guía simple del paso a paso para lanzar tu primer esfuerzo del discipulado dos.

Está escrito desde la perspectiva del discipulado grupal, pero los pasos son prácticamente los mismos para el discipulado individual. Así es como hacemos el discipulado dos.

Paso Uno
Revisar el Modelo

Estamos en nuestra treceava generación de hacer discípulos. También somos una iglesia más pequeña. Hay momentos en que no he dirigido el discipulado durante un año mientras guío a otros a hacer discípulos. Cuando ha pasado un tiempo desde que tuve un grupo, me tomo unos minutos para leer "Revisar el modelo" en el capítulo "Lanza tu grupo de discipulado uno". Y también reviso el proceso y mi rol.

Las tres fases del discipulado son distintas en propósito y proceso. Debemos tener cuidado en aceptar estas distinciones en cada fase y no llevar a las personas demasiado adelante o demasiado atrás en el camino.

- Discipulado uno enseña. Es un desafío. Expone. El líder sigue la obra del Espíritu en la vida individual a los discípulos que se les enseña.
- El discipulado dos hace que los discípulos aprendan a aprender. Se les enseña a pensar, a orar, a escuchar a Dios y a conectar las verdades de Dios. Los expone a verdades más profundas, moviéndolos de la leche a la carne.
- El discipulado tres enseña a los discípulos a sintetizar la verdad. Hace que los discípulos expandan cada verdad que encuentran. Los empuja a ordenar cada gota aplicable de la verdad inicial y sus conexiones. Se enfoca en hacer discípulos que piensen en seguir en cada momento.

Tu papel también cambia a medida que comienzas el discipulado dos. Ya no eres el guía de enseñanza del discipulado uno. Tú eres el guía de aprendizaje. Empujas a los discípulos a conectar verdades directas para responder a sus preguntas. Da pistas hacia conexiones invisibles. Podrías preguntar: "¿Has pensado en cómo todos son salvos de la misma manera tanto en el Antiguo como en el Nuevo Testamento?" al señalar al discípulo hacia la verdad de que la salvación siempre ha sido por fe. Dices cosas como: "Gran observación de que la salvación es para todos los hombres. ¿Fue así en el Antiguo Testamento?" mientras les señalas la verdad de que cualquier persona podría llegar a ser parte de la nación de Israel por elección y fe. Demuestras el proceso de conexión. Siembras en los discípulos para que hagan las conexiones por sí mismos. Enseñas los principios del estudio inductivo y exegético. Les enseñas cómo estudiar en contexto. El objetivo es cambiarlos de simplemente consumir la verdad a convertirse en aquellos que la producen.

El discipulado sostenible depende de los enfoques específicos de cada fase y del logro de esas metas en cada fase. Esto mueve al discípulo al paso de práctica en el camino del discipulado.

Paso Dos
Establecer los Objetivos

El discipulado dos es un proceso de dos años que guía a los discípulos a través de los siguientes cuatro pasos a lo largo del camino:

- Aprender
- Prepararse
- Consagrarse
- Practicar

El primer año de discipulado dos se completa en reuniones semanales utilizando una agenda estándar. En el segundo año, los discípulos están haciendo discípulos, guiando el discipulado uno con tu guía.

El Enfoque del Discipulado Dos

El discipulado dos comienza en algún lugar entre los "haceres" de servir y aprender. Esta fase se centra en ayudar al discípulo a aprender por sí mismo y estar preparado para vivir bien y servir a Dios. El discipulado dos casi siempre termina con un discípulo consagrado, entregado a Dios, y comprometido.

El discipulado dos se enfoca en que los discípulos hagan conexiones a través de la palabra de Dios. Empuja a los discípulos a descubrir y hacer las aplicaciones de la verdad. El discípulo pasa de consumidor a productor durante esta fase. El discípulo comienza a asumir roles de líder de servicio, trabajando con líderes más altos para llevar a cabo proyectos especiales y regulares.

Enseñar a los discípulos a hacer discípulos ocurre durante el camino y profundamente al final del primer año. La meta de los discípulos que hacen discípulos debe presentarse en silencio y casualmente desde el primer día del discipulado dos. El "cómo" hacer discípulos se enseña en los últimos meses del primer año. El enfoque del segundo año es apoyar, guiar y liderar a los discípulos que están haciendo discípulos.

El Tono del Discipulado Dos

El tono del discipulado dos es de creciente independencia del discípulo y de su preparación. El discipulado dos, permite un poco más de flexibilidad en el horario de reuniones, con un enfoque cada vez mayor en llevar al discípulo a situaciones desafiantes que lo empujen a aplicar las verdades almacenadas.

Los Seguidores del Discipulado Dos

Los seguidores en el discipulado dos están más enfocados y ansiosos. Los discípulos habrán aprendido a aceptar su diferencia como una ventaja sin dejar que su singularidad arruine el proceso de discipulado. Comprenderán mejor el diseño general de los seres humanos y habrán descubierto cómo sus talentos específicos, habilidades y composición personal interactúan con Dios. No lucharán tanto con la sumisión porque han visto el valor de seguir a los demás y a Dios. El concepto de confianza no será difícil, pero aún necesitarás construir confianza con nuevos discípulos. Será mucho más fácil para ti mantener el control y liderar. Puedes enfrentar algunos desafíos a medida que empujas a cada seguidor a convertirse en aprendiz.

El Enfoque de Lectura Bíblica en el Discipulado Dos

Los discípulos usan un plan estándar para leer la Biblia de principio a fin, diariamente. No hay días libres. Los discípulos son animados a leer diariamente en lugar de leer todo el día antes de su reunión. Se anima a los discípulos a usar la misma Biblia en la que resaltaron los aspectos más destacados del discipulado uno. Usar la misma Biblia

- les permite ver qué desafíos o preguntas permanecen,
- les recuerda sus respuestas anteriores, y
- enfoca intuitivamente al lector en los pasajes que no "captaron" su atención en la primera lectura.

Hay casos en que podría ser mejor para los discípulos usar una nueva Biblia. A menudo alentamos a los nuevos creyentes y a aquellos que tienen dificultades para leer a elegir una Biblia fácil de leer para el discipulado. Estos discípulos se beneficiarán al pasar a una traducción más literal de la Biblia. Si los discípulos usan una nueva Biblia, los alentamos a transferir los aspectos más destacados que encontraron previamente.

El primer año de discipulado dos se le pide al discípulo que encuentre nuevas verdades que puedan abrazar y responder. Este año se trata de pasar de ser enseñado a aprender por su cuenta. Pedimos a los discípulos que resalten las siguientes cosas cada semana:

- Nuevas preguntas. Les pedimos que traten de responder esas preguntas usando sólo su Biblia y lo que han aprendido hasta ahora.
- Conexiones entre una verdad que descubrieron y otras verdades que han aprendido. Estos son algunos ejemplos:
- Dios usó el modelo de liderazgo de ancianos tanto en el Antiguo como en el Nuevo Testamento;
- El hecho de que Rahab fue bendecida por mentir;
- Las conexiones entre las citas del Nuevo Testamento y versículos del Antiguo Testamento; y
- Jesús estuvo presente durante la creación tanto en el Antiguo Testamento como en el relato de Juan de que todas las cosas fueron creadas por Jesús.
- Nuevos versos "ajá" que inspiran o les llama la atención.

Sugerimos enfáticamente que no tomen notas, usen Internet, investiguen o usen una Biblia de estudio. El objetivo es fertilizar el estudio exegético e inductivo. Se debe animar a los discípulos a confiar en Dios y en Su Espíritu para traer a la mente todas las cosas que han aprendido. Los discípulos usan el texto bíblico a medida que entienden y aprenden. Debemos enseñar a ver lo que la Biblia tiene que decir acerca de la Biblia. Los discípulos también son guiados a "evitar discusiones tontas"[2] y a dejar que el Espíritu de Dios guíe sus respuestas.

En el segundo año, los discípulos leerán junto con aquellos a quienes dirigen. No resaltarán nuevos versículos. Abordarán las verdades de aquellos a quienes dirigen en lugar de identificar nuevas verdades.

La Lectura Extrabíblica y Trabajo Para el Discipulado Dos

Los discípulos completan el Manual de Discusión de Discipulado Volumen 2, "Como evitar Orinar sobre Serpientes, son 16 virtudes claves en el cristianismo", en las primeras dieciséis semanas junto con otras lecturas extrabíblicas. Los discípulos están listos para este desafío. Seleccionamos libros "más ligeros y cortos" para que los discípulos lean mientras trabajan simultáneamente a través del manual.

Los discípulos completan el curso "Cómo estudiar la Biblia 101" dentro de los primeros siete meses. Este curso aumenta el potencial de los discípulos que están aprendiendo a aprender y amplía la visión del panorama general de la Biblia. Cubre temas acerca de cómo obtuvimos nuestra Biblia, cómo se tradujo la Biblia, conceptos bíblicos amplios y métodos de estudio iniciales. Ofrecemos este curso como un seminario de fin de semana para todos los grupos de discipulado dos.

En las treinta y cuatro semanas restantes, la lectura se centra en la doctrina bíblica, el liderazgo, la profundización de la oración, la vida cristiana y el servicio. Los discípulos deben leer al menos diez libros extra-bíblicos durante esta fase.

Requerimos que los discípulos lean los siguientes libros en el primer año del discipulado dos:

- *Mero Cristianismo* (C.S. Lewis)
- *Primogenitura – Birthright* (David C. Needham)
- *Ésta Patente Oscuridad* (Frank E. Peretti)
- *Y el Shofar Sonó* (Francine Rivers)
- *Confianza Despiadada – Ruthless Trust* (Brennan Manning)

- *Dragones Bienintencionados – Well–Intentioned Dragons* (Marshall Shelley)
- *Esto Creemos – This We Believe* (John N. Akers)
- *Seis Sombreros Para Pensar* (Edward de Bono)
- *Vida Reflexiva – Reflective Life* (Ken Gire)
- *Sentaos, Andad, Estad Firmes – Sit, Walk, Stand* (Watchman Nee)
- *El Camino del Peregrino – The Way of a Pilgrim*
- *Cómo Hacer Discipulado* (Doug Burrier)

La biblioteca sostenible clasifica los siguientes libros como recursos adicionales para el primer año de discipulado dos:

- *La Búsqueda de Significado* (Robert S. McGee)
- *Poder Refrescante – Fresh Power* (Jim Cymbala)
- *Fuego Vivo, Viento Fresco* (Dean Merrill y Jim Cymbala)
- *Ésta Patente Oscuridad* (Frank E. Peretti)
- *En Búsqueda de la Santidad* (Jerry Bridges)
- *Desafío a Servir – Improving Your Serve* (Charles R. Swindoll)
- *De Bueno a Grandioso – Good to Great* (James C. Collins)
- *Las 21 Leyes Irrefutables del Liderazgo* (John C. Maxwell)

No hay interrupción en la lectura exterior. Los discípulos deben ser animados a leer tantas obras extrabíblicas como les sea posible.

La biblioteca también tiene libros temáticos apropiados para cualquier fase, para abordar necesidades específicas o para impulsar al grupo hacia adelante. Si eliges construir tu propia biblioteca, asegúrate de que los libros se centren en el tono, el plan y los desafíos típicos a lo largo del camino del discipulado dos. El grupo debe leer los mismos libros al mismo tiempo.

Escoge sabiamente, confía en Dios y observa cómo se desarrolla la verdad.

Los discípulos no leen nuevos recursos de apoyo durante el segundo año, ya que están guiando a otros a través de recursos apropiados de discipulado uno.

Haciendo Discípulos en el Discipulado Dos

Alentamos a todos en el discipulado dos a tomarse un año para dirigir el discipulado uno antes de comenzar el discipulado tres. Aquellos que pasan un año haciendo discípulos prosperan en el discipulado tres. Los resultados son tan convincentes que ahora hacemos de nuestro discipulado dos un proceso de dos años.

Los discípulos pueden dar a otros lo que están recibiendo. El discipulado uno los acercó, los hizo libres y construyó confianza a través de la aplicación y la experiencia. Aprendieron a aprender en el primer año del discipulado dos. Ellos entienden el valor de ser un seguidor de Cristo. La pasión y el valor forman la plataforma de lanzamiento para que los llames a discipular a otros.

El llamado comienza silenciosamente en el primer año de discipulado dos. Establecemos la meta de que los discípulos discipulen a alguien cuando termine el primer año. El llamado se construye hacia la mitad del primer año, discutiendo si conocen a alguien que podría disfrutar del discipulado. El llamado continúa mientras oran por tres personas específicas. En el último tercio del discipulado dos, comenzamos a "revelar" la salsa secreta, el modelo y los "cómo" de guiar a un discípulo. Comentarios como: "¿Ves lo que estamos haciendo aquí y por qué?" y, "Cuando estás liderando a alguien, tendrás que presionarlo un poco," aumentan hacia el final del primer año. Comenzamos el entrenamiento ligero, "en el camino," sobre cómo hacer discípulos.

Al final del primer año de esta fase:

- tendrás una lista de reclutamiento concreta,
- habrás leído este libro, y
- participarás en el seminario "Cómo hacer discípulos".

Caminarás junto a ellos mientras diriges el discipulado uno en su segundo año de discipulado dos.

Hay momentos en que un discípulo comienza el discipulado tres sin hacer discípulos primero. La vida es desafiante. Hay momentos en que un discípulo no está listo o no es capaz de hacer discípulos en el segundo año del discipulado dos. Hay momentos en que creamos una rampa de salida que permite a los seguidores tomarse un año libre. Somos libres para personalizar el discipulado, pero deseamos que estos discípulos guíen a otros discípulos antes de comenzar el discipulado tres.

Los Peligros del Discipulado Dos

La trinidad impía del dinero, la familia y el orgullo pueden arruinar rápidamente el proceso de discipulado. Señala estos peligros tan pronto como los veas. Ahorra tiempo a todos y salva al discípulo del enemigo.

Los discípulos pueden enfrentar el desafío 9a a medida que pasan de estar preparados a ser apartados. Los discípulos serán tentados a "salir del fuego" y abandonar el proceso de discipulado. Este desafío se analiza a fondo en el capítulo 14. Es nuestra responsabilidad frenarlos y ayudarlos a adaptarse. Nuestro papel es de comprensión y aliento.

Los líderes emergentes pueden volverse arrogantes. Uno de nuestros grandes líderes se refiere a esto como "su fase punk" o "su fase Patán." ¡Esto pasa! La preparación, la capacidad y, sobre todo, su confianza puede convertirse en problema de orgullo. Los líderes emergentes luchan por someterse. A menudo hablan demasiado y contrarrestan a sus líderes públicamente. Puedes verlos tomar decisiones desordenadas. Aborda esto de frente. Sé franco y comprensivo. Muchos líderes emergentes nunca superan este peligro y abandonan el proceso para comenzar cosas nuevas que pueden controlar. Ámalos a pesar de este peligro. Comparte tus historias. Todos hemos estado allí. Todos hemos hecho lo mismo.

Viajes Misioneros y Oportunidades de Servicio Para el Discipulado Dos

Debes presionar a cada discípulo para que se una a ti en un viaje misionero de una semana. Ya hemos discutido la unión, el poder y la oportunidad de enseñar en el camino durante viajes prolongados. No pierdas esta oportunidad con aquellos que haces discípulos. Debes requerirles de participación de servicio en eventos especiales de la iglesia o en un área de servicio regular que comience dentro de las primeras dieciséis semanas. Estas oportunidades deben ser roles de liderazgo junior.

Paso Tres
Desarrolla Tu Plan

Es fundamental desarrollar un plan práctico. El discipulado dos es la única fase que tiene una duración de dos años. El primer año se desarrolla en reuniones semanales. Idealmente, en el segundo año aquellos a quienes discípulas, discipulan a otros en un grupo de discipulado uno. Este paso te ayudará a desarrollar un plan para el primer año del discipulado dos. Tu plan del segundo año es proporcionar chequeos y apoyo a los discípulos mientras guían a otros. Recuerda, el discipulado sin un plan siempre fracasará. Calcula el costo y planifica bien.

Haciendo Tiempo

Si ésta es la primera vez que diriges el discipulado dos, tendrás que leer todo lo que los discípulos leen. Necesitarás al menos cuarenta y cinco minutos de tiempo ininterrumpido al día para leer y prepararte. Necesitarás dos horas a la semana para la reunión regular. Necesitarás unas horas fuera de la reunión para responder correos electrónicos y mensajes de texto, y tomar un café con aquellos a quienes diriges. Necesitas hacer tiempo para eventos de servicio, viajes misioneros y servicio regular en tu iglesia. Estos son los momentos en los que lideras a lo largo del camino y enseñas en el momento.

Si tu iglesia es nueva en el discipulado, es posible que aún estés desarrollando líderes. Podrías ser el joven o la jovencita que está liderando un nuevo proceso de discipulado. Es posible que tengas que dirigir otro grupo de discipulado uno, mientras comienzas este grupo de discipulado dos. Eso sucede. Nadie quiere descarrilar o bajar la velocidad del proceso. Asegúrate de planificar bien tu tiempo. No te extiendas demasiado. Planifica tu tiempo paso a paso.

1. ¿A qué hora, y que día, leerás y te prepararás?
2. ¿Qué día y a qué hora puedes llevar a cabo la reunión de discipulado dos programándola regularmente?
3. ¿Necesitas dirigir otro grupo de discipulado simultáneamente con este grupo?
4. Si es así, ¿qué día y hora puedes tener esa reunión con el grupo?
5. ¿Qué meses tienes disponible para ir a un viaje misionero o a un evento de servicio prolongado?
6. ¿Tu iglesia tiene algún viaje misionero o algún evento de servicio prolongado en el que puedas conectar a tu grupo? Si no, es posible debes investigar un poco.
7. ¿Qué servicio regular estás haciendo actualmente?
8. ¿Qué otras oportunidades de servicio hay—en este momento—en las que tu grupo puede unirse contigo?

Elige Tu Fecha de Lanzamiento

¡Este no es tu primer rodeo! Debería ser al menos tu segundo. Si tu iglesia ha establecido un plan estándar, tu fecha de lanzamiento podría ser sólo una semana más o menos después de la finalización del discipulado uno. Si no tienes un plan estándar, te animo a que no esperes demasiado entre los discipulados uno y dos. La primera parte del discipulado dos se puede completar en cincuenta semanas. Trabaja para mantener consistentes las fechas de lanzamiento de varias fases.

Es posible que desees consultar "Elige Tu Fecha de Lanzamiento" en el capítulo anterior.

¿Cuándo lanzarás tu grupo?

Elige el Día y la Hora de tu Reunión

Para elegir el día y la hora de tu reunión es en realidad elegir dos o tres fechas que funcionarán para ti. Si estás lanzando varios grupos de discipulado con varios líderes, debes tener la flexibilidad de conectar a los seguidores en varios momentos diferentes. Si tú eres el único líder que lanza dos grupos, definitivamente necesitas algunas otras opciones y debes ser flexible.

Reunirte el mismo día y a la misma hora es más fácil. Como mencioné anteriormente, las personas son criaturas de hábitos. Las reuniones estándar son fáciles y predecibles, y siempre funcionan mejor.

¿Cuáles son tus mejores días para reunirte?
¿Cuáles son tus mejores momentos para reuniones en esos días?
¿Estás dispuesto a ser flexible?

Elige tu Lugar de Reunión

¿Qué tres espacios tienes disponible para planear tu reunión con los demás?
¿Es el espacio silencioso o, al menos, libre de interrupciones?
¿Es cómodo?
¿Te sentirás apurado?
¿Tiene una pizarra?

Elige los Libros que Debes Leer

Tu primer grupo de discipulado-dos será más eficiente e informativo y debes de mantenerte por delante de aquellos a quienes haces discípulos. Si sólo estás en tu segunda o tercera lectura de la Biblia, probablemente sea una buena idea leerla nuevamente. Recuerda, para cuando un discípulo supere el discipulado, habrá leído la Biblia un mínimo de cuatro veces. Mantente a la vanguardia. Mantente actualizado.

Adelántate a los discípulos en los recursos extra-bíblicos también. Asegúrate de completar el libro de "Cómo Evitar Orinar sobre Serpientes" (¡llena cada espacio en blanco!) antes de tener tu primera reunión de discipulado–dos. Este texto te dará una buena idea del camino y el crecimiento que esperas en los primeros seis meses de discipulado dos.

¿Cuántas veces has leído la Biblia de principio a fin?
¿La leerás antes de comenzar el discipulado?
¿Has resaltado la Biblia utilizando el enfoque de lectura del discipulado dos?
¿La resaltaste antes de empezar?
¿Has completado la lectura de libro de trabajo "Como evitar Orinar sobre Serpientes"?
¿Has revisado la lista recomendada de libros para el discipulado dos?

¿Cuáles son los dos primeros libros que pedirás que los discípulos lean?

Configura Tu Agenda de Reunión Estándar

Utilizamos la agenda estándar discutida en el capítulo "Siete Prácticas Básicas". Las reuniones regulares, estructuradas y eficientes son fundamentales para el éxito del discipulado sostenible. Debes determinar la duración de la agenda estándar de tus reuniones. Yo, utilizo y recomiendo la siguiente agenda para el discipulado dos.

- Actualización y Oración (5 minutos)
- Revisión de Lectura de la Biblia (55 minutos)
- Revisión de Lectura Extrabíblica (30 minutos)

¿Cuánto durará tu reunión estándar?
¿Cuál es tu agenda?

Paso Cuatro
Establece los Requisitos Para el Discipulado

La sección "La Guía Paso a Paso" detalla los conceptos detrás de los requisitos para el discipulado. Aquí está el resumen de los requisitos de Jesús:

- Ama a Dios más que a nadie.
- Niégate a ti mismo y toma tu cruz.
- Abandona todo lo que tienes.
- Calcula el costo.

Tenemos tres requisitos básicos para comenzar y sostener un proceso formal de discipulado. Si lo deseas, revisa esto con tu nuevo grupo de discipulado dos.

- Las reuniones deben ser semanales.
- Necesitan separar tiempo para leer.
- Deben leer la Biblia de principio a fin.

Estos son los requisitos adicionales para un discipulado exitoso:

- No hay aprendizaje sin sumisión.
- Asistir, servir y diezmar son esenciales.
- No perseguimos.
- No mentimos.

Una vez más, es posible que desees agregar o quitar alguno de estos requisitos a medida que ganas experiencia haciendo discípulos. La cultura de tu nación o sociedad también puede requerir cambios en los mismos requisitos del discipulado formal. Ten cuidado al hacer los requisitos. No hagas que el discipulado sea imposible o demasiado difícil. No ajustes tampoco los requisitos hacia un solo individuo. Los requisitos deben ser los mismos para el grupo—para cualquiera que esté siendo discipulado. Evita el legalismo y asegúrate de que tus requisitos están basados en la Biblia.

Paso Cinco
Recluta a Tus Primeros Miembros

Si éste es tu primer grupo de discipulado dos, es posible que no necesites reclutar. Estarás heredando seguidores que recientemente completaron el discipulado uno. Si tu proceso ha crecido o has estado discipulando durante algunos años, en realidad podrías hacer un poco de reclutamiento.

La vida pasa. Los horarios van y vienen. Los bebés nacen. Hay momentos en que las personas que completan el discipulado necesitarán tomarse un año libre. Kim estaba embarazada cuando terminó su fase de discipulado. Ella estaba muy bien. Estaba emocionada. Pero estaba preocupada por la inversión de tiempo y el horario grupal con la llegada del bebé. Estuve de acuerdo con ella. Iba a perder bastante tiempo en el grupo. Ambos decidimos que necesitaba un año libre y se nos ocurrió un plan de crecimiento personal de lectura y participación para el siguiente año.

Los atrasos entre los discipulados uno y dos también ocurren estratégicamente. ¿Recuerdas la historia de Michael? Michael estaba luchando por asistir y ser parte de la comunidad. Nataniel creó una rampa de salida y animó a Michael a tomarse un año libre y pasar tiempo convirtiéndose en una parte activa del cuerpo de Cristo. Un año después, Michael fue reclutado para ser parte del discipulado dos.

Revisa la lista de personas que se mueven a través del discipulado sostenible. Verifica los que están entre fases. Habla con otros líderes y observa si es hora de ponerlos en marcha en la siguiente fase.

Una vez que hayas determinado los miembros de tu grupo, estos son los siguientes pasos:

1. Elige un día y una hora para tus reuniones regulares.
2. Elige un lugar.
3. Elige tu fecha de lanzamiento.
4. Establece un plan de lectura de la Biblia de cuarenta y siete semanas.
5. Distribuye la información anterior. Haz que lean y comparte lo que quieres que resalten. La reunión inicial será muy parecida a una reunión regular, con tiempo para revisar una semana de lectura de la Biblia.

Siempre comparto toda esta información en un correo electrónico corto e inspirador. Establezco el tono y el enfoque del discipulado dos. Puedes optar por reunirte con ellos mientras toman un café o usar otro método. Los discípulos que entran en esta fase conocen ya el plan. Simplemente necesitan la información.

Paso Seis
Evalúa a los Miembros de tu Grupo

Si éste es el primer grupo de discipulado dos de tu iglesia, puede que estarás guiando a las mismas personas que dirigiste en el discipulado uno. Habrá poca necesidad de evaluarlos. Ya los conoces. Ellos te conocen. Estás en sintonía con ellos. El discipulado dos retomará en donde este cada discípulo en el camino. Tu planificación será simple.

Liderar el mismo grupo es más fácil, pero no es óptimo. Con suerte, el proceso de tu iglesia ha crecido, y estás mezclando estratégicamente tus líderes, las fases y los seguidores. El desarrollo de un plan responsable comienza por determinar en qué punto están tus discípulos. Tu planificación continuará al conocerlos.

La evaluación del grupo de discipulado dos es menos formal que la evaluación del discipulado uno. No hay reunión introductoria. No hay que graduar el tono. Debes determinar en dónde quedaron los otros discípulos en el discipulado uno antes de la primera reunión. Hablar con el líder anterior de ellos es tu mayor acierto en esta evaluación. Los discípulos siguen creciendo. No son conscientes de todo el proceso o de los conceptos de discipulado sostenible. Podrían creer que están más adelante o más atrás de donde realmente están en el camino. El líder del discipulado uno puede ponerte al día rápidamente.

La evaluación grupal comienza intencionalmente pero casualmente en la primera reunión. Continuará a lo largo de las primeras reuniones, con preguntas concretas. Observar a los discípulos en acción es tu mayor acierto. El objetivo principal de la evaluación grupal es conocer a los discípulos. Tu objetivo es entender el diseño de Dios, los talentos, la personalidad y los dones de cada uno de los discípulos.

La Evaluación es una tremenda oportunidad ministerial. Si se hace bien, prepararás a las personas para el éxito inmediato y futuro. Aprovecha el tiempo para el Reino. Planta semillas. Riega el cultivo y prepáralos para el siguiente paso.

Paso Siete
Tu Primera Reunión

La primera reunión de discipulado dos es una reunión regular más prolongada. Los discípulos orarán y revisarán la lectura de la Biblia durante la semana. El tiempo extrabíblico se utilizará para refrescar algunos conceptos del grupo de discipulado. El tiempo extendido de esta reunión permitirá a los discípulos conocerte más.

La agenda debe estar bien planificada, y tú debes cumplir con la agenda. Yo utilizo el siguiente esquema para mi primera reunión:

Inicia con Oraciones Individuales (5 minutos)

Los discípulos estarán familiarizados con orar por una cosa que necesitan en el momento. Es posible que debas interrumpirlos o recordarles al final: "Este tiempo de oración no es para su tía, su madre o incluso lo que su cónyuge necesita. Sólo ora por una sola cosa que necesitas." Es posible que necesites revolver los ánimos y recordarles el propósito de este tiempo de oración.

Revisión de los Conceptos del Grupo de Discipulado (15 minutos)

Continuo con cada grupo de discipulado dos con una revisión rápida de cómo funciona el grupo. Soy cauteloso para no exagerar esta revisión. Confío en que los discípulos están familiarizados con los conceptos. Solo les estoy recordando los objetivos, las responsabilidades y los métodos. Aquí hay un resumen rápido de mis puntos de revisión:

1. Reviso el método de los *Seis Sombreros Para Pensar*. Le recuerdo a las personas que estamos buscando conocimiento, estamos buscando la verdad. Los desafíos para tener momentos del sombrero rojo, y defiendo la idea de las interacciones de pensamiento crítico de sombrero negro. El discipulado dos aprovecha el pensamiento crítico para conectar las verdades. Les recuerdo que yo llevo el sombrero azul.
2. Les recuerdo que cada uno de ellos están en una relación de discipulado individual conmigo. Cada persona está siendo discipulada individualmente en un grupo. Cada persona se beneficia de escuchar los comentarios de los demás, pero cada uno de ellos sólo discute sus aspectos más destacados y comentarios conmigo.
3. Hago la transición de un recordatorio de lo que arruina al discipulado. Les recuerdo que el enemigo pone su objetivo en cada uno de nosotros cuando comenzamos a hacer una diferencia. Pregunto: "¿Qué tres cosas descarrilan el discipulado?"
4. Cierro este punto revisando los requisitos del discipulado. Les recuerdo que se requiere que la sumisión, la asistencia, el servicio y el diezmo permanezcan en el proceso formal. Les recuerdo la importancia de la honestidad. Recorro la habitación y dejo que las personas compartan sus áreas de servicio y cómo les va, y pregunto: "¿Estás diezmando?"

El Enfoque y el Tono del Discipulado Dos (10 minutos)

Los discípulos en la segunda fase están comenzando a

obtener el plan. Comparto el enfoque, los objetivos y el tono por adelantado. Utilizo el gráfico del camino predecible para mostrarles que están en algún lugar entre los en el de servir y en el de aprender. Les muestro de dónde vienen y les revelo el gran objetivo para cada fase:

- La primera fase se centra en el arrepentimiento y la enseñanza.
- La segunda fase se centra en aprender a aprender y conectar verdades.
- La fase tres se centra en sintetizar verdades, liderar y enseñar.

Les recuerdo que todavía no estamos utilizando recursos de apoyo externos. Nuestro objetivo es permitir que el Espíritu Santo conecte las verdades de la Biblia de principio a fin. Será cada vez más su trabajo, el de descubrir y hacer las aplicaciones de la verdad. Comparto que deben convertirse en productores en el discipulado dos. Comparto que comenzaremos a ayudarlos a comprender el proceso y revelar algunos secretos.

Lanzo la idea de que deberían hacer discípulos en el segundo año si quieren sacar el máximo provecho del proceso. Lo digo rápidamente, tratando de evitar abrumarlos. No deben preocuparse por sí podrán hacer discípulos. Necesitan enfocarse en el paso inmediato de aprender a aprender por ellos mismos.

Conocerse Mutuamente (30 minutos)

En esta sección de la reunión se logran dos propósitos: permite a los discípulos conocerme; Y comienza mi evaluación grupal de los discípulos. No comparto mi agenda secreta para evaluarlos. Simplemente pregunto: "¿Qué quieres saber sobre mí?" En este tiempo se comienza a construir la intimidad y la relación. Aumenta la transparencia y la confianza. Éste es el tiempo de preguntas y respuestas y me brinda la oportunidad de hacerles las preguntas que me hacen. Me permite hacer la transición para conocer a cada discípulo. "Mi color favorito es el negro. Me gusta la oscuridad. ¿Cuál es tu color favorito?" Yo respondo. "Mi dolor más profundo fue una ruptura. Nunca lo esperé. Es muy duro ser rechazado. ¿Alguna vez te han abandonado? ¿Cómo lo manejaste?" Hago la transición de sus preguntas hacia ellos. El movimiento de ida y vuelta entre mi historia y sus historias me permite comenzar a sentir quiénes son. Deja que el Espíritu guíe tus preguntas y tus respuestas. Usa este tiempo para vincularte con los discípulos y evaluarlos sin que lo sepan.

Repasando la Biblia (50 minutos)

Revisamos los aspectos más resaltados en la lectura por cada discípulo. Los discípulos deberían haber resaltado lo siguiente:

- Nuevas preguntas que anotaron. Deberían haber tratado de responder a esto usando sólo su Biblia y la verdad que ya conocen.
- Conexiones entre una verdad que notaron y otras verdades que han aprendido.
- Nuevos versos "ajá" que los inspiraron o llamaron su atención.

Tienes más experiencia. Conoces su cultura y su entorno. Puedes desarrollar una agenda que funcione mejor para ti. Haga lo que hagas, asegúrate de orar juntos, de revisar la Biblia y de recordarles los requisitos. Asegúrate de establecer el tono y las expectativas adecuadas. Una vez más, te animo a que hables poco sobre por qué estás haciendo lo que estás haciendo. Simplemente hazlo y deja que se experimenten los resultados.

Paso Ocho
Acierta en el Primer Trimestre

El primer trimestre establece el tono y la disciplina para el discipulado dos. El discipulado dos hace que los discípulos pasen de ser enseñados al aprender a aprender. Los discípulos aumentan su preparación y confianza a medida que conectan las verdades de su lectura semanal con otras verdades que aprendieron en el discipulado uno. Su cerebro y el Espíritu experimentan, conectando las historias y verdades investidas de poder. Conectan las verdades y les da a los discípulos una comprensión más completa de las verdades de Dios.

Por supuesto, debes enfatizar las disciplinas básicas de la lectura diaria en lugar de sólo ponerse al día. Enséñales el valor de estar presentes con Dios diariamente y exponerse a su verdad todos los días. Los discípulos no leen porque tienen que leer. Los discípulos leen para así alimentarse. Las verdades de Dios son transformadoras y desafiantes. Sus verdades proporcionan la nutrición necesaria para el crecimiento. El Espíritu usa las verdades de Dios para proporcionar convicción y dirección.

Yo personalmente utilizo el primer trimestre para recargar la comprensión doctrinal. Me concentro en la lectura extrabíblica en lo que creemos acerca de Dios, la fe y nuestro diseño. El primer trimestre es el momento de lanzar y casi terminar con el libro de trabajo "Cómo Evitar Orinar sobre Serpientes". Compagino este libro de trabajo con cuatro libros fundamentales en el primer trimestre:

- *Esto Creemos – This We Believe*
- *Primogenitura – Birthright*
- *Sentaos, Andad y Estar Firmes – Sit, Walk, Stand*
- *Dragones Bienintencionados – Well–Intentioned Dragons*

He encontrado que estos libros, combinados con los

primeros seis o siete libros de la Biblia, proporcionan un terreno fértil para que el discípulo conecte verdades. Puedes elegir diferentes libros, un orden diferente de libros o una biblioteca diferente. Pero te animo a que mantengas este trimestre enfocado en verdades avanzadas sobre el cristianismo y en el servir a Dios.

Hago la transición del primer trimestre leyendo *Esta Patente Oscuridad*. Esta novela ofrece la primera mirada a lo invisible y lo espiritual. También proporciona un equilibrio en lugar de simplemente una sensación educativa más de los primeros cuatro libros extra-bíblicos. Los objetivos del primer trimestre son

- reforzar las verdades básicas del cristianismo,
- exponerlos a las verdades exegéticas que encontrarán durante la lectura de la Biblia, y
- exponerlos a practicar lo que están aprendiendo.

Estás guiando a los discípulos para que aprendan por su cuenta. Los estás guiando hacia estar más preparados. El consumo y la conexión de las verdades de Dios los prepararán para toda buena obra.

Debes impulsar la disciplina de los discípulos conectando cada punto culminante con verdades similares. Proporciona pistas, guías y ayuda cuando estén perplejos, pero anímalos a aprender cómo conectar directamente una verdad con otra revelación de la misma verdad. El método socrático provoca el aprendizaje haciendo preguntas. Éste será tu mayor activo en el discipulado dos. Haz esa primera pregunta: "¿En qué otro lugar de la Biblia se enseña esta verdad?" Si el discípulo no recuerda una conexión inmediata, guíalo. Pregunta: "¿Cómo conectas esta verdad con la otra verdad encontrada en...?" "¿Cuál es el concepto del versículo que resaltaste?" esto es otro poderoso punto de partida para la conexión.

Necesitas guiarlos lejos de las conexiones indirectas y las expansiones de la verdad. Afirma su capacidad de ver lo indirecto, pero recuérdales que el primer año de discipulado dos se trata de hacer conexiones directas. Establecer esta disciplina para el éxito del primer año de esta fase es importante. Enfatizando la observación exegética y el estudio inductivo de la Biblia.

La primera cuarta parte del discipulado dos tiene que ver con el arduo trabajo de conectar verdades hacia adelante y hacia atrás a través de la Biblia. Se trata del complejo y duro trabajo de establecer una base sólida de la verdad acerca de Dios y el diseño del hombre. El discipulado dos alcanza su máximo potencial cuando los discípulos aprenden a aprender por sí mismos.

No olvides desafiarlos a compartir su historia con nuevas personas cada semana. Sé desafiante y hazles preguntas como: "¿Con quién compartiste tu historia esta semana?" El evangelismo es un desafío para las personas. Ayúdales a ver que debe de ser intencional y ayúdales a agregar esta preparación a sus esfuerzos.

Paso Nueve
Planifica el Viaje

Los proyectos de servicio y los viajes misioneros te brindan la oportunidad de modelar la aplicación en tiempo real de las verdades de Dios. Ambos, tanto el discípulo como tú, requieren de autosacrificio en relación con vacaciones, tiempo y dinero. Estos eventos también sumergen a los discípulos en desafíos que brindan muchas oportunidades para aplicar las verdades que están aprendiendo. Los proyectos de servicio y los viajes misioneros se pueden usar intencionalmente para hacer discípulos.

Revisa tu calendario. Encuentra oportunidades. Comparte opciones. Regístrate para un viaje y lleva a tus discípulos a una aventura. Anímalos a sacrificar una semana de vacaciones. Anímalos a hacer algo más grande que ellos. Camina con ellos a través de lo incómodo. Prepáralos. Párate a su lado. Conócelos.

Paso Diez
Tu Segundo y Tercer Trimestre

Ya estableciste una base para el aprendizaje durante el primer trimestre. Te enfocas en el método de aprender a aprender. Expusiste a los discípulos a un gran volumen de verdades sobre el cristianismo y Dios. Abriste la puerta a las realidades más profundas de la guerra espiritual y lo invisible. En el segundo trimestre comienzas a construir sobre esta base.

La lectura bíblica sigue el mismo camino de revelar momentos de "ajá" y el de abordar versículos problemáticos. Conectar las verdades descubiertas con otras verdades directamente relacionadas refuerza el estudio bíblico inductivo. Los discípulos se volverán cada vez más familiarizados y sabios. Su riqueza de conocimientos seguirá aumentando. Notarás una tendencia a que se vuelvan algo eruditos e interesados en más detalles. Mantenlos enfocados en las verdades que se aplican a sus vidas. Desafíalos a enfocarse en cosas que son transformadoras y no meramente educativas.

Debes hacer que los discípulos completen el curso "Cómo Estudiar la Biblia 101" o un curso similar al comienzo del segundo trimestre. "Cómo Estudiar la Biblia 101" cubre cuatro temas clave.

- Cómo obtuvimos la Biblia que leemos hoy.
- Un breve estudio de los libros de la Biblia.
- Pautas básicas de interpretación impulsadas por Spruell.
- El método inductivo de estudio.

Ofrecemos esto en un seminario de uno o dos días e invitamos a otros de la iglesia. Utilizo los siguientes recursos de apoyo extra-bíblicos en el segundo trimestre:

- *El Camino del Peregrino – The Way of a Pilgrim,* Primera Parte
- *Ésta Patente Oscuridad*
- *Seis Sombreros Para Pensar*
- *Desafío a Servir – Improving Your Serve*

Mi objetivo es profundizar la comprensión de nuestro diseño y vida espiritual diaria como seguidores de Dios. *El Camino del Peregrino – The Way of a Pilgrim* introduce un tipo de oración más mística, ampliando el práctico libro de *Cómo Orar* de Torrey del discipulado uno. *Ésta Patente Obscuridad* desarrolla la idea de la guerra espiritual y la humanidad. Los otros libros son aplicaciones prácticas de cómo aprendemos y cómo vivimos.

La inmersión más profunda en las verdades sobre el cristianismo comienza con *Mero Cristianismo* de Lewis en el tercer trimestre. Agrego varios libros que se centran en el cuidado del alma y las capacidades de liderazgo. Debes ser consciente de que te estás moviendo a través de la etapa de preparación y que sean apartados. Escoge obras que se sumen a su preparación y prepáralos para ser consagrados. Aquí hay una lista de los libros que me gusta agregar a la lectura bíblica en el tercer trimestre:

- *Mero Cristianismo*
- *Vida Reflexiva – Reflective Life*
- *Fuego Vivo, Viento Fresco*
- *En Búsqueda de la Santidad*
- *Y el Shofar Sonó*

Y el Shofar Sonó es una obra increíble de Francine Rivers, que desarrolla las vidas de una comunidad y expone los desafíos del ministerio, la santidad y la consagración. Este es el último libro que tengo a discípulos leyendo en el tercer trimestre. Si los discípulos han leído *Fuego Vivo, Viento Fresco* a veces lo sustituyo por *Poder Refrescante – Fresh Power*. Utilizo libros opcionales de la biblioteca de discipulado sostenible para llenar los vacíos. Puedes elegir diferentes libros, pero te animo a que te mantengas enfocado en la preparación bíblica, el cuidado del alma y la consagración.

En el cuarto trimestre ves a los discípulos avanzando hacia el liderazgo en la comunidad. En el segundo y tercer trimestre, prepararás a los discípulos para que se renuncien a sí mismos para la obra de Dios, para que así den los primeros pasos de hacer discípulos y para que comiencen la práctica.

Paso Once
Preparándolos Para Liderar en el Cuarto Trimestre

En el cuarto trimestre completas el primer año del discipulado dos. Culminas con un llamado a los discípulos para hacer otros discípulos durante la segunda fase del segundo año. Sin embargo, en el cuarto trimestre no se trata de prepararlos para liderar en el discipulado.

El cuarto trimestre se enfoca en mover a los discípulos del ser consagrados hacia la práctica. El "hacer" la práctica y el que los discípulos hagan otros discípulos vendrá naturalmente si te mantienes enfocado en continuar siempre con el "ser" del discipulado dos: los discípulos están siendo preparados y consagrados. Puedes aprovechar la guía de lectura de la Biblia para ilustrar las verdades de consagración y santidad. La lectura extra-bíblica solamente apoya el llamado a la consagración y la residencia también. Estos son algunos de los libros que suelo usar en el cuarto trimestre:

- *Confianza Despiadada – Ruthless Trust*
- *Las 21 Leyes Irrefutables del Liderazgo*
- *De Bueno a Grandioso – Good to Great*
- *Los 10 Errores Principales que Lideres Cometen – The Top 10 Mistakes Leaders Make* (Hans Finzel)

El libro *Confianza Despiadada – Ruthless Trust* se enfoca en el cuidado del alma y en ser entregado a Dios. Los otros tres trabajos se centran en un gran liderazgo. Mi esposa a menudo usa *El Mejor Si – The Best Yes* de TerKeurst en este trimestre. Los discípulos necesitan saber cómo sostenerse por sí mismos a medida que comienzan a servir a otros en el ministerio. Los discípulos necesitan saber ¿qué hacen los grandes líderes cuando entran en la práctica? En esta oportunidad trata de practicar el liderazgo desde la segunda silla. Si los discípulos no han leído *Dragones Bienintencionados – Well–Intentioned Dragons* debes hacer que lo lean durante este trimestre. Prepara a estos discípulos para evitar el desafío 9a del liderazgo emergente. Incluye el ejemplo de los errores de liderazgo juvenil de Roboam. Asegúrate de que los discípulos vinculen las verdades de liderazgo con las verdades bíblicas. Trabaja en una discusión de 1 Pedro 5:5–6 durante la lectura extrabíblica:

> *Así mismo, jóvenes, sométanse a los líderes. Revístanse todos de humildad en su trato mutuo, porque:" Dios se opone a los orgullosos, pero da gracia a los humildes." Humíllense, pues, bajo la poderosa mano de Dios para que él los exalte a su debido tiempo.*

Servir y guiar a los demás es el flujo natural de la vida de un discípulo sostenible. Liderar no es lo que son. Liderar es un "hacer" natural para los discípulos que "serán" preparados y consagrados. Liderar es sólo otro paso en el camino predecible. Debemos prepararlos para el liderazgo, pero debemos recordar que es un "hacer." Debemos agregar preparación de liderazgo a estos seguidores consagrados y permitir que esta preparación se convierta en una capacidad a través de la práctica. Debemos asegurarnos de que estén listos para hacer discípulos. Pero siempre debemos recordar qué hacemos discípulos para que puedan prosperar en su caminar personal con Dios. El discipulado no se trata de hacer líderes, pero se harán líderes. El discipulado no se trata de edificar la iglesia, pero edificarán la iglesia. Una comunidad llena de creyentes maduros será una comunidad madura. En el cuarto trimestre es un buen momento para enfocar a los discípulos en el propósito de su discipulado. Es un buen momento para recordarles que el viaje se trata completamente de su relación personal con Dios. Repítelo. Vívelo durante el cuarto trimestre.

A menudo me preguntan: "¿Entonces nos estás diciendo que todos liderarán? ¿Qué todos harán discípulos?" Siempre respondo que desde luego que no y digo inmediatamente: "Déjame hacerte una pregunta. ¿Todos se convertirán en cristianos?" La respuesta simple es no. La pregunta más profunda es: "¿Deberían todos convertirse en cristianos?" La respuesta tiene que ser sí. Entonces preguntó: "¿Así que debería cada discípulo guiar?" El silencio que le sigue plantea la pregunta: "Si todos lideran, ¿quién aprenderá?" Parece lógico. No todos pueden liderar. Simplemente no hay suficientes posiciones de liderazgo. Si todos lideran, ¿quién aprenderá? La verdad, sin embargo, es que casi todo el mundo lidera a alguien. Las personas pueden no verse a sí mismas como líderes, pero la mayoría están liderando. Los padres guían a los niños. Los supervisores dirigen a los trabajadores. Los maestros guían a los estudiantes. Los voluntarios guían a otros voluntarios. Pocas personas no guían a nadie, pero los discípulos siempre guiarán a alguien. ¿Por qué? Porque los discípulos están siguiendo a Dios, quién les dijo que guiarán a otros haciendo discípulos. Cada cristiano no hará discípulos, pero cada discípulo hará discípulos. Él nos dice que hagamos discípulos. Es imposible seguir a Dios sin responder a su llamado de seguirlo. Guiar a las personas a seguirlo es su mandato. ¿Cómo puede alguien ser un seguidor de Dios sin ajustarse a la verdad que Él nos dijo de hacer discípulos? ¿Cómo puede alguien ser transformado y no ofrecer la transformación que salva vidas a otros? ¿Cómo puede alguien ver la grandeza de Dios y no ser quebrantado por la condición desesperada de la mayor parte del mundo? Ser discípulo debería resultar en que queremos hacer discípulos. Experimentar el éxito debe crear una pasión en nosotros para que otros tengan éxito. Tener una relación plena con Dios debe crear un anhelo de que otros tengan lo mismo. Así que no, no todos liderarán y harán discípulos, pero deberían.

Debemos impulsarlos a desafiar y hacer discípulos para llevar al mundo a un lugar mejor. Debemos impulsarlos a ser agentes de cambio. Tenemos que mostrarles el poder que tienen para cambiar el mundo. Nataniel hizo una conexión increíble que cambió mi comprensión de 1 Pedro 3. Estaba enseñando sobre las esposas que se someten a los maridos. Lo explicó manteniendo las palabras de Pedro en contexto con todo el libro. Pedro no estaba diciendo que era justo que las mujeres vivieran en una cultura donde no eran vistas como iguales. Él estaba enseñando la misma verdad que había estado enseñando en los capítulos uno y dos, dondequiera que te encuentres, vive excelentemente para Dios. Pedro enseñó a las nuevas mujeres cristianas que podían ser agentes de cambio. Su excelente vida en un ambiente pésimo podría incluso conducir a la salvación de sus maridos. Entonces Nataniel pasó al versículo siete y me dejó alucinado.

De la misma manera, ustedes, esposos, deben honrar a sus esposas. Trata a tu esposa con comprensión mientras viven juntos. Ella puede ser más débil que tú, pero ella es tu compañera igual en el regalo de Dios de una nueva vida. Trátala como debes para que tus oraciones no se vean obstaculizadas.

Hizo el punto obvio de que los hombres deben honrar a las mujeres como las mujeres honran a los hombres. Luego dijo: "¿Pero ves lo que les dice a los maridos? Él les dice a los hombres cristianos que deben arreglar la mala cultura. Deben ser agentes de cambio y tratar a sus esposas de la manera que Dios quiere. Deben solucionar el problema tratando a sus esposas como iguales." Increíble. Poderoso. Podemos llevar nuestro mundo a un lugar mejor. Podemos ser agentes de cambio, llevando el amor y las verdades de Dios a quiénes nos rodean. Necesitamos levantar líderes piadosos para su propio bien y para el bien de todos los que los rodean. Podemos ayudarlos a convertirse en lo que Dios diseñó que fueran. Debemos ayudarlos a convertirse en la luz para guiar el mundo.

También necesitamos lanzarlos, desafiarlos e impulsar a los nuevos discípulos a hacer otros discípulos. No hay mejor manera de aprender a hacer discípulos que haciendo un discípulo. Nunca aprendes más que cuando estás enseñando. Nunca aprendes más sobre tu práctica de discipulado que cuando haces discípulos. Hacer discípulos en el discipulado sostenible no se trata de marcar una casilla. Hacer discípulos es parte de ser discípulo. Es parte del viaje de Discipulado Sostenible. Es un paso en el camino, y hacer discípulos me hace un discípulo más completo. Consolido verdades. Me enseña más sobre la aplicación. Me hace consumir, procesar y reproducir la verdad. Hacer discípulos se trata de que yo sea hecho discípulo. Es parte de mi viaje individual y personal para seguir a Dios. Hacer discípulos es poderoso para los discípulos. Necesitamos alentar a los discípulos a hacer discípulos en el segundo año de discipulado dos—por su propio bien.

También debemos preparar discípulos para hacer discípulos antes de impulsarlos. Utiliza el cuarto trimestre para revelar la salsa secreta, la hamburguesa y el "cómo" hacer discípulos. Enséñales todo lo que sabes, a lo largo del camino, en contexto con cada momento. Comienza a prepararlos modelando y revelando cómo funciona el proceso. Usa los últimos meses del cuarto trimestre para leer y revisar este libro como parte de tu lectura extra-bíblica. *Cómo Hacer Discípulos* les dará las prácticas que necesitan para hacer discípulos. También recargará tu experiencia en el discipulado tres.

Es importante notar que hemos perdido más discípulos en este punto que en cualquier otro punto del proceso. Los perdemos por dos desafíos y por la misma razón. Los perdemos en el desafío 9a, donde simplemente quieren hacer lo suyo. Estos líderes emergentes se sienten muy preparados para salir y conquistar el mundo. A menudo perdemos a los impacientes e intolerantes en este punto. También perdemos discípulos cuando se niegan a hacer tiempo para hacer discípulos. Algunos dicen que no están listos para liderar a alguien más. Otros dicen que no tienen tiempo. Algunos dicen que necesitan un descanso. Cualesquiera que sean las palabras, las razones de las pérdidas son las mismas. El dinero, la familia y el orgullo (esta horrible trinidad impía) también pasan la factura en este paso del proceso. Haz tu mejor esfuerzo para desafiarlos, animarlos y entrenarlos a través de estos desafíos. No te desanimes si pierdes a uno o dos discípulos. No puedes hacer que todas las personas sigan a Dios. No puedes hacer que las personas hagan otros discípulos. Piénsalo, si Dios no puede hacer que esperen o que hagan discípulos, ¿podrías tú? Es posible que nuestra experiencia te anime. Casi todos los discípulos que se desconectan en este punto se reconectan uno o dos años más tarde mientras ven a sus compañeros tener una vida mucho mejor. Los horarios se aclaran, el agotamiento se desvanece y Dios sigue desafiándolos. Haz tú, tu mejor esfuerzo para rescatarlos, mantente en contacto, ora por ellos y espera hasta que vuelvan a tener hambre de Dios.

En una nota al margen, cuando estos discípulos regresan al proceso, no les pedimos que den el paso de discipular a otros. Los iniciamos en el discipulado tres y vemos cómo les va con seguir a Dios. No les permitimos guiar a otros hasta que terminen el discipulado tres.

En este cuarto trimestre se trata de mover a los discípulos hasta el punto de "ser consagrados" y ayudarlos a encontrar un lugar en residencia para servir, crecer y aprender.

Paso Doce
Apoyándolos en el Segundo Año del Discipulado Dos

El discipulado sostenible prepara a los discípulos para hacer discípulos en el segundo año del discipulado dos. La capacidad de los discípulos para conectarse y sintetizar la verdad bíblica crecerá a medida que hagan más discípulos. Los discípulos han estado compartiendo su éxito con otros creyentes. Han estado compartiendo su historia, llevando a los incrédulos a convertirse en seguidores de Dios. Tú has estado impulsando un proceso de entendimiento integral del discipulado. Has estado anunciando la oportunidad y el valor de dar un año para convertirte en un seguidor más cercano a Dios. Debes tener un grupo de personas listas para comenzar el discipulado uno. Estas personas son las personas que los discípulos del año dos liderarán.

Si tu iglesia es más pequeña, es posible que tengas menos personas en la fila. Si tu iglesia es más grande, es posible que necesites hacer la transición de algunas de sus personas de grupos pequeños para ser parte de grupos de discipulado. Es posible que debas enviar a los discípulos que ingresan al segundo año para que recluten a tres personas cada uno. Tu objetivo es conseguir que cada discípulo de segundo año pueda hacer discípulos durante el segundo año. Ha habido casos en los que hemos tenido que saltarnos este paso, pero el omitir este paso es siempre el último recurso. Los discípulos que han hecho discípulos sobresalen en el discipulado tres.

Hacer discípulos durante el segundo año no exime a los discípulos de la práctica. La práctica continúa simultáneamente con los discípulos que hacen discípulos convirtiéndose en un discipulado de por vida. Siempre estaremos sirviendo a Dios en alguna parte, y todavía estaremos haciendo discípulos en medio de este servicio. Hay más en la vida qué hacer discípulos. Los hacedores de discípulos necesitan permanecer conectados con el cuerpo y llevar a cabo el trabajo de la iglesia y del Reino.

Los discípulos del segundo año sólo deben dirigir el discipulado uno. Independientemente de la necesidad de tu iglesia, el primer paso para guiar a los discípulos debe ser guiar el discipulado uno. No animo a los hacedores de discípulos primerizos a dirigir un grupo de más de tres. Prefiero que no lideren el discipulado de uno a uno, ya que limita su potencial para aprender a través de este proceso. Liderar de dos a cuatro individuos aumenta la exposición al "ajá" y los momentos problemáticos de los demás. Requiere más aprendizaje y más oración. También refuerza la idea y la capacidad de discipular a los individuos en un grupo a lo largo del camino.

El primer paso de apoyo es guiar a los nuevos líderes a través de los pasos de "La Guía Paso a Paso". Revisa el proceso con ellos. Enseña el enfoque, el tono y las metas del discipulado uno. Revisa el modelo con ellos y proporciona suficiente tiempo para preguntas y respuestas. Reunimos a todos los discípulos actuales del año dos para un seminario de tres horas sobre cómo comenzar y llevar a cabo un grupo de discipulado. Seleccionamos un líder clave para el seminario. También incluimos a varios de nuestros mejores y más experimentados hacedores de discípulos en el proceso. Estos líderes proporcionan color y comentarios. Estos campeones ayudan a responder preguntas y levantan el poder a una variedad de estilos y experiencias de liderazgo.

El segundo paso es diseñar los grupos, asignar nuevos discípulos a sus líderes y ayudar a los líderes a prepararse para la reunión de evaluación. Debes estar disponible a lo largo del camino. Ayudarás con la selección de libros. Proporcionarás apoyo, respondiendo preguntas bíblicas más difíciles entre bambalinas. Ofrecerás consejos y tácticas a medida que los nuevos líderes enfrenten sus propios desafíos y oportunidades.

Deberás chequear a menudo al comienzo del proceso. Normalmente nos juntamos semanalmente con aquellos que enviamos a hacer discípulos. Les pregunto sobre su grupo para asegurarme que los líderes han hecho una buena evaluación de los individuos que liderarán. Les pregunto cuáles van a ser sus próximos pasos. Les pregunto cómo está interactuando el grupo. Les pregunto si se mantienen enfocados en las verdades que pueden aplicarse. Hago preguntas importantes, cómo: "Entonces, ¿cómo aplicarás el libro de Torrey a sus vidas?" y "¿Cuáles son las grandes verdades en Deuteronomio?" También me pongo a su disposición para responder preguntas grandes y pequeñas.

Eres responsable de qué tan bien están siendo discipulados los individuos en el discipulado uno. Tú eres responsable del éxito del proceso. Estás en guardia todo el año. Estás discipulando a aquellos que están discipulando a otros. Estás asesorando, modelando y respondiendo. Estás desafiando su trabajo.

Lo más importante es que te estás asegurando de que estos nuevos líderes se cuiden a sí mismos. Debes asegurarte de que estén practicando un buen cuidado del alma. Debes estar seguro de que están descansando y tomando tiempo para su relación personal con Dios. Debes ayudarlos a superar el agotamiento del primer trimestre a medida que ajustan sus horarios. Debes mantenerlos alentados mientras usen "fingen hasta que lo logran." Necesitas animarlos mientras aprenden a hacer discípulos. El segundo año de discipulado dos es más fácil para ti. Ten en cuenta que no es más fácil para los futuros nuevos líderes. Cuídalos bien. Porque todavía los estás discipulando.

17

TERMINAR BIEN EL DISCIPULADO CON EL DISCIPULADO TRES

A una edad temprana ganar no es lo más importante. Lo importante es desarrollar jugadores creativos y capacitados con seguridad.

— ARSENE WENGER

Bienvenidos al último año en el proceso de hacer discípulos sostenibles. Te estarás preparando para completar una generación de discípulos. Puede que sean tu primera generación de discípulos. ¡Qué privilegio es el completar este proceso! Tienes discípulos más maduros que están prosperando a medida que siguen a Dios. Al final del discipulado tres, los nuevos líderes estarán preparados para llevar y expandir el trabajo del ministerio. Dios puede incluso guiarlos a comenzar nuevos ministerios. El sueño se está haciendo realidad para los individuos y para el Reino de Dios.

Tu grupo de discipulado tres pasará de la práctica al liderazgo autosuficiente. Ellos enseñarán. Serán siervos líderes. Ampliarán el equipo de líderes del Reino. En lo que se convierten es aún más importante. Se convertirán en siervos de mente y corazón para Su Reino. Estarán preparados para prosperar personalmente y liderar en la obra de Dios. Tu mayor privilegio será enviarlos ya preparados, seguros y capacitados para vivir para siempre su mejor vida.

Se les enseñaron las verdades de Dios y se les guío a aplicar todas las verdades en el discipulado uno. Aprendieron a aprender y a conectar verdades directas en el primer año de discipulado dos, e hicieron discípulos en el segundo año. El discipulado tres ampliará su experiencia de Dios. Estarán expuestos a una amplia variedad de seguidores, comenzando con las primeras generaciones del cristianismo. Explorarán los conceptos más místicos de Dios y sus seguidores. Aprenderán a probar y sintetizar todo lo que han aprendido. Comenzarán a hacer conexiones indirectas que vinculen una verdad con una nueva verdad encontrada.

Los discípulos que llegan al discipulado tres han superado el paso de "ser" consagrados. Todos están dentro. Están en su práctica—liderando, sirviendo, invirtiendo en algún lugar del cuerpo de Cristo. Han sido comprobados. Los discípulos estarán en su tercera o, idealmente, en su cuarta lectura de principio a fin de la Palabra de Dios. Te sorprenderás de lo que saben y cómo son capaces al aplicar estas verdades. Si hicieron discípulos en el último año, serán más sobresalientes. Habrán derramado sus vidas sobre otros, y Dios les habrán enseñado mucho.

Los discípulos no son los únicos que han crecido. Tú has crecido. Habrás completado el discipulado tres y has cubierto todo el material tú mismo. Tu "ser" es diferente de cuando comenzaste a discipular. Sabrás aún más, de cómo funciona el proceso, y has visto a Dios transformar vidas. Tu confianza será contagiosa.

Si ésta es la primera vez en que diriges el discipulado tres, vas a tener que releer la Biblia. Tendrás que leer los libros extra-bíblicos. Tendrás que prestar atención al enfoque y al tono del discipulado tres. Necesitarás conocer los peligros inherentes de esta fase. Hay más peligros en el discipulado tres. Prepárate para guiar a los discípulos a través de ellos. Si ya has completado varios ciclos, tendrás más experiencia. Puedes simplemente revisar los trabajos y los métodos.

Debes siempre de prestar atención al método de lectura bíblica y la revisión para esta fase. Necesitas ser competente en el proceso antes de intentar guiar a los discípulos a través de él. El Espíritu Santo anhela traer a la mente todo lo que hemos aprendido. El Espíritu Santo amplía nuestra experiencia a medida que conectamos verdades directas. La palabra de Dios aumenta en su poder transformador cuando comenzamos a conectar verdades indirectas. Hay poder en expandir y sintetizar la verdad. Su Palabra se vuelve aún más capaz de salvarnos en nuestro entorno inmediato. Necesitamos tener experiencia en escuchar al Espíritu Santo mientras leemos y pensamos en las palabras de Dios para nosotros.

Este capítulo está diseñado para darle una guía simple paso a paso para lanzar tu primer esfuerzo del discipulado tres. Está escrito desde la perspectiva del discipulado grupal, pero los pasos son prácticamente los mismos para el discipulado individual. Estos pasos son los pasos que podemos garantizar. Estos son los pasos que usamos cada vez que comenzamos un nuevo grupo de discipulado. Así es como hacemos el discipulado tres.

Paso Uno
Revisar el Modelo

Mi revisión del discipulado sostenible es muy diferente mientras me preparo para el discipulado tres. Me concentro en el panorama general de todo el proceso de discipulado. Hago una revisión en la pizarra y pongo en gráficos todo el proceso. He encontrado que hay varias razones por las que necesito ver el proceso en su totalidad.

- Necesito recordar por qué hago discípulos;

- Necesito recordar cómo hacer discípulos sostenibles;
- Necesito recordar la salsa secreta;
- Necesito recordar los métodos exitosos; y
- Necesito ser dueño de la visión porque transmitiré esta visión en el discipulado tres.

Los discípulos necesitan esta visión a medida que sean soltados para vivir la práctica del discipulado, a medida que son lanzados para liderar. Necesitan conocer los modelos bíblicos, el panorama general. Necesitan entender el valor de una práctica de seguimiento de por vida. Necesitan recordar estas cosas para poder pasar la antorcha.

Necesitaré enfrentarme al terrible estado de discipulado y me convertiré en un agente de cambio. La esencia de hacer discípulos es presentar a las personas a Dios, quién las ama y las entiende, ayudarlas a entender quiénes son y quiénes pueden ser, ayudarlas a aplicar las verdades transformadoras de Dios y enviarlas como preparadas, seguras y capacitadas para vivir su mejor vida por siempre en la tierra.

El discipulado tres se trata de agregar la capacidad a la preparación y confianza de los discipulados uno y dos. En esta fase los liberas a la práctica del discipulado. El discipulado sostenible mantiene a los discípulos enfocados en la verdad central: Recuerda "ser" siempre viene antes del "hacer."

El discipulado sostenible tiene un camino predecible. Necesito refrescar mis pensamientos en este camino para poder comunicarlo bien en el discipulado tres.

- Estar convencido conduce al arrepentimiento, lo que lleva a ser enseñado.
- Escuchar conduce a ser iluminado, lo que lleva a ser llamado.
- Ser llamado conduce a servir, lo que lleva al aprender a aprender.

- El aprender a aprender naturalmente conduce a estar preparado, lo que conduce a ese momento de consagración.
- Estar consagrado, abandonarse al seguimiento, conduce a la residencia, lo cual conduce al liderazgo.
- Liderar abre la puerta a ser impulsado la identidad de siervo, lo cual se expande para ver el panorama general y convertir en una mentalidad del Reino.
- Y luego los enviamos o bien "Vamos a todo el mundo."

El "ser" es lo que "son" y es la parte más importante del seguimiento. Los dos modelos bíblicos revelan esta verdad.

Necesito recordar los cuatro componentes fundamentales para hacer discípulos sostenibles:

- El combustible para la transformación es la Palabra de Dios.
- El proceso es intencional.
- La definición debe ser simple para mantenernos enfocados.
- La atención se centra en los individuos.

Debo recordar que el discipulado lleva tiempo. Necesito recordar el costo. Los discípulos están de cabeza en una vida de entrega. El proceso se desvanecerá pues se convertirá en una práctica de por vida, pero la práctica llevará aún un poco más de tiempo. Los discípulos necesitarán invertir su tiempo todos los días en "ser" seguidores. Necesitarán hablar con Dios, meditar en su palabra y aplicar sus verdades.

El discipulado sostenible es integral. Es mucho más que el proceso formal. Hacer discípulos sostenibles invade nuestra visión, púlpitos y eventos. El discipulado se hace a lo largo del camino, todos los días, en cada minuto. Practicar el discipulado es lo mismo. El discipulado necesita pasar de las reuniones semanales al tiempo intencional, privado y programado con Dios. La vida de discipulado necesita invadir nuestras vidas, a lo largo del camino, de cada día, en cada minuto.

También necesito ser muy consciente de mi papel durante todo el proceso. Enseño y guío. Luego guío y ayudó a los discípulos en aprender a aprender. Les ayudé a conectar los puntos acerca del carácter, el llamamiento y los mandamientos de Dios. Les ayudé a conectar temas y verdades a lo largo de la Biblia. En el discipulado tres, mi rol pasa de ser un guía al principio y llego a ser un compañero al final. Ya no seré su líder al final de esta fase. Seré un discípulo igual que ellos. Este es el proceso natural del discipulado sostenible, y necesito entenderlo. Necesito dar el discurso del "te vas a ir lejos a estudiar en la universidad" durante todo el año.

Paso Dos
Establecer los Objetivos

El discipulado tres es un proceso de doce meses que guía a los discípulos a través de los siguientes cuatro pasos a lo largo del camino:

- Liderar
- Ser un siervo motivado a servir
- Tener la mentalidad del Reino
- Enviar

El Enfoque del Discipulado Tres

El discipulado tres a menudo comienza en la práctica y se enfoca en que el discípulo sintetice y conecte las verdades de Dios de una manera que le prepares para enseñar y guiar a otros. El primer "ser" en esta fase es el discípulo que se convierte en siervo. Estará listo, dispuesto y capacitado para hacer cualquier cosa. Cosas grandiosas que Dios le dará para hacer. El segundo "ser" es que el discípulo se vuelve consciente del Reino. La persona es un creyente preparado, seguro, capacitado y listo para vivir por siempre su mejor vida y compartir esta misma vida con los demás. Tu perspectiva es mucho más grande que tu vida, tu iglesia o tu ciudad.

El discipulado tres agrega capacidades prácticas a la vida del seguidor. Aprender a aprovechar y usar nuestros dones espirituales es práctico. Aplicar la sabiduría es práctico. Ambas permiten que los discípulos puedan vivir, liderar, enseñar y mucho más. El discipulado prepara a los seguidores para vivir por siempre su mejor vida con Dios. El discipulado les ayuda a consumir las verdades de Dios, en aprender a aprender y aplicar esas verdades. El discipulado tres continúa construyendo esa confianza mientras agrega capacidades a través del aprendizaje experiencial.

El discipulado tres también agrega componentes místicos e históricos al camino. Estos componentes se aprovechan para mover el discipulado del proceso formal a la práctica de por vida.

El discipulado tres es un fuerte empujón. El modelo funciona. Esta fase funciona. Los discípulos tendrán éxito, pero necesitas alentarlos. Necesitarán tutoría en el manejo del tiempo y la toma de decisiones. También necesitarán que los animes con una buena ovación chapeada a la antigua.

El Tono del Discipulado Tres

El tono del discipulado tres es uno de una vida espiritual más profunda y una comprensión más profunda de las Escrituras. Una comprensión más profunda de la teología. Una comprensión más profunda de las capacidades necesarias para vivir y liderar. Hay un componente místico en el discipulado tres. Gran parte de la lectura expone al discípulo a varias tradiciones y culturas del cristianismo. Estas tradiciones místicas y variadas siempre deben ser probadas contra las Escrituras. El pensamiento crítico es esencial en esta fase.

Los Seguidores del Discipulado Tres

El discipulado tres tendrá un espectro más estrecho de seguidores que otras fases. Estos seguidores obtienen el plan. Han conquistado los desafíos y las trampas del discipulado grupal. Han liderado a otros. Asimilarán rápida e inmediatamente practicarán la intimidad y la transparencia. Tus grupos del discipulado–tres serán camaradas. Hay un *esprit de corps* (espíritu de cuerpo) entre ellos. Pero es probable que también estén cansados. El tiempo es apretado cuándo los discípulos

- están en la práctica, están aprendiendo en el trabajo cómo hacer lo que Dios les está llamando a hacer en el cuerpo,
- aprenden a sintetizar y enseñar las verdades de Dios, y
- se preparan para su propia práctica futura de discipulado.

Los seguidores en el discipulado tres también pueden enfrentar los desafíos del liderazgo emergente.

El Enfoque de Lectura Bíblica del Discipulado Tres

Los discípulos leerán la Biblia de principio a fin usando un plan de lectura diario por tercera vez. No hay días libres. Los discípulos son empujados a leer diariamente en lugar de leerlo todo el día antes de su reunión. Se anima a los discípulos a usar la misma Biblia en donde han resaltado los aspectos más destacados del discipulado uno. Esto les permite recordar sus respuestas y observaciones anteriores. También permite al líder enfocarse en los pasajes que aún no están resaltados. Si los discípulos usan una nueva versión de la Biblia para el discipulado tres, deben transferir sus aspectos más destacados anteriores a la nueva Biblia.

La lectura de la Biblia se centra en los discípulos que expanden la verdad, sintetizan la verdad y son capaces de enseñar a otros la verdad. Pide a los discípulos que escojan un nuevo color para resaltar. Indícales que hagan tres preguntas:

- ¿Qué sé acerca de este pasaje?
- ¿Qué es lo que no sé acerca de este pasaje?
- ¿Qué necesito saber acerca de este pasaje?

El objetivo de la lectura bíblica del discipulado tres es hacer que los discípulos piensen de manera "más grande" acerca de sus observaciones. Pensar en grande expande la práctica de conectar verdades. El método de conectar verdades en el discipulado conecta dos verdades directamente relacionadas. Por ejemplo, las personas fueron salvadas en el Antiguo Testamento siguiendo la ley. Las personas fueron salvadas en el Nuevo Testamento por fe. Pero seguir la ley significaba que las personas tenían que creer en Dios (fe). La conexión es que la salvación ha sido por fe desde el principio de los tiempos. Hay una conexión directa entre el diezmo en el Antiguo Testamento y el Nuevo Testamento. Hay una conexión directa entre Abraham dando un diezmo a Melquisedec y la futura ley del diezmo de Dios. Ambos fueron ofrendas de agradecimiento del diez por ciento. Pensar en grande se extiende más allá de estas conexiones directas. Pensar en grande conecta la primera verdad con la siguiente verdad relacionada hasta que la verdad no se relaciona más. Pensar en grande conecta verdades indirectas. Pensar en grande es poderoso para impulsar la transformación personal, enseñar a otros y para el liderazgo.

Jesús pensó en grande cuando dijo:

> *Ustedes han oído que se dijo a sus antepasados: "No mates." También se les dijo que todo el que mate quedará sujeto al juicio del tribunal. Pero yo digo que todo el que se enoje con su hermano quedará sujeto al juicio del tribunal. Es más, cualquiera que insulte a su hermano quedará sujeto al juicio del Consejo. Y cualquiera que le diga: "Insensato," quedará sujeto al fuego del infierno. "Por lo tanto, si estás presentando tu ofrenda en el altar y allí recuerdas que tu hermano tiene algo contra ti, deja tu ofrenda allí delante del altar. Ve primero y reconcíliate con tu hermano; luego vuelve y presenta tu ofrenda.*
>
> — MATEO 5:21–24

Vinculó la ganancia egoísta de asesinar a alguien con la ganancia egoísta de odiar a alguien. Vinculó el desprecio del asesinato con el desprecio del odio. También proporcionó un camino de salida y explico el verdadero problema: necesitamos vivir en paz unos con otros. Cuando no estamos en paz, necesitamos reconciliarnos. Vinculó la idea de que es mejor obedecer que sacrificar. Los discípulos podrían incluso extender este pensamiento más amplio a la verdad de que debemos compartir lo que tenemos con los necesitados. Dar es mucho más grande que el diezmo. Juan escribió:

> *Si alguien que posee bienes materiales ve que su hermano está pasando necesidad y no tiene compasión de él, ¿cómo se puede decir que el amor de Dios habita en él?*
>
> — 1 JUAN 3:17

Esta verdad conduce a la siguiente verdad indirecta, conectando verdades sobre dar y el amor. Cuando amamos, compartimos y el amor demuestra que estamos viviendo una nueva vida.

Nosotros sabemos que hemos pasado de la muerte a la vida porque amamos a nuestros hermanos. El que no ama permanece en la muerte.

— 1 JUAN 3:14

Amarnos unos a otros se hace más grande cuando vemos que la verdad nos lleva a la siguiente verdad: sólo podemos amar porque Dios es amor y nos ha mostrado amor. Una vez más, Juan escribe:

Nosotros amamos porque él nos amó primero.

— 1 JUAN 4:19

Lo que nos lleva a todos los conceptos del amor de Dios. Por ejemplo, el amor duradero de Dios que se encuentra en todo el Salmo 136, y la corrección de Pablo al camino de los discípulos corintios:

Todo lo disculpa, todo lo cree, todo lo espera, todo lo soporta.

— 1 CORINTIOS 13:7

La amorosa y severa corrección del curso en 1 Corintios lleva a la idea de que necesitamos que otros a nuestro alrededor nos recuerden y nos guíen.

Escucha el consejo, acepta la corrección y llegarás a ser sabio.

— PROVERBIOS 19:20

Esto se relaciona con la idea del amor. El amor corrige.

Porque el Señor disciplina a los que ama, como corrige un padre a su hijo querido.

— PROVERBIOS 3:12

Y esa verdad se hace más grande cuando la vinculamos a 2 Timoteo, donde vemos que Dios ha dado Sus palabras para corregir y guiar a los que ama.

Toda la Escritura es inspirada por Dios y útil para enseñar, para reprender, para corregir y para instruir en la justicia, a fin de que el siervo de Dios esté enteramente capacitado para toda buena obra.

— 2 TIMOTEO 3:16–17

Y 2 Timoteo se hace más grande cuando conectamos la siguiente verdad: porque Dios ama, envió a Jesús para proporcionar la salvación. Juan 3:16–17 nos enseña que Jesús no vino a condenar sino a salvar. Salvar debe ser nuestro objetivo. Debemos ser socorristas. Esta verdad nos lleva a nuestro deber y a muchas enseñanzas sobre el juicio, como las palabras de Jesús registradas por Mateo:

No juzguen para que nadie los juzgue a ustedes. Porque tal como juzguen se les juzgará, y con la medida que midan a otros, se les medirá a ustedes.

— MATEO 7:1–2

La verdad sobre el juicio se hace más grande cuando conectamos las verdades de que Dios es el único capaz de juzgar. Se expande cuando exploramos el juicio de Dios y vemos la conexión hecha en Hebreos:

> *También Cristo fue ofrecido en sacrificio una sola vez para quitar los pecados de muchos. Aparecerá por segunda vez ya no para cargar con pecado alguno, sino para traer salvación a quiénes lo esperan.*
>
> — HEBREOS 9:27-28

De la misma manera que vivimos, morimos y somos juzgados una vez, Cristo fue ofrecido de una vez por todas por el pecado. La próxima gran verdad podría ser la plenitud de la salvación de Dios. Y todo esto puede vincularse a la verdad contextual de nuestro primer versículo en Mateo, donde Jesús les dijo a los legisladores que necesitaban abrazar los conceptos de la ley y encontrar la salvación en Cristo, el único que podía hacerlos justos.

Pensar en grande se trata de las conexiones indirectas de la verdad a más verdad. Meditar en grande es reflexionar en todo lo que hemos aprendido para sacar cada gota de aplicación de lo que aprendemos. A los discípulos se les instruye: "Hazlo más grande," como pedimos,

- ¿Qué otras verdades revelan este pasaje?
- ¿Qué otras verdades se relacionan con este pasaje?

Enseñar a los discípulos a expandir la verdad inmediata y el contexto a otras verdades resultará en que sinteticen las verdades de Dios de principio a fin. Sintetizar verdades sobrealimenta a los seguidores para que entiendan a Dios y así mismos. Los discípulos ya no aplican una sola verdad a la vez. Ahora ven y aplican muchas verdades conectadas a la vez profundamente.

Este proceso de expansión y síntesis toma tiempo para aprender. Necesitarás desafiar sus conexiones que se extiendan a La verdad de Dios. Necesitas proporcionar corrección de curso cuando los discípulos comienzan a tomar versículos fuera de contexto. Una mentalidad exegética les ayudará a evitar leer verdades en versículos que no están allí. Mantén a los discípulos enfocados en encontrar verdades capaces de transformar sus vidas. Al igual que en las otras fases del discipulado, necesitas permitir que el Espíritu Santo obre. Hazles preguntas y dales pistas, pero permite que el Espíritu Santo les muestre las otras verdades en sus momentos más destacados, pues este es un privilegio. Que el Espíritu Santo expanda las conexiones indirectas. Tu papel es mostrarles cómo Dios puede expandir y sintetizar la verdad. Tu papel es guiarlos para permitir que Dios haga la verdad aún más grande.

El discipulado tres abre la puerta a buscadores en línea y libros de investigación como *Teología Sistemática* de Millard J. Erickson o estudios bíblicos para encontrar, comprender y conectar verdades transformadoras. No aconsejo el uso de una Biblia de estudio porque generalmente tiene un enfoque particular. Las Biblias de estudio tienden a crear atajos para el autoestudio y tiene referencias cruzadas. El enfoque de las notas del autor puede obstaculizar la obra del Espíritu para guiar al discípulo. También puede evitar que el discípulo obtenga una opinión más amplia. Continúa defendiendo el estudio imparcial, inductivo y exegético de la palabra de Dios. La Biblia es capaz de explicar la Biblia.

Las verdades útiles y aplicables siguen siendo el foco principal del discipulado tres. Se anima a los discípulos a evitar discusiones y estudios interminables e infructuosos. Las verdades de Dios nos liberan sólo si las aplicamos. Además, es esencial modelar y enseñar la verdad y de que hay cosas que simplemente no entenderemos por ahora, o tal vez nunca las entenderemos.

Lectura Extrabíblica y Trabajo Para el Discipulado Tres

Los discípulos completarán el curso "Cómo Estudiar la Biblia 102" dentro de las primeras cuatro semanas. Este curso los preparará para un estudio inductivo y exegético confiable.

La lectura externa en las cuarenta y seis semanas restantes se centra en la doctrina bíblica, el liderazgo y los textos históricos de los primeros padres de la iglesia. También utilizamos libros que desarrollan e inspiran la habilidad y la creatividad. Leerán no menos de ocho libros además del curso del estudio bíblico. Es probable que aquellos a quienes lideras consuman mucho más de estos ocho libros.

Algunas de las lecturas exponen al discípulo a las verdades místicas de Dios y del cristianismo. Lo práctico y lo místico coinciden para cada discípulo. Lo práctico nos lleva a asombrarnos de lo místico al experimentar la presencia de Dios en nosotros y alrededor de nosotros. Lo místico concede el poder a lo práctico a medida que aprendemos junto al Espíritu Santo como nuestro guía. Perderse en lo místico conducirá a una vida sin relación, sin resultado o efecto en este mundo. Perderse en lo práctico conducirá a acciones que son superficiales, sin sentido e ineficaces. Necesitarás tener y defender un equilibrio y balance entre lo místico y lo práctico.

Requerimos que los discípulos lean los siguientes libros durante el discipulado tres:

- *El Libro de Capítulos Místicos – The Book of Mystical Chapters* (John Anthony McGuckin)
- *"Puedo Perder mi Salvación" – "Can I Lose My Salvation" (Doug Burrier)*
- *De Bueno a Grandioso – Good to Great* (James C. Collins)
- *Buen Jefe, Mal Jefe* (Robert I. Sutton)
- *Liderazgo Espiritual* (J. Oswald Sanders)
- *La Gran Omisión – The Great Omission* (Steve Saint)

La biblioteca del Discipulado sostenible también clasifica los siguientes libros como recursos de apoyo adicionales para el discipulado tres:

- *Sorprendido por el Gozo – Surprised by Joy* (C.S. Lewis)
- *Iglesia con Propósito – The Purpose Driven Church* (Rick Warren)
- *Cercanía Aterradora – Scary Close* (Donald Miller)
- *El Proyecto de Longevidad – The Longevity Project* (Howard S. Friedman y Leslie R. Martin)
- *Poder Refrescante – Fresh Power* (Jim Cymbala)
- *Ésta Patente Obscuridad* (Frank E. Peretti)
- *En Búsqueda de la Santidad* (Jerry Bridges)
- *Cartas a Timoteo – Letters to Timothy* (John R. Bisagno)
- *Ancho y Profundo – Deep and Wide* (Andy Stanley)
- *Blink – Inteligencia Intuitiva* (Malcolm Gladwell)
- *Las 21 Leyes Irrefutables del Liderazgo* (John C. Maxwell)

No hay interrupciones en la lectura adicional. Los discípulos son alentados a leer tantas obras extra-bíblicas como les sea posible. La biblioteca también tiene libros temáticos apropiados para cualquier fase, para abordar necesidades específicas o para impulsar al grupo hacia adelante. Puedes optar por construir tu propia biblioteca. Si es así, asegúrate de que conserve el tono, el plan y los desafíos típicos que enfrentas en cada uno de los cuatro pasos a lo largo del camino del discipulado tres. El grupo debe leer los mismos libros al mismo tiempo. Escoge sabiamente, confía en Dios y observa cómo se desarrolla la verdad.

Capacitación en el Trabajo

Los discípulos en la fase tres eligen una plataforma de enseñanza o de servicio. Debes prepararlos para el liderazgo directo o indirecto, según corresponda. Necesitarás trabajar con los líderes de tu iglesia o ministerio para encontrar lugares de liderazgo para cada discípulo. Los discípulos necesitan dirigir un equipo en el trabajo continuo o enseñar regularmente. Los discípulos servirán en esta capacidad de liderazgo a lo largo del discipulado tres. Incluye tiempo en tu reunión para discutir temas semanalmente.

La práctica y el liderazgo cambian la perspectiva de los discípulos acerca de la Biblia. Pasan de ver excelentes y malos ejemplos de liderazgo en la Biblia a aplicar estos principios a su trabajo, servicio, familia y vida. Los discípulos deberán pasar de la residencia al liderazgo durante el discipulado tres. Este es un paso para impulsarlos, lo que profundizará más la confianza en Dios y mejorará la capacidad de seguir y servir en la vida.

Preparación Para la Práctica del Discipulado

Preparar a alguien para la transición del proceso a una práctica personal de discipulado es una gran y arriesgada aventura. Lanzar la visión y discutir cómo el discípulo continuará viviendo su discipulado son componentes esenciales del discipulado tres.

Pide a los discípulos que construyan una lista de mentores y compañeros discípulos que los ayudarán a aprovechar su crecimiento futuro, su caminar y su viaje. Dale acceso a la biblioteca "más allá del discipulado formal."[1]

Los Peligros del Discipulado Tres

Una vez más, la trinidad impía de dinero, familia y orgullo puede arruinar rápidamente este proceso de discipulado. Señálalos tan pronto como los veas. Ahorra tiempo para todos y salva al discípulo del enemigo. Hay tres peligros específicos para el discipulado tres:

- Perderse en lo místico
- El desafío 10–11
- El desafío del líder emergente

La mayoría de los cristianos tiende a alejarse de la búsqueda y comprensión de lo místico. Es difícil enseñar conceptos profundos a una amplia audiencia, y las personas a menudo se pierden en lo místico. Las personas comienzan a anhelar lo que no entienden. Perderse en lo místico y abandonar lo práctico es un peligro único en el discipulado tres.

Encontré a Brendon vagando por los cinco acres del bosque detrás de nuestra iglesia. Brendon hablaba en serio acerca de Dios, había sido criado en la iglesia y sobresalía en el discipulado. Pero aquí estaba vagando por el bosque con una cuerda de oración, con una túnica de monje que había hecho, hablando muy espiritualmente. "Me encanta perderme en esta oración. Siento tanto a Dios. Me estoy conectando con Él como nunca. Estoy pensando en vivir aquí."

"¿De verdad?," respondí, tratando de ocultar mis pensamientos.

"Sí. Creo que los primeros cristianos que se apartaron y simplemente oraban estaban tras algo."

"Lo estaban, Brendon. Estoy tan contento de que te estés conectando con Dios. No hay nada mejor que la soledad. No hay nada mejor que el tiempo en el Espíritu, pero ¿puedo hacerte una pregunta?"

"¡Claro!" Brendon respondió.

"¿No se supone que debes estar en el trabajo? Todos te están buscando."

"Bueno, eh, sí, pero Dios es lo primero. ¿Quién puede alejarse de Él? Creo que éste es mi camino."

"Brendon. ¿Cómo vas a alimentar a tu familia? ¿Y qué pasa con los compromisos que ya has hecho? Dijiste antes que Dios te dio ese trabajo."

Deambulé con Brendon mientras le recordaba cómo Jesús dijo que hizo lo que su Padre le dijo que hiciera. Le recordé cómo Jesús regresó de sus increíbles retiros místicos. Le recordé cómo Jesús bajó a Pedro, Santiago y Juan del monte de la transfiguración. Le recordé la enseñanza de Pablo de que podemos orar sin cesar en todos los ambientes.

Brendon se estaba perdiendo en la búsqueda de lo místico. Sí, Dios es un misterio en origen, acción y dirección. Los milagros son asombrosos. Llegar a un punto en la oración donde sientes una unión con Dios es increíble. Observar los misterios de Dios y pensar místicamente será nuevo para la mayoría de los discípulos. Dios es, sin embargo, tanto místico como práctico. Todavía tenemos que trabajar, esforzarnos y vivir en este mundo. Adoramos a Dios, no a sus misterios. Necesitas ayudar a los discípulos a mantenerse equilibrados. No quería erradicar lo místico en la vida de Brendon. Quería equilibrarlo. Observar lo místico también produce muchos maestros y muchas opiniones. Debes desafiar a los discípulos a probar todo lo místico contra las verdades de la palabra de Dios.

El desafío 10-11 trata sobre el agotamiento y el ataque del enemigo. Los discípulos rara vez abandonan el discipulado en este punto. Todos están dentro. Los beneficios son increíbles, han doblado esa esquina y les encanta retribuir a los demás. Están discipulando a las personas. Están liderando. Y se cansan. Cuando los empujas a tomar un descanso sabático, ellos responden con: "Me encantan estas cosas." Cuando los empujas a decir que no, retroceden con una increíble visión del mundo de los extraviados que necesitan ser encontrados. Es nuestra responsabilidad enseñarles la delegación y el ritmo que deben tener durante este desafío. Los discípulos necesitan que se les recuerde que la obra de Dios es un maratón. Necesitan ser animados a tener su propia caminata, después de todo, aquí es donde comienza toda la diversión. Nuestro papel es ser su mentor experimentado.

Mi amigo Greg es un líder y gerente increíble. Él consigue personas. Él ama a la gente, y no tiene miedo de incitar positivamente a aquellos a quienes entrenamos para el liderazgo. Nunca olvidaré la primera vez que llamó "PUNK" o mejor dicho patán a un joven líder. Casi me caigo de la silla. Estábamos alineados en un enorme patio, descansando después de un largo día en un retiro de hombres. Estaba a tres o cuatro mecedoras de distancia, ocupándome yo de mis propios asuntos, cuando Greg dijo amorosamente: "Randy, estás siendo un patán siendo tan irrespetuoso con Doug." Todos permanecieron callados cuando este gran y joven líder respondió: "¿Qué? ¿Cuándo fui un patán? Oh no." Greg continuó explicando cómo Randy había estado tratando de corregirme todo el día y luego le reprendió frente al grupo.

"Ni siquiera lo quise decir de esa manera," respondió Randy.

Greg le afirmó: "Randy, eres increíble. Sé que amas a Doug. Te estás convirtiendo en un gran líder, pero te estás volviendo y creyendo un poco más grande que tus calzoncillos."

Greg continuó apoyando, y corrigiendo a Randy amorosamente en el camino. Le recordó a Randy que un estudiante nunca es más grande que su maestro. Le enseñó que el maestro siempre será parte del éxito del estudiante. Randy se acercó en medio de las mecedoras para disculparse.

Le dije: "No necesitas disculparte, pero gracias. Tienes un gran apoyo en Greg. Hombre, cuánto te amo y admiro por decirme esto."

"Bueno, ¿me porté como un patán?"

"¿Honestamente? Sí. Pero suele suceder. Todos crecemos en liderazgo. Te estás volviendo más inteligente. Vas a ser un mejor líder de lo que yo seré. Este es el sueño. De hecho, tenías razón en lo que dijiste, pero fue un poco vergonzoso la forma en que se dijo."

"Oh, lo siento mucho."

"Realmente, estoy bien. Espero que siempre estés ahí para complementarme. Espero que siempre nos apoyemos. Si alguna vez me salgo del camino, quiero que me llames. Pero somos líderes. Tenemos que liderar bien juntos. Tal vez la próxima vez podrías decir algo en voz baja, preguntar por qué estoy haciendo lo que estoy haciendo, o asumir que sé lo que estoy haciendo, o en el peor de los casos, si me equivoco, asume lo mejor de mí, vigila mi espalda y ayúdame a ser lo mejor que pueda ser."

"En verdad no quise decir eso," continuó Randy.

"Lo sé. Ninguno de nosotros lo dice en serio. Pero el diablo lo usa para destruir iglesia, tras iglesia, ministerio, tras ministerio, y líder, tras líder. Está bien. ¿Quieres una taza de café?"

Los líderes emergentes pueden ponerse un poco patanes. Es muy parecido al desafío 4b. Los líderes están preparados, seguros y capacitados. A veces la confianza se convierte en orgullo. Los líderes emergentes pueden tener dificultades para someterse. A menudo hablan demasiado y contrarrestan a sus líderes en público. Y toman decisiones fuera de secuencia. Se franco y comprensivo, pero aborda siempre esto de frente. Recuérdales las palabras de Pedro:

Así mismo, jóvenes, sométanse a los líderes. Revístanse todos de humildad en su trato mutuo, porque:" Dios se opone a los orgullosos, pero da gracia a los humildes. Humíllense, pues, bajo la poderosa mano de Dios para que él los exalte a su debido tiempo."

— 1 PEDRO 5:5-6

Muchos líderes emergentes nunca superarán este peligro, dejando el proceso para comenzar un ciclo en comenzar cosas nuevas que controlan. Ámalos a pesar de este peligro, y comparte tus historias.

Viajes Misioneros y Oportunidades de Servicio Para el Discipulado Tres

Una vez más, debes presionar a cada discípulo para que se una a ti en un viaje misionero de una semana. Ya hemos discutido la unión, el poder y las oportunidades para enseñar en el camino durante viajes prolongados. No pierdas esta oportunidad con aquellos que haces discípulos.

No requerimos servicio en todos los eventos especiales de la iglesia durante el discipulado tres. Los discípulos son desafiados a ejercer su "mejor sí." Los líderes defienden a los discípulos para que practiquen habilidades saludables de autocuidado y administración del tiempo.

Paso Tres
Desarrolla Un Plan

Puede sonar redundante en este punto, pero desarrollar un plan práctico es crítico. El discipulado tres requiere trabajar con otros líderes para encontrar oportunidades de liderazgo. Requiere tiempo fuera de las reuniones regulares. Es posible que debas ser más flexible en el horario de la reunión. Es posible que debas tomarte una semana libre cada mes o incluso reunirse cada dos semanas. Los discípulos están sirviendo en práctica o liderando y están estudiando por su cuenta. Si el enfoque de un discípulo es enseñar, tendrás que prepararte. Si el enfoque de un discípulo es servir, necesitarás tiempo para dirigir el servicio. La precaución debe tomarse con flexibilidad. Las reuniones regulares siguen siendo el objetivo.

Haciendo Tiempo

Si esta es la primera vez que diriges el discipulado tres, tendrás que leer todo lo que los discípulos leen. Necesitarás al menos cuarenta y cinco minutos de tiempo ininterrumpido al día para leer y prepararte. Necesitarás dos horas para dirigir la reunión semanal de discipulado. Necesitará unas horas para responder correos electrónicos y mensajes de texto, y tomar un café con aquellos a quienes lideras. Necesitarás hacer tiempo para eventos de servicio, viajes misioneros y servicio regular en tu iglesia. Estos son los momentos en los que lideras a lo largo del camino y enseñas en el momento. Asegúrate de planificar bien tu tiempo. No te extiendas demasiado. Planifica tu tiempo paso a paso.

1. ¿A qué hora, y qué día, leerás y te prepararás?

2. ¿Qué día y hora puedes celebrar una reunión programada regularmente?
3. ¿Qué meses estás disponible para ir a un viaje misionero o a un evento de servicio prolongado?
4. ¿Tu iglesia tiene un viaje misionero o un evento de servicio prolongado en el que puedas conectar a tu grupo? Si no, es posible que tengas que investigar un poco.
5. ¿Qué servicio regular estás haciendo actualmente?
6. ¿Qué otras oportunidades de servicio hay—en ese momento—en las que tu grupo puede unirse?

Elige Tu Fecha de Lanzamiento

Si tu iglesia ha establecido un plan estándar, tu fecha de lanzamiento podría ser sólo una semana más o menos después de la finalización del ciclo anterior. Si no tienes un plan estándar, te animo a que no esperes demasiado entre los discipulados dos y tres. El discipulado tres puede completarse en cincuenta semanas. Trabaja para mantener las fechas de lanzamiento consistentemente de las varias fases.

¿Cuándo lanzarás tu grupo?

Elige el Día y la Hora de Tu Reunión

Para elegir el día y la hora estándar de tu reunión debes en realidad elegir dos o tres fechas que funcionarán para ti. Si estás lanzando varios grupos de discipulado con varios líderes, tienes la flexibilidad de conectar a los seguidores en varios momentos diferentes. Si tú eres el único líder que lanza dos grupos, definitivamente necesitarás algunas opciones y deberás ser flexible.

Reunirte el mismo día y a la misma hora es más fácil. Las personas son criaturas de hábitos. Las reuniones estándar son fáciles y predecibles, y siempre funcionan mejor.

¿Cuáles son tus mejores días para reunirte?
¿Cuáles son tus mejores momentos para reunirse en esos días?
¿Estás dispuesto a ser flexible?

Elige Tu Lugar de Reunión

¿Qué tres espacios puedes acceder para tu reunión?
¿Es el espacio silencioso o, al menos, libre de interrupciones?
¿Es cómodo?
¿Te sentirás apurado?
¿Tiene una pizarra?

Elige los Libros que Necesitas Leer

El primer grupo de discipulado tres será más eficiente e informativo si te mantienes por delante de aquellos a quienes haces discípulos. Si sólo estás en tu segunda o tercera lectura de la Biblia, probablemente será una buena idea leerla nuevamente. Recuerda, para cuando un discípulo supera el discipulado, habrá leído la Biblia cuatro veces. Mantente a la vanguardia. Mantente actualizado.

Adelántate a los discípulos en los recursos de apoyo extrabíblicos también. Si vas a utilizar el curso "Cómo Estudiar la Biblia 102", asegúrate de completarlo antes de tener tu primera reunión.

¿Cuántas veces has leído la Biblia de principio a fin?
¿La leerás antes de comenzar el discipulado?
¿Has resaltado la Biblia usando el enfoque de lectura de discipulado tres?
¿Resaltarás lo importante antes de empezar?
¿Has completado el curso *Cómo estudiar la Biblia 102*?

¿Has revisado la lista recomendada de libros para el discipulado tres?
¿Cuáles son los dos primeros libros que pedirás a los discípulos leer?

Configura Tu Agenda de Reunión Estándar

Las reuniones probablemente tomarán más tiempo que en otras fases. Aquí está la agenda que utilizo para el discipulado tres.

- Actualización y Oración (5 minutos)
- Revisión de lectura de la Biblia (55 minutos)
- Reseña del Libro *El Libro de Capítulos Místicos – The Book of Mystical Chapters* (20 minutos)
- Revisión de lectura extrabíblica (30 minutos)

La reunión tiene un componente adicional: la revisión de *El Libro de Capítulos Místicos – The Book of Mystical Chapters*. Explicado en el paso ocho más adelante.

Paso Cuatro
Establecer los Requisitos Para el Discipulado

Conoces los requisitos básicos del discipulado formal. Aquí está el resumen de Jesús para seguirlo:

- Ama a Dios más que a nadie.
- Niégate a ti mismo y toma tu cruz.
- Abandona todo lo que tienes.
- Calcula el costo.

Tenemos tres requisitos básicos para comenzar y sostener un proceso formal de discipulado.

- Las reuniones deben ser semanales.
- Necesitan separar tiempo para leer.
- Leer la Biblia de principio a fin.

Estos son los requisitos adicionales para un discipulado exitoso:

- No hay aprendizaje sin sumisión.
- Asistir, servir y diezmar son esenciales.
- No perseguimos.
- No mentimos.

Una vez más, es posible que desees agregar o quitar a estos requisitos a medida que ganas experiencia haciendo discípulos. La cultura de tu nación o sociedad puede requerir cambios en los requisitos del discipulado formal. Ten cuidado al hacer requisitos. No hagas que el discipulado sea imposible o demasiado difícil. No ajustes los requisitos para individuos específicamente. Los requisitos deben ser los mismos para todo el grupo, para cualquiera que esté siendo discipulado. Evita el legalismo y asegúrate de que tus requisitos están basados en la Biblia.

Paso Cinco
Recluta a Tus Primeros Miembros

No hay reclutamiento para tu primer grupo de discipulado-tres. Simplemente tomas y llevas a los que han terminado dos en tres. Es posible que necesites reclutar en ciclos futuros por diferentes situaciones de la vida. Los horarios van y vienen. Aparecen nuevos puestos de trabajo. Los retrasos entre los discipulados dos y tres también ocurren. A veces estos retrasos son el resultado de circunstancias de la vida. A veces estos retrasos son más estratégicos. Es irresponsable mover a un discípulo al discipulado tres si no se ha consagrado. Si lo haces, lo estarás preparando al fracaso. Hay momentos en que es responsable guiar a los discípulos a ejercer un mejor cuidado del alma antes de pasar al ajetreo del discipulado tres.

Revisa la lista de personas que se moverán a través del discipulado. Verifica los que están entre fases. Habla con otros líderes y ve si es hora de ponerlos en marcha hacia la siguiente fase.

Una vez que hayas determinado los miembros de tu grupo, estos son los siguientes pasos:

1. Elige un día y una hora para sus reuniones regulares.
2. Elige un lugar.
3. Elige tu fecha de lanzamiento.
4. Establece un plan de lectura de la Biblia de cuarenta y siete semanas.
5. Distribuye la información anterior y comunique cuáles son los que deben destacar para la primera reunión. Los animo a concentrarme en las partes "no resaltadas previamente" del texto para esta primera semana. La reunión inicial será muy parecida a una reunión regular, con tiempo para revisar una semana de lectura de la Biblia.

Generalmente envío toda esta información en un correo electrónico corto e inspirador. Establezco el tono y el enfoque del discipulado tres. Puedes optar por reunirte con ellos mientras toman un café o usar algún otro método para reunirte. Los discípulos que entran en esta fase conocen ya el plan. Están emocionados. Simplemente necesitan información.

Paso Seis
Evalúa a Los Miembros de Tu Grupo

Si este es el primer grupo de discipulado tres de tu iglesia, puedes estar guiando a las mismas personas que dirigiste en el discipulado dos. Habrá poca necesidad de evaluarlos. Ya los conoces. Estás en sintonía con ellos. Ellos también te conocen.

El discipulado tres simplemente retomará dónde está cada discípulo en el camino. Su planificación será mucho más simple.

Con suerte, el proceso de tu iglesia ha crecido, y tus líderes están mezclando estratégicamente líderes, fases y seguidores. El desarrollo de un plan responsable comienza por determinar dónde lo dejaron los discípulos anteriores.

La evaluación del grupo de discipulado-tres es como la evaluación del discipulado-dos. No hay reunión introductoria. No hay un tono establecido. Debes determinar en dónde quedaron los discípulos en el discipulado dos antes de la primera reunión. Hablar con el líder anterior de cada discípulo es tu mayor acierto en esta evaluación. Los discípulos siguen creciendo. Todavía podrían pensar que necesitan algo que no necesitan. Podrían creer que están más atrás de donde realmente están en el camino. Su líder de discipulado dos puede ponerte al día rápidamente.

La evaluación grupal comienza siendo intencional pero casualmente en la primera reunión. Continúa a lo largo de las primeras reuniones, con preguntas concretas. Observar a los discípulos en acción es tu mayor acierto.

El objetivo principal de la evaluación grupal es conocer a los discípulos. Tu objetivo es entender el diseño de Dios, los talentos, la personalidad y los dones de cada uno de los discípulos.

Paso Siete
Tu Primera Reunión

La primera reunión del discipulado tres es una reunión regular prolongada. Los discípulos orarán y revisarán la lectura de la Biblia durante la semana. El tiempo extrabíblico se utilizará para compartir la visión y el tono para el discipulado tres. El tiempo extendido de esta reunión permitirá a los discípulos conocerte.

La agenda debe estar bien planificada, y tú debes cumplir

con la agenda. Yo utilizo el siguiente esquema para mi primera reunión:

Abre con Oraciones Individuales (5 minutos)

Los discípulos estarán familiarizados con orar por una cosa que necesitan en el momento. Es posible que deba interrumpirlos o recordarles al final: "Que este tiempo de oración no es para su tía, su madre o incluso lo que su cónyuge necesita. Solo ora por una cosa que tú necesitas." Es posible que necesites sacudirlos un poco y recordarles el propósito de este tiempo de oración.

El Enfoque y el Tono del Discipulado Tres (10 minutos)

Utilizo la tablilla como guía del camino predecible para recordarles a los discípulos su viaje. Comienzo una discusión sobre el enfoque y el tono del discipulado tres. Repaso las tres fases del discipulado sostenible y cada paso dentro de esas fases:

- La primera fase se centra en el arrepentimiento y la enseñanza.
- La segunda fase se centra en el aprender a aprender y a conectar verdades.
- La fase tres se centra en sintetizar las verdades, liderar y enseñar.

Explico el enfoque y el tono del discipulado tres discutidos anteriormente. Los permito usar recursos de apoyo externos libremente. Trabajo para descubrir y explorar sus intereses de liderazgo y enseñanza. Introduzco el concepto del proceso formal de discipulado convirtiéndose en una práctica personal de toda la vida.

También he encontrado valioso preguntarles: "¿Por qué están en el discipulado tres?" Hicimos esta pregunta al comienzo de su viaje. Ahora lo usamos para ayudar a enfocar a los discípulos y recordarles que estamos en el discipulado para aprender a seguir a Dios.

Explico los tres peligros del discipulado tres. Ésta es una de las pocas veces en las que hablo de un peligro que no se ha convertido en realidad. Los discípulos en esta fase son maduros. Pueden manejar una advertencia sin que los descarrile o se convierta en una profecía autocumplida.

Conociéndose Mutuamente (30 minutos)

Esta sección de la reunión logra dos propósitos, permite que los discípulos me conozcan y comienza mi evaluación grupal de los discípulos. No mantengo mi agenda en secreto en el discipulado tres. Recuerda, estos discípulos ya han hecho discípulos. Ya han leído este libro. Les recuerdo lo que estoy haciendo en cada paso de la evaluación. Todavía pregunto: "¿Qué quieres saber sobre mí?" El tiempo siempre es divertido a pesar de que saben lo que está pasando. El tiempo comienza a construir intimidad y relación. La interacción aumenta la transparencia y la confianza.

Este tiempo de preguntas y respuestas me brinda la oportunidad de hacerles las mismas preguntas que me hacen. Me permite hacer la transición para conocer a cada discípulo. El movimiento de ida y vuelta entre mi historia y sus historias me permite comenzar a sentir quiénes son. Deja que el Espíritu guíe tus preguntas y tus respuestas. Usa este tiempo para vincularte con los discípulos y evaluarlos.

Revisión del Método de Lectura de la Biblia Para el Discipulado Tres (15 minutos)

Reviso el método de lectura de la Biblia para las dos primeras fases del discipulado sostenible:

- Discipulado Uno: Los discípulos fueron animados a simplemente leer la Biblia. No estudiaron el texto, sino que simplemente permitieron que el Espíritu Santo los guiará a "ajá" y versículos problemáticos. Fueron empujados a leerla como si fuera la primera vez que lo habían leído. El líder afirmó los momentos de "ajá" y respondió a las preguntas problemáticas, siempre ayudándoles a encontrar la verdad para aplicar.

- Discipulado Dos: Los discípulos destacaron versículos y versículos "ajá" que planteaban preguntas mientras el Espíritu Santo obraba. No se permitió estudiar material externo. La lectura de la Biblia se centró en el estudio inductivo mientras los discípulos eran guiados a responder sus preguntas conectando el versículo en cuestión con otras verdades bíblicas. El líder ayudó a los discípulos a encontrar aplicaciones y hacer esas conexiones directas.

Luego comparto el enfoque de lectura bíblica y el método para el discipulado tres. Ilustro cómo el proceso ha crecido de la exposición a la conexión, y ahora a la síntesis. Utilizo ejemplos y enseño el método de "pensar en grande."

Les asigno la responsabilidad de investigar sus preguntas, siempre teniendo en mente que la Biblia responde a la Biblia. Les recuerdo que el objetivo de pensar en grande es el objetivo de un año.

Repasando la Biblia (50 minutos)

Revisamos los aspectos resaltados por cada discípulo. Los discípulos deberían haber resaltado lo siguiente:

- Nuevas preguntas.
- Conexiones entre una verdad nueva y otras verdades que han aprendido.
- Nuevos versos "ajá" que los inspiraron o llamaron su atención.

Conoces tu cultura y entorno de discipulado. Puedes desarrollar una agenda que funcione mejor para ti. Hagas lo que hagas, asegúrate de orar juntos, revisar la Biblia y recordarles los requisitos. Establece el tono adecuado y las expectativas para ellos. Una vez más, te animo a que hables poco sobre por qué estás haciendo lo que estás haciendo. Simplemente hazlo y deja que se experimenten los resultados.

Paso Ocho
Acierta en el Primer Trimestre

Los discipulados uno y dos se centraron en la preparación y la confianza. El discipulado tres se enfoca en agregar capacidades para la preparación y confianza de los discípulos. Al igual que en las fases anteriores, el primer trimestre marca la pauta y las expectativas para el año.

De la segunda reunión a la duodécima forman la base para pensar en grande. Este trimestre amplía la exposición de los discípulos a lo místico. Las reuniones consolidarán las tres prácticas de pensar en grande las cuales son:

- Conectar verdades inmediatas.
- Expandirse a verdades relacionadas.
- Sintetizar verdades de principio a fin.

Hay varios asuntos prácticos que abordar en el primer trimestre. Toma tiempo y diligencia el cambiar la lectura de la Biblia de los discípulos del estudio bíblico típico al aprendizaje guiado por el Espíritu en el discipulado uno. Probablemente descubriste que tomó mucho más tiempo cubrir los primeros cinco libros de la Biblia. La lectura de la Biblia debería de haber sido más fácil en el discipulado dos. Los discípulos estaban acostumbrados a buscar aplicaciones transformadoras de vida entre sus aspectos más destacados. Aprendieron a hacer conexiones directas de la verdad con otros versículos de la Biblia. El discipulado tres agrega la capacidad de hacer conexiones indirectas mientras leen la Biblia. Enseñar y modelar el método de "pensar en grande" lleva mucho más tiempo al principio. No podrás pensar en grande en cada uno de los aspectos más destacados de cada uno de los discípulos de la lectura de la Biblia. El proceso se volverá más fácil a medida que adopten esta capacidad. Los discípulos vendrán preparados, habiendo ya pensado, resaltado y preparado todo. Tu objetivo es hacer que piensen en grande lo más rápido posible.

Sin embargo, no todas las verdades necesitan hacerse en grande. No todas las verdades necesitan expandirse. Por ejemplo, darse cuenta de que Dios enterró a Moisés es increíble, pero en realidad no se expande. No hay conexiones directas o indirectas con verdades que transforman la vida. Una vez que los discípulos comienzan a pensar en grande, hay una tendencia a tratar de expandir todo. Comenzarán a suponer cosas y a estirar verdades y conexiones. Necesitas mantenerlos enfocados en la verdad real. Necesitas guiarlos lejos de la interpretación alegórica. Guíalos de regreso si comienzan a cometer el error de hacer que todo signifique algo más. Mantenlos enfocados en observar lo que la Biblia realmente dice acerca de la Biblia.

Deja que el Espíritu te guíe al escoger y elegir qué verdades expandir. Simplemente no pueden expandir cada verdad en las reuniones. Ten cuidado de no hacer todo el trabajo de expansión por ellos. Guía a los discípulos a pensar en grande haciendo preguntas y dando pistas. Permíteles ver el proceso de conexión, expansión y síntesis. Recuerda que la transformación, es el objetivo no la educación. Pensar en grande debe encontrar verdades que se apliquen para vivir y seguir a Dios. Los discípulos deben ser capaces de ajustar sus vidas a las verdades que descubren.

La lectura extrabíblica también refuerza el pensamiento en grande. Los discípulos practicarán el pensamiento crítico y conectarán el aprendizaje con la Biblia. La lectura de *El Libro de Capítulos Místicos – The Book of Mystical Chapters* comienza con la exposición de los discípulos a la verdad indirecta y mística. Es un componente crítico del discipulado sostenible. No estoy seguro de que pudiéramos completar bien todo el proceso de discipulado sin esto. *El Libro de Capítulos Místicos – The Book of Mystical Chapters* es una colección de trescientas enseñanzas de los líderes de la iglesia primitiva. Las enseñanzas se dividen en tres secciones: *Praktikos, Theoretikos y Gnostikos.* Los padres de la iglesia primitiva usaron este sistema de enseñanza mientras guiaban a los discípulos más profundamente en su comprensión de Dios. El libro ofrece una comprensión detallada de este antiguo sistema. Aquí hay una breve revisión de las tres secciones:

- *Praktikos:* Estos escritos se centran en la oración disciplinada, profundizando y pensando en las verdades de Dios. Los escritos son prácticos en su aplicación. *Praktikos* es instrucción.
- *Theoretikos*: Estos escritos se centran en la contemplación, en estar iluminado y caminar hacia la iluminación. Meditar en las verdades de Dios es instrumental para los *Theoretikos*.
- *Gnostikos*: Estos escritos se centran en una unión contemplativa con Dios al encontrarse con el Dios divino detrás de las verdades. La adoración y la oración sin cesar son algunos de los equivalentes modernos. *Gnostikos* se trata de la experiencia.

Puedes notar una similitud entre esta antigua práctica y el discipulado sostenible. La práctica refleja tanto el camino predecible como los modelos bíblicos de discipulado. El discipulado uno se trata de ser convencido, arrepentirse, ser enseñado y ser iluminado. Se trata de las prácticas iniciales y las verdades a seguir. El discipulado dos comienza a pensar en toda la palabra de Dios y a conectar verdades. Es contemplativo a medida que el alumno aprende a aprender. El discipulado tres se trata de pensar en grande, experimentar una vida transformada, entender a Dios y asumir el liderazgo. Pablo ilustra el mismo patrón en Romanos, capítulos seis, siete y ocho:

- Romanos 6: Deja las viejas costumbres y vive la nueva vida. Él introduce la idea de que somos

crucificados con Cristo. Él enseña acerca de la gracia que abunda donde existe el pecado. Él enseña la verdad inicial básica.
- Romanos 7: Entender los nuevos caminos y las verdades de Dios. Pablo aborda conceptos como "¿Existe el pecado donde no tenemos ley?" y "¿Por qué hacemos las cosas que no queremos hacer?" Explora las conexiones más profundas de la carne, el pecado y la salvación.
- Romanos 8: Nada puede separarnos del amor de Cristo. Pablo aborda conceptos como la promesa eterna de Dios de conformarnos a la imagen de Cristo. Él discute el poder espiritual de nuestra relación con Dios. Se mueve de la práctica y la comprensión a estar unido con Dios.

¿Sabías que hay tres maneras de pecar? Dios aprovechó su poder para ayudarme a vencer el pecado cuando me mostró esta verdad. Y he pasado años compartiendo esta verdad con cualquiera que quiera escuchar.

- Pecamos cuando hacemos un "no." Ves esto en Romanos 6 y en toda la Biblia.
- Pecamos cuando no hacemos algo que debemos "hacer." Ves esto en Santiago 4:17[2] y en toda la Biblia.
- Pecamos cuando hacemos algo con "duda." Ves esto en Romanos 14:23[3] y en toda la Biblia. Incluso si acertamos, no estamos siguiendo a Cristo cuando dudamos.

Los "tres caminos para pecar" reflejan el progreso de la madurez que encontraron nuestros antiguos padres. Refleja el mismo progreso que Pablo ilustra. Los primeros pasos para conquistar el pecado son muy prácticos y se basan en no hacer lo que está mal. El segundo paso requiere que aprendamos lo que es correcto y comencemos a pensar en cómo nos adaptamos a las verdades de Dios. Requiere que sepamos y hagamos lo correcto. El tercer paso requiere algo más místico: la fe. Tenemos que aprender a sintetizar las verdades de Dios y escuchar al Espíritu Santo para que nos guíe en aquellos asuntos que no se abordan directamente en las Escrituras. Tenemos que pensar más grande sobre el carácter y el deseo de Dios para encontrar su dirección.

Madurar en nuestra fe y caminar con Dios es un proceso distinto. El discipulado sostenible ilustra este proceso de crecimiento a lo largo de las tres fases. El discipulado tres comienza a agregar lo místico junto con las capacidades de cada uno. Los discípulos pasan de ser enseñados y aprender a vivir una relación con un Dios que no se ve. Para hacer esto, deben entender mejor cómo estar espiritualmente unidos con Dios. Aprovechamos *El Libro de Capítulos Místicos – The Book of Mystical Chapters* como un catalizador. Es una excelente ayuda para el proceso, pero no es la Escritura. Es simplemente una colección de enseñanzas basadas en la comprensión de los antiguos padres en ese momento. No es infalible. No puedo conectar todas sus enseñanzas con una verdad clara, simple y bíblica. No defiendo todas sus perspectivas. Pero *El Libro de Capítulos Místicos – The Book of Mystical Chapters* es una excelente ayuda para el discipulado tres. Hace que los discípulos se enfoquen y sinteticen verdades sobre su relación inmaterial con Dios. Defiende el pensamiento crítico a medida que prueban los conceptos contra las Escrituras. Sus enseñanzas expanden la mente y encenderán un fuego sagrado en cada. Un fuego que cree en los milagros de Dios, que cree en comunicarse con Dios uno a uno, y cree en la obra del Espíritu Santo.

Pedimos a los discípulos que lean un escrito cada día durante todo el año. Requerimos que los discípulos encuentren un versículo bíblico relacionado o que ilustre la verdad de cada escrito. Leemos, revisamos y miramos cada uno de estos escritos y versículos durante la revisión del *El Libro de Capítulos Místicos*

— *The Book of Mystical Chapters* cada semana. En esencia, estamos practicando la verdad de no rechazar a un profeta, sino, en cambio, probar lo que dicen. Te sorprenderán los pensamientos y vidas más profundos que se desarrollan a lo largo del año.

El discipulado tres impulsa una forma diferente de pensar. Muchos de los libros extra-bíblicos son seculares y pueden parecer desconectados del proceso de discipulado. Usamos algunos libros bastante fuera de lo común para defender el desafío de pensar en grande. Erica luchó con el desafío mientras leía *El Arte de la Guerra* de Sun Tzu. Este volumen clásico fue escrito por un estratega militar chino en el siglo V ac. Sus observaciones grandiosas y estrategias han perdurado durante generaciones, aplicándose a todo, desde la guerra moderna hasta los negocios. Las verdades de Tzu también son conceptualmente aplicables a la guerra espiritual y al liderazgo.

"Simplemente no entiendo cómo se aplica esto," dijo Erica con exasperación. "Me siento tonta."

"Tomemos uno, por ejemplo. ¿Qué tal la estrategia de Sun de que nunca debes proponerte matar al enemigo o destruir la ciudad del enemigo? ¿Cómo puede aplicarse eso al liderazgo?"

"Uh, yo..." Podías escuchar a Erica darse por vencida.

"Está bien, digamos que hay alguien equivocado en la iglesia, y han comenzado a crear caos y división. Tienes que enfrentarlo. Tienes que arreglarlo. Casi todos pueden ver que está equivocado. Podrías simplemente llamarlos, avergonzarlos y ganar esta batalla. Pero eso los destruiría y podría asustar a otros que son más nuevos. ¿Hay otra forma de ganar la cual no destruya?"

"Hum..."

"Está bien. Pensemos esto de otra manera. ¿Por qué vino Jesús a la tierra?" Pregunté.

"Él vino a salvarnos. Él vino a restaurarnos a una relación con Dios," respondió ella.

"¡Grandioso! Tienes toda la razón. ¿Recuerdas lo que enseña Juan 3:17?"

"Oh, tengo este. Vino a salvar, no a condenar," respondió ella.

"Correcto. Y en Santiago, nos enseña a rescatarnos unos a otros del pecado y prevenir un mundo de problemas el uno para el otro. ¿Ves cómo se aplica eso?"

"¿Así que no deberíamos destruirlos, sino salvarlos de alguna manera?"

"¡Correcto! Dios siempre se acerca a la reconciliación y la restauración. Hay momentos en que podrías tener que derrotar al enemigo, pero ¿qué pasaría si pudieras idear una estrategia que muestre el corazón y el amor de Dios por todas las personas? ¿Qué pasaría si pudieras encontrar una manera de ganar a la persona, o al menos tratar de ganar a la persona?"

"Está bien..."

"Sun Tzu reconoció que las personas y las ciudades son activos valiosos. De hecho, eran las cosas que se ganaban en la guerra, no las cosas que se debían destruir en la guerra. Hay una verdad increíble, bíblicamente consistente en eso. ¿Tiene ahora más sentido?"

"Sí." Contestó ella.

Erica necesitaba aprender a conectar lo que parecía distante y extraer verdades aplicables. Es irrelevante si esas verdades provienen de *El Arte de la Guerra* o de otro recurso. Erica estaba aprendiendo a ver las verdades de Dios en el mundo que la rodeaba. Ella estaba aprendiendo a tener una mentalidad de discipulado de siempre buscar una manera de aprender, enseñar y aplicar. Esta mentalidad la ayudará mientras enseña a sus hijos en el camino.

Tu objetivo es usar la lectura extrabíblica para estimular, fortalecer y agregar capacidades al proceso de sintetizar la verdad bíblica en la vida real. Tu objetivo es ayudar al discípulo a pensar constantemente en las verdades de Dios. Deben estar escuchando al Espíritu en momentos de "ajá" en los que ven los principios de Dios en juego a su alrededor.

También debes asegurarte de que cada discípulo este en una

práctica de un año dentro del primer trimestre del discipulado tres. Es fundamental que los discípulos enseñen, dirijan e interactúen como líderes de otros. Liderar nos obliga a producir. Liderar nos obliga a pensar. Liderar nos obliga a aplicar las verdades de Dios de una manera que el seguimiento no lo hace. La práctica, y luego el liderazgo en forma aislada es fundamental para el éxito del discipulado tres. Los discípulos necesitan ver el panorama general y llegar a tener una mente de servicio.

También es necesario reafirmar a los discípulos para evangelizar. Recuerda la pregunta semanal de Bill: "¿Con quién compartiste tu historia esta semana? ¿Cómo te fue?" Tómate el tiempo para impulsar este principio de la mentalidad del Reino. Trabaja diligentemente para que los discípulos acepten la responsabilidad de compartir la historia de su vida.

En el primer cuarto del año prepara el escenario para el discipulado tres. También prepara el escenario para la práctica futura del discipulado independiente. El primer trimestre comienza la transición para ser un discípulo de Dios autosuficiente.

Paso Nueve
Planifica Ese Viaje

Los proyectos de servicio de los discipulados uno y dos han sobrecargado el proceso de hacer discípulos. Cada uno requirió autosacrificio y discípulos inmersos en desafíos. Al planificar proyectos de servicio y viajes misioneros en el discipulado tres, debes presionar a los discípulos para que asuman roles de liderazgo en los proyectos de servicio y en los viajes misioneros durante el discipulado tres. Liderar es completamente diferente a seguir y proporcionará nuevas oportunidades para que los discípulos apliquen las verdades de Dios. Utiliza estos eventos estratégicamente mientras preparas y entrenas a los discípulos. Sal a la delantera y párate junto a ellos. Guíalos a medida que lideran.

Paso Diez
Tu Segundo y Tercer Trimestre

El segundo y tercer trimestre del discipulado tres tienen mayor facilidad en la revisión bíblica y extrabíblica. Estos cuartos del año traen profundidad a medida que los discípulos progresan más a través del *El Libro de Capítulos Místicos – The Book of Mystical Chapters*. Aprenderás nuevas verdades y aplicaciones junto con los discípulos. También notarás un progreso natural hacia el discipulado entre compañeros. Abraza esta tendencia.

Debes permitir cada vez más que los discípulos comenten acerca de los pensamientos de los demás. Deberías preguntar: "Entonces, Bob, ¿qué piensas del verso de Tim? ¿Cómo lo expandimos?" Permita que otros discípulos intervengan con pensamientos en grande mientras mantienen al grupo en el buen camino. Este tipo de interacción es el futuro para los discípulos. Este tipo de interacción es el sueño del discipulado sostenible. Los discípulos te necesitarán cada vez menos. Su éxito se convierte en tu éxito a medida que siguen a Dios con menos guía. Tu rol pasará del guía al facilitador y luego a un compañero. Los discípulos entrarán en tu vida. Permíteles. Sé honesto. Trátalos como compañeros, siendo íntimos, honestos y transparentes acerca de sus desafíos y su caminar con Dios. Confíales tu vida y modela la confianza que necesitarán para el futuro.

Debes recordarles que, aunque la relación cambie, tú sigues siendo el líder. Sigue ejerciendo presión. Mantenlos leyendo. Asegúrate de que la interacción no descarrile completar la revisión de la Biblia.

Paso Once
Planifica Su Futuro en el Cuarto Trimestre

Si has seguido el proceso de discipulado sostenible, los discípulos ya habrán leído este libro. Están familiarizados con la idea de que el proceso está terminando y que la práctica está comenzando. Conocen la salsa secreta. Ellos conocen ya el plan. Ellos conocen los "secretos." Los cuatro años están llegando a su fin. Pronto, serán liberados como seguidores de Dios preparados, confiados y capacitados. Necesitas comenzar a prepararlos hacia la práctica del discipulado. Debes recordarles que no han vivido la práctica. Necesitas guiarlos a la práctica que han estado viviendo. Necesitas enseñar, animar y modelar. Debe advertirles los desafíos que vienen al final de un proceso formal.

El cuarto trimestre comienza un proceso de evaluación de su vida personal, corporativa y de servicio. Debes de hacer estas preguntas:

- ¿Discipularán?
- ¿Liderarán?
- ¿Enseñarán?

Debes recordarles que todos estos "haceres" fallarán rápidamente si no logran "ser seguidores." Ayúdalos a echar un vistazo a su vida personal. Ayúdalos a establecer un horario que proporcione el cuidado del alma, el tiempo con Dios y el aprendizaje continuo. Adviérteles de los peligros de estar demasiado ocupado. Habla con ellos acerca de sus sueños y sus talentos. Ayúdalos a encontrar dónde está trabajando Dios en su vida y ministerio. Anímalos a unirse con Él allí.

Necesitas prepararlos para la desconexión que ocurre cuando el discipulado tres termina. ¿Tienes amigos de toda la vida de tu escuela secundaria o de la universidad? No. Me gradué y seguí adelante. No me mantuve al día con los compañeros cercanos de mi trabajo de posgrado. Todos seguimos adelante. Nunca me hizo falta ninguno de ellos en los afanes del matrimonio, los hijos y la construcción de un futuro. Curiosamente, realmente extraño a los muchachos del discipulado. Me reunía con ellos semanalmente durante años. Greg y yo pasamos cuatro años juntos, cada semana, y luego no lo hicimos. Los hijos y el negocio de Greg lo mantuvieron ocupado. Dirigir una iglesia y escribir me mantuvo ocupado. Perdí mi tiempo de muchacho con seguidores maduros y compañeros. Perdí mi tiempo con Greg. Tuvimos que trabajar realmente para arreglarlo. Tuvimos que separar tiempo en medio de nuestra familia y las relaciones de discipulado para reunirnos. Tuvimos que trabajar para reconectarnos. No siempre se puede. Tienes que restaurar y recibir. Estar en relaciones continuas de discipulado es fundamental para ser un discípulo sostenible.

También tengo que ser muy intencional para hacer tiempo para llamadas telefónicas y almuerzos con estos grandes hombres que me ayudaron a convertirme en un discípulo. Phil vive lejos en México. Ambos estamos ocupados, y él tiene muchos "Dougs" en su vida. Tengo que programar el tiempo para hablar. Lo mantengo actualizado a través de mensajes de texto. Planeo desayunar un par de veces al mes con Doc. Estos hombres, que me discipulan, son fundamentales para que yo continúe creciendo y aprendiendo. Son mis maestros a pesar de que nos hemos convertido en compañeros.

Debes preparar a aquellos a quienes haces discípulos para estos cambios en tu relación. Debes separar tiempo para ellos, y animarlos a tener otras relaciones entre compañeros y otros discípulos. Proporciona ideas creativas de tu práctica y recursos de tu experiencia. Tenemos una biblioteca de educación continua para los discípulos en transición a la práctica del discipulado. Nos mantenemos en contacto. Hagas lo que hagas, usa el cuarto trimestre para ayudar a cada uno de estos discípulos a elaborar un plan para su práctica del discipulado. Es fundamental que liberes bien a los discípulos.

Paso Doce
Empujándolos al Reino

El discipulado tres lleva a los discípulos a través del liderazgo para convertirse en siervos y con mentalidad del Reino. El discipulado tres libera discípulos preparados, confiados y capacitados para vivir su mejor vida por siempre en la tierra. El discipulado tres es también el comienzo del proceso para lanzar discípulos al mundo. Es posible que tu iglesia no tenga suficientes oportunidades de liderazgo. Es posible que no necesites cuatro maestros nuevos. Sin embargo, el mundo y el Reino siempre necesitan más líderes y maestros. El mundo y el Reino necesitan discípulos sostenibles para hacer otros discípulos. Hay una necesidad infinita en el mundo y en el Reino.

Los niños son diferentes. Algunos no pueden esperar para salir de la casa. Otros nunca pueden imaginar estar lejos de casa. Yo soy el último cuando se trata de nuestra comunidad eclesiástica. Tengo sueños. Hay cosas que me encantaría hacer y nuevas aventuras ministeriales que llaman mucho mi atención. Pero no puedo imaginar no estar en comunidad con los seguidores de *Three Taverns Church*. No puedo imaginar no crecer, servir y llegar a otros con esta increíble comunidad. El problema es que el mundo entero está esperando escuchar el Evangelio. Hay millones de personas que podrían vivir una vida mucho más abundante si pudieran tener el privilegio de seguir a Dios. Claro, hago mi parte aquí en nuestra comunidad. Hago mi parte en el mundo. Perdí la cuenta después de cincuenta y tantos viajes misioneros a corto plazo apoyando ministerios increíbles. El desafío para mí es preguntarme: ¿Iré? ¿Estoy dispuesto a salir a las aguas profundas y confiar en Dios si Él me llama? ¿Estoy dispuesto a escuchar la llamada?

Tu desafío en el Reino podría ser diferente. Aquellos a quienes lideras enfrentarán diferentes desafíos del Reino. Tu objetivo es hacer que piensen en el Reino de Dios y su papel en este reino. Necesitamos motivarlos a estar disponibles para Dios y hacerlos pensar en lo que Dios necesita. Tu objetivo es lograr que respondan a la pregunta: "¿Dónde está obrando Dios en el mundo?" Tu objetivo es hacer que sirvan donde Él tiene necesidades. Deben poder adaptarse. Deben alcanzar su mundo inmediato haciendo discípulos. Necesitan estar abiertos a servir en todo el mundo y servir en otros ministerios. Y tenemos que estar dispuestos a dejarlos ir. Tenemos que estar dispuestos a liberarlos a nuevas aventuras. Necesitamos liberarlos a la obra de Dios cercana y lejana.

Hacer crecer la iglesia y tener líderes increíbles es vital para nosotros. Se necesita coraje y sacrificio para enviar a nuestros líderes. Se necesita menos coraje cuando siempre estás haciendo discípulos. Se necesita valentía y fe para liberar a tu gente para que se vaya y sirva en otros ministerios. Se necesita menos valentía cuando tú y yo tenemos una mentalidad del Reino. El éxito es cualquier cosa que construya el Reino. Discípulos sostenibles difundiendo el discipulado en otras iglesias es un éxito. Que los discípulos sostenibles planten otras iglesias es un éxito. Discípulos sostenibles liderando en otros ministerios es éxito.

No todos serán llamados a ir y hacer discípulos. Dios continuará desarrollando y construyendo un liderazgo estable en tu comunidad a medida que hagas discípulos. El Hacer se hará debido en quiénes se convierten estos seguidores. Tu objetivo para los que se quedan es que evangelicen y hagan discípulos en su comunidad. Tu objetivo para aquellos que se quedan es que envíen ayuda, envíen personas y apoyo a aquellos que Dios envía. Si no van, entonces envían a otros.

Ahora bien, ¿cómo invocarán a aquel en quién no han creído? ¿Y cómo creerán en aquel de quién no han oído? ¿Y cómo oirán si no hay quién predique? ¿Y cómo predicarán sin ser enviados? Así está escrito: «¡Qué hermosos son los pies de los que anuncian las buenas noticias!

— ROMANOS 10:14–15

El discipulado es exponencialmente poderoso. La iglesia promedio habrá agotado la necesidad de discipulado en su quinto o sexto ciclo. La obra de hacer discípulos, sin embargo, nunca termina. El mundo necesita escuchar, ver, tocar y sentir el amor de Dios. Las personas necesitan ver lo que pueden ser. La iglesia necesita la reforma que el verdadero discipulado puede traer. Ayuda a los discípulos a soñar, planificar y planear cómo vivirán su llamado en hacer discípulos. Desafíalos a tener un plan. Hazlos responsables. Ayúdalos a encontrar necesidades y oportunidades dentro y fuera de su comunidad. Celébralos y apóyalos si Dios los llama a ir. Planea estratégicamente el enviar discípulos al mundo. Esto es lo que Jesús hizo. Conviértete en un centro de formación para que las personas vivan su mejor día y para que ayuden a otros a vivir su mejor día. Es precisamente lo que Jesús hizo.

Los campos están listos para la cosecha. Intencionalmente, envíalos. Envía discípulos preparados, seguros y capacitados. Envíalos cerca y lejos para que vivan bien, para que cambien el mundo y hagan discípulos dondequiera que vayan.

18

NUESTRO PRIVILEGIO

Después de todo, ¿qué es Apolos? ¿Y qué es Pablo? Nada más que servidores por medio de los cuales ustedes llegaron a creer, según lo que el Señor asignó a cada uno. Yo sembré, Apolos regó, pero Dios ha dado el crecimiento. Así que no cuenta ni el que siembra ni el que riega, sino sólo Dios porque es quién hace crecer.

— 1 CORINTIOS 3:5–7

Las personas necesitan ayuda para convertirse en seguidores. Tenemos el privilegio de hacer precisamente eso mientras hacemos discípulos, de guiar a las personas y enseñarles a aplicar la verdad eterna, de ayudarles al aprender a aprender, de exponerlos al Espíritu Santo y caminar con ellos a través de momentos transformadores de la vida. Tenemos el privilegio de ayudar a las personas a ver el diseño original de Dios para los seres humanos y su modelo para explotar este diseño. Tenemos la oportunidad de hacer discípulos.

También tenemos la responsabilidad de caminar por el camino, nunca abandonando a quien aprendes a seguir. Tenemos la responsabilidad de brindar esperanza cuando lleguen los desafíos inevitables, de cubrir su espalda cuando el enemigo ataca, de protegerlos de la impía trinidad de la destrucción. Tenemos la oportunidad de hacer discípulos.

¿No te parece grandioso esto? Hubo un día en que no era posible hacer discípulos de nadie. No teníamos el destino claro, y no era posible articular una forma bíblica como "hacer un discípulo." Pero hemos crecido un poco.

Tenemos un modelo fácil construido sobre la palabra de Dios. Tenemos la experiencia de otros para ayudarnos a repetir sus éxitos y evitar fracasos. Tenemos una respuesta más simple a la pregunta: "¿Qué es el discipulado?" El discipulado es hacer discípulos, y

> *Hacer discípulos presenta a las personas a Dios, quién las ama y las entiende, les ayudas a entender quiénes son y quiénes pueden ser, les ayudas a aplicar las verdades transformadoras de Dios y las liberas como preparadas, seguras y capacitadas para vivir por siempre su mejor vida en la tierra.*

Entendemos el camino del discipulado y los catorce pasos que acontecen muy naturalmente a lo largo de este camino. Sabemos que hay siete pasos de "ser" y siete del "hacer" vinculados entre sí, donde "ser" siempre empuja el "hacer" que luego nos transforman en nuestro Nuevo "ser."

- Ser convencido conduce al arrepentimiento.
- El arrepentimiento resulta en la necesidad de más información y conduce a escuchar.
- Escuchar nos permite ser iluminados y estar conectados con Dios.
- Ser iluminado conduce a ser llamado.
- Ser llamado abre la oportunidad de servir, y servir requiere que comencemos a aprender.
- El aprendizaje resulta en estar preparado.
- Estar preparados nos lleva a una elección de consagración, lo que nos lleva a ser consagrados.

- Estar consagrado conduce a una vida que crece en independencia y viviendo las verdades de Dios con confianza y capacidad.
- La práctica nos lleva al liderazgo en aislamiento y a la vida en aislamiento a medida que somos liberados preparados, seguros y ahora capacitados.
- El liderazgo nos trae humildad y nos lleva a ser siervos.
- Ser un siervo nos lleva a tener una mentalidad del Reino.
- Tener una mentalidad del Reino nos lleva a ir y enviar al mundo.

Hemos enfrentado la verdad de qué hacer discípulos toma tiempo. Cuatro años pueden parecer una gran inversión, pero parece que acabas de comenzar ayer cuando completas el proceso formal y pasas a una práctica de discipulado de por vida.

Hemos aprendido del ejemplo y de las Escrituras, que la meta del discipulado es la transformación de las personas. Nosotros solamente somos guías. Dios es el que transforma. También sabemos que la obra transformadora de Dios es alimentada por su verdad y por su Espíritu.

Hemos aprendido que los discípulos se encuentran de a uno a la vez y qué hacer discípulos se hace de manera práctica durante el camino. Conocemos las siete prácticas básicas que siempre son parte de hacer discípulos sostenibles. No sólo tenemos el privilegio de hacer discípulos, estamos listos para hacer discípulos. Estamos preparados. Estamos seguros de que Dios dará poder a su llamado y sus métodos. Estamos capacitados.

Después de todo, hemos sido hechos discípulos, y ¿quién mejor para hacer discípulos que los mismos discípulos? ¿Quién mejor para cambiar el mundo que los mismos discípulos? ¿Quién mejor para dar el don de la paz y una vida mejor a los demás?

No hay nadie mejor que tú. De hecho, Dios cuenta contigo y conmigo para difundir la cura, para dar la respuesta.

"Todo el que invoque el nombre del Señor será salvo." Ahora bien, ¿cómo invocarán a aquel en quién no han creído? ¿Y cómo creerán en aquel de quién no han oído? ¿Y cómo oirán si no hay quién predique? ¿Y cómo predicarán sin ser enviados? Así está escrito: ¡Qué hermosos son los pies de los que anuncian las buenas noticias!

— ROMANOS 10:13-15

Tenemos la capacidad, la responsabilidad y el privilegio de resolver un problema antiguo y continuo. Podemos hacer discípulos. Podemos proporcionar la respuesta de todo creando una cultura integral de discipulado donde formal e informalmente hacemos discípulos. Podemos hacer discípulos desde nuestros escenarios y púlpitos. Podemos hacer discípulos en nuestros eventos. Podemos hacer discípulos mientras servimos juntos. Aún más poderoso, podemos lanzar un proceso formal de discipulado que aprovechará la salsa secreta para un discipulado sostenible.

Ser discípulo se trata completamente de quién es y en quién se convierte alguien. No se trata de lo que hacen o cómo lo hacen. Hacer es el resultado natural del ser.

Nuestra iglesia tiene el privilegio de haber completado trece generaciones en el proceso de discipulado. Tenemos personas que son constantes, fuertes y honestas. Estamos quebrantados, somos humildes y estamos prosperando individualmente. También hemos visto que el discipulado es la respuesta a todo: proporcionar innovación, apoyo, creatividad, líderes, maestros y seguidores entregados a Dios. Nuestra comunidad se dirige hacia el sueño de Pablo de que la iglesia esté completamente equipada y viva en verdadera unidad.

No estaríamos donde estamos hoy sin dar el primer paso del discipulado: hacer discípulos. Las personas no serían quiénes son hoy sin invertir el tiempo para convertirse en discípulos. Lo que disfrutamos es el resultado de simplemente comprometernos con la gran comisión de Dios de ser y hacer discípulos. Lo que disfrutamos es el resultado de trabajar dentro de los métodos y modelo de Dios para el discipulado.

No hay mayor gozo que ver a los discípulos autosuficientes prosperar en sus vidas. No hay nada más asombroso que verlos hacer nuevos discípulos. El plan de Dios tiene el poder exponencial de salvar nuestro mundo. Y Él nos ha confiado ese poder. Si hacemos discípulos, serán hechos. Si no lo hacemos, ellos no lo harán. Tenemos el privilegio de participar con Dios. No hay mejor trabajo que guiar a alguien a seguir a Dios en cada momento, en cada pensamiento, cada día. No hay mayor privilegio que liberar a personas preparadas, seguras y capacitadas para prosperar con Dios mientras viven sus vidas. Ruego que prestes atención a las formas de Dios de hacer discípulos. Oro para que el discipulado invada cada momento y cada pensamiento. Oro que se unan a mí en esta obra sagrada, porque es la única obra que Dios nos dijo específicamente que hiciéramos: id y haced discípulos.

ACERCA DE NOSOTROS
HACIENDO DE LOS DISCÍPULOS EL HÉROE DE SU HISTORIA

El discipulado sostenible es un equipo, un modelo y un movimiento.

Somos nerds del discipulado. Nos apasiona el éxito en la formación de discípulos—pero lo que es más importante, para nosotros es que es para los discípulos. Estudiamos el discipulado. Hemos estudiado el discipulado en la Biblia. Redescubrimos cómo Dios hizo y hace discípulos. Estudiamos el trabajo de los demás—sus éxitos y sus fracasos. Estudiamos los resultados de nuestro discipulado. Medimos, probamos y experimentamos con nuevas ideas y técnicas de discipulado.

El único enfoque de nuestro equipo es ayudar a otros a lograr el éxito en hacer discípulos autosuficientes y auto-replicables. En otras palabras, estamos enfocados en ayudar a otros a hacer bien lo único que Dios nos dijo que hiciéramos es: hacer discípulos.

Nuestro enfoque es diferente al de la mayoría. Nuestro equipo no produce cursos de discipulado ni promueve un programa específico. Ayudamos a los hacedores de discípulos a convertirse en estrellas de rock, haciendo seguidores de Dios autosuficientes y auto-replicables en su contexto: grande, pequeño, contemporáneo o tradicional. Hacemos esto combinando el método de Dios con una comprensión clara de cómo las personas aprenden, piensan y toman decisiones.

En otras palabras, hacemos hacedores de discípulos y les damos un método simple y repetible para hacer más discípulos que nunca.

El Discipulado Sostenible es también un movimiento de personas apasionadas por ayudar a los cristianos a descubrir y vivir la vida abundante que Dios prometió. Es un movimiento para ayudar a las personas a estar preparadas, seguras y capacitadas para seguir a Dios. Iglesias de todas las denominaciones y características están descubriendo la pasión, la sencillez y el éxito en hacer discípulos. Los pastores y líderes están cosechando los frutos. Los discípulos están teniendo éxito.

Si quieres hablar de discipulado, potenciar tu discipulado o unirte al movimiento, estamos aquí. El Discipulado Sostenible funciona. ¡Te lo garantizamos! Y tenemos los datos que lo respaldan.

Doug
doug@sustainable-discipleship.com

ACERCA DEL AUTOR

Doug Burrier es el fundador de Different.ly, una firma de consultoría de la Ciencia de Decisiones que ayuda a líderes, iglesias y corporaciones a tomar mejores decisiones. Ha investigado, diseñado y llevado a cabo el discipulado durante más de veinte años como pastor de la Iglesia Three Taverns Church, donde creó un modelo de discipulado sostenible altamente exitoso. Es un apasionado por el discipulado y regularmente ayuda a las iglesias a definir y diseñar procesos exitosos de formación de discípulos. Doug hace blogs sobre el discipulado desde su casa en la histórica ciudad de. Cave Spring, Georgia, donde vive con su esposa y sus dos perros.

Doug es un apasionado del discipulado y regularmente ayuda a las iglesias a definir y diseñar procesos exitosos de hacer discípulos como parte del aprendizaje en línea, entrenamiento, y talleres privados del Discipulado Sostenible. Doug es un orador creativo y lleno de energía. Le apasiona descubrir los secretos de cómo Hacer y Ser discípulos. Para obtener más información o reservar a Doug para su equipo o para el próximo evento, envía un correo electrónico team@sustainable-discipleship.com.

Otros Libros y Recursos de Ayuda

Bien Hecho, Hiciste Bien: ¿Cómo Saber Que has Triunfado Haciendo Discípulos?
Libro Impreso, libro electrónico y audio disponibles en Amazon, Apple, Audible y en sustainable-discipleship.com/resources

Inicio Rápido e Inteligente: Dieciséis Verdades Útiles Para Nuevos Seguidores
Un libro de trabajo. Impreso. Disponible en sustainable-discipleship.com/resources y en Amazon.

Cómo Evitar Orinar Sobre Serpientes: Dieciséis Cuentos de Virtudes Cristianas
Un libro de trabajo. Impreso. Disponible en sustainable-discipleship.com/resources y en Amazon.

El Camino del Discipulado: Descubriendo los Pasos Altamente Predecibles Del Camino Hacia la Madurez Espiritual
Disponible en sustainable-discipleship.com/resources.

Biblioteca de Discipulado Sostenible
Vea reseñas, vea cómo usamos y descubra estrategias para libros extrabíblicos en: Sustainable-Discipleship.com/resources

Talleres en vivo: Sea un Superhéroe que Hace Discípulos—
Comience o perfeccione su técnica y conviértase en un superhéroe que hace discípulos con un taller público o privado. Obtenga más información en Sustainable-Discipleship.com.

Inspiración y Diseño
Permítanos inspirar a su equipo, o ayudarlo a lanzar un plan de discipulado sostenible. Nos encantará ayudar. Envíenos un correo electrónico a team@sustainable–discipleship.com.

Expositor

Doug es un orador creativo y de alta energía. Él prospera revelando los secretos de cómo hacer y ser discípulos. Para más información, envié un correo electrónico a speaking@sustainable-discipleship.com.

Camino Predecible del DISCIPULADO

- (2) HACER: Arrepentirse — (1) SER: Tener Convicción
- (3) HACER: Escuchar — (4) SER: Ser Iluminado
- (6) HACER: Servir — (5) SER: Ser Llamado
- (7) HACER: Aprender — (8) SER: Estar Preparado
- (10) HACER: La Residencia — (9) SER: Ser Consagrado
- (11) HACER: Liderar — (12) SER: Identidad De Siervo
- (14) HACER: Enviar — (13) SER: Mentalidad del Reino

sustainable-discipleship.com
© Doug Burrier

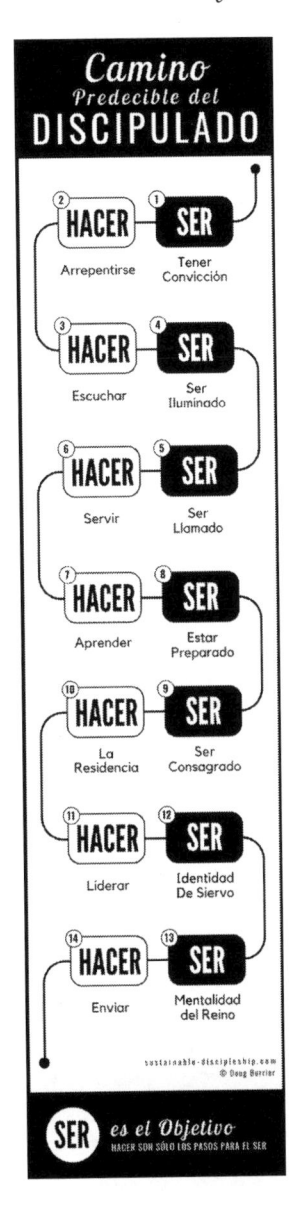

SER es el Objetivo
HACER SON SÓLO LOS PASOS PARA EL SER

Puede descargar la infografía del Camino del Discipulado, la Herramienta de lectura bíblica de cuarenta y siete semanas y encontrar otros recursos en Sustainable-Discipleship.com/resources.

NOTAS

1. Estado Del Discipulado

1. El estado del discipulado por Barna Grupo, © 2015 Los navegantes
2. Para medir esta métrica, el estudio cuantificó una amplia gama de actividades, incluyendo el asistirá la escuela dominical, asistir a un grupo donde hay compañerismo, reunirse con un mentor espiritual, estudiar la Biblia o leer y discutir un libro cristiano en grupo.
3. Mateo 28:16–20.
4. El apóstol. Quién escribió Romanos 1 Corintios. Creíble.

3. La Hamburguesa

1. Frank, Alex. "Los 10 Elementos del Menú de McDonald's Más Populares de Todos los Tiempos." *Spoon Media Inc.* n.d. https://spoonuniversity.com/lifestyle/mcdonalds–most–popular–items.
2. Trabajó con dos grupos de personas increíbles, que son mi equipo. Mentes increíbles de Different.ly (nuestra firma de consultoría de ciencias en decisión) y el equipo de discipulado de Three Taverns Church que persiguen implacablemente la filosofía del discipulado.
3. Smietana, Bob. "LifeWay Research: A los Estadounidenses les Gusta Leer Biblia, Pero en Realidad no la Leen." *LifeWay Research.* 25 de abril de 2017. https://lifewayresearch.com/2017/04/25/lifeway- research- americans–are–fond–of–the–bible–don't–really–read–it/.
4. 1 Pedro 3:15.
5. Deuteronomio 6.
6. Compartiré lo que hemos aprendido sobre el tamaño óptimo de los grupos en la sección "Uso del Discipulado Grupal."
7. La personalización es fácil, alcanzable y marca una gran diferencia. Exploraremos la personalizaciónen la sección "¿Qué es el Discipulado?"

4. Dos Modelos Irrefutables Del Discipulado

1. 1 Juan 2:7.
2. Segal, Marshall. "Hacer Discípulos: El Ministerio que Cambia la Vida del Por Qué." *Deseando a Dios.* 21 de septiembre de 2016. https://www.desiringgod.org/articles/make–disciples.
3. "El Punto Clave Capítulo Tres: Resumen y Análisis." *LitCharts.* n.d. https://www.litcharts.com/lit/the-tipping-point/chapter-three-the-stickiness-factor.
4. Efesios 6:4.5.

5. Juan 21:25.
6. Mateo 10:5–9.
7. Historia de los Navegantes. *The Navigators.* n.d. https://www.navigators.org/about/history/.
8. Mateo 28:19–20.
9. Romanos 10:15 y Mateo 5:14, por nombrar algunos.
10. Mateo 9:9.
11. Lucas 19:1–10.

5. "Ser" Viene Antes Que El "Hacer"

1. Mi adaptación en la primera persona a la enseñanza de Juan. 1 Juan 4:19.

6. La Respuesta Completa Para Las Iglesias

1. Asisto a la Iglesia "Three Taverns" en el norte de Atlanta. Es una de las comunidades más extraordinarias, pequeñas y fuertes que he experimentado.
2. Pablo pasó unos doce años más o menos siguiendo a Cristo, siendo discipulado y preparándose antes de que comenzara su ministerio.

7. ¿Qué Es El Discipulado?

1. Puedes encontrar este camino en el capítulo "Aprovecha el camino predecible" a medida que exploramos el modelo de discipulado sostenible en detalle.
2. Este es el paso de la "consagración" a lo largo del camino del discipulado. Veras la ruta predecible.
3. Una vez más, veras los pasos a lo largo del camino del discipulado más adelante en este libro.
4. Las cuerdas de oración se remontan al año 3 DC, cuando fueron utilizadas por los Padres en el Desierto para ayudar a estructurar la oración. No hay una regla sobre cómo usar una cuerda de oración. Es sólo una herramienta para ayudar a estructurar la oración. Para obtener más información sobre las cuerdas de oración, haga una búsqueda o consulte "Cuerda de oración." *Wikipedia.* Última edición el 9 de julio de 2019. https://en.wikipedia.org/wiki/Prayer_rope.
5. Coleman, Robert. *El Plan Maestro de Evangelización.* Grand Rapids: Revell, 2010.
6. Por supuesto, no es su nombre real.
7. Juan 3:17.
8. Santiago 5:20.
9. Crucifícate y abandona lo que no está bien (capítulo 6), esfuérzate por hacer lo correcto (capítulo 7), madura para correr la carrera sobre la guía del Espíritu Santo "momento a momento" (capítulo 8).

10. Nee Watchman, *Sentaos, Andad, Estad Firmes*. Carol Stream: Tyndale House Publishers, Inc., 1977.
11. No es su nombre real, aunque esta es una historia real que vemos repetida una y otra y otra vez.
12. Fue interesante que las experiencias de los cinco hombres se alinearan perfectamente con la investigación de Barna sobre el estado del discipulado.
13. El discipulado sostenible comenzó como una serie de respuestas para aquellos que comenzaban a discipular a otros. Se convirtió en un manual vagamente construido para la tercera generación de hacedores de discípulos. Ahora, con cinco generaciones de profundidad, nuestros líderes me han empujado a documentar los conceptos, verdades y métodos que aprendimos, que nos enseñaron y lo que descubrimos en el camino. Los líderes y las iglesias que hemos entrenado nos han pedido que lo pongamos por escrito para sus líderes en evolución.

8. La Evolución De Un Plan

1. El crédito es para *El Punto Clave* de Malcolm Gladwell, donde describe ese momento en que todo cambia, cuando las cosas se vuelven virales y cuando las cosas despegan. Gladwell, Malcolm. *El Punto Clave*. Nueva York: Back Bay Books, 2002.
2. Tito 2:3–5.

9. Plan Para Cuatro Años

1. Clabaugh, Jeff. "Sí, la educación cuenta, los estadounidenses nunca han sido más inteligentes". *WTOP*. 3 de Abril de 2017. https://wtop.com/business-finance/2017/04/education-counts-americans-never-smarter/.
2. Norris, Floyd. "Menos graduados estadounidenses optan por la universidad después de la escuela secundaria". *The New York Times*. 25 de abril de2014. https://www.nytimes.com/2014/04/26/business/fewer-us-high-school-graduates-opt-for-college.html.
3. Si nunca has estado en una relación de discipulado, tal vez desees descubrir la práctica y el valor de ser un discípulo antes de comenzar a hacer discípulos. Es difícil llevar a alguien a un lugar en el que nunca has estado.
4. *Las 21 leyes Irrefutables del Liderazgo* por John C. Maxwell. Maxwell, Juan. *Las 21 leyes Irrefutables de Liderazgo: Síguelas y las Personas te Seguirán*. Nueva York: HarperCollins Leadership, 2007.

10. Implementando El Discipulado Integral

1. Curiosamente, esta fue la solución exacta que Dios le dio a Moisés a través de su suegro, Jetro, cuando se estableció la primera nación de Dios. Ver Éxodo 18:13 ss.

2. *Fuego Vivo, Viento Fresco* de Jim Cymbala es un gran testimonio en este punto. Cymbala, Jim. *Fuego Vivo, Viento Fresco: Lo Que Sucede Cuando el Espíritu de Dios Invade los Corazones de Su Pueblo*. Grand Rapids: Zondervan, 2003.
3. "Nosotros": el equipo de Three Taverns Church.
4. Uno de mis ejemplos favoritos es Jesús hablándole a Tomás (Juan 20:24–29). Un ejemplo clásico esla Cena del Señor.

11. Aprovecha el Camino Predecible

1. La regla 20/80 dice que el 20 por ciento de las personas harán el 80 por ciento del servicio, ofrendando y trabajando en una iglesia.
2. Las historias en este párrafo son reales, pero los nombres no lo son.
3. Reeves, Keanu. *The Matrix*. Warner Bros., Village Roadshow Pictures, Groucho Film Partnership,1999.
4. Lucas 14:27, parafraseado.
5. El tercer año es la segunda mitad del discipulado dos.
6. El cuarto año comienza el proceso formal del discipulado tres.

12. Utiliza Las Siete Prácticas Básicas

1. Véase la sección sobre pensamiento crítico en este capítulo.
2. Este objetivo es para nuestro grupo preferido de cuatro: un líder y tres participantes. El objetivo para grupos más grandes es de dos horas.
3. 1 Timoteo 3.
4. Puedes encontrar esta biblioteca en el sitio web de Discipulado Sostenible. *Sustainable Discipleship*. n.d. https://sustainable-discipleship.com/resources.
5. Adaptado, reescrito y expandido con permiso de RIBBI México. RIBBI. *RIBBI Red de Iglesias Bautistas Interdependientes*.
6. "Nuestro Concepto y Definición de Pensamiento Crítico". *Fundación para el Pensamiento Crítico*. n.d. https://www.criticalthinking.org/pages/our-concept-of-critical-thinking/411.
7. "Método Socrático". *Wikipedia*. Última edición el June 26, 2019. https://en.wikipedia.org/wiki/Socratic_method.

13. Personalizar El Proceso

1. Hablo en detalle sobre nuestro papel como personas que formalmente hacen discípulos en la siguiente sección, "Comprende Tu Papel."
2. Basado en Juan 5:17; 19–20.
3. Este método se trata en detalle en el capítulo "Lanza Tu Grupo de Discipulado."
4. La evaluación formal es diferente para cada fase del discipulado. Puede encontrar detalles en esos capítulos.

5. Este principio no sólo es útil sino obligatorio para el discipulado sostenible que se lleva a cabo individualmente. Confía en nosotros. Historial de confianza.
6. 2 Samuel 11:2.
7. Tito 2:2–3.

14. Comprende Tu Papel

1. Russ, Eric. Biblical Basis for Discipleship. *Discipleship Defined.* s.f. http://www.discipleshipdefined.com/resources/biblical-basis-discipleship.
2. "Las Leyes del Shabat." *Chabad-Lubavitch Media Center.* n.d. https://www.chabad.org/library/article_cdo/aid/95907/jewish/The-Shabbat-Laws.htm.
3. Una vez más, Phil Brown con RIBBI México nos ayudó a poner lenguaje a estos desafíos que experimentamos una y otra vez. No puedo contar todas las veces que Phil me ha defendido o me ha alentado diciendo: "¿Lo ves? ¡El dinero, la familia y el orgullo descarrilan el discipulado otra vez!" Phil es un genio hacedor de discípulos.
4. Dever, Marcos. *Discipulado: Cómo Ayudar a Otros a Seguir a Jesús.* Página 91. Wheaton: Crossway Books, 2016.
5. Segal, Marshall. "Haciendo Discípulos: El Ministerio Transformador del Por Qué - Make Disciples: The Life-Changing Ministry of Why." *Deseando a Dios.* 21 de septiembre de 2016. https://www.desiringgod.org/articles/make-disciples.
6. Rara vez, o nunca, hacer co-liderazgo. Es confuso para los que siguen. Si debe codirigir para entrenar o debido a horarios, haga que un líder sea el líder y el otro líder el ayudante que en algunas ocasiones habla cuando el líder está presente. Los grupos codirigidos son peligrosos. ¿Dije algunas ocasiones?
7. Thackeray Ritchie, Anne. *Mrs. Dymond.* Página 342. Londres: Smith, Elder; 1885. Esta cita a menudo se ha atribuido a un proverbio chino, italiano y otros, pero esta es la primera aparición en la literatura escrita.

15. Lanza Tu Grupo De Discipulado-Uno

1. Laurie, Greg. Los Requerimientos del Discipulado. *Harvest Ministries.* n.d. https://harvest.org/know-god-article/the-requirements-of-discipleship/.
2. Romanos 7.
3. Véanse las secciones "Reclutar" y "Evaluar" de este capítulo.
4. El diezmo es uno de los "Inicio Rápido e Inteligente".
5. El Estado del Discipulado por Barna Group, © 2015 Los navegantes
6. Smietana, Bob. "LifeWay Research: A Los Estadounidenses Les Gusta la Biblia, en Realidad No La Leen". *LifeWay Research.* 25 de Abril de 2017. https://lifewayresearch.com/2017/04/25/lifeway-research-americans-are-fond-of-the-bible-dont-really-read-it/.

7. Bill Sizemore me dio estas palabras mientras nos defendía para mantenernos enfocados centralmente en el evangelismo como una práctica saludable para todos los que siguen.
8. Dever, Marcos. *Discipulando: Cómo Ayudar a Otros a Seguir - Discipling: How to Help Others Follow Jesus.* Wheaton: Crossway Books, 2016.
9. Mateo 7:13–14.
10. Barna

16. Continúa Guiando A Los Discípulos En El Discipulado Dos

1. Juan 14:26.
2. 1 Timoteo 3:9.

17. Terminar Bien El Discipulado con El Discipulado Tres

1. Mantenemos esta biblioteca en línea.
2. Recuerda, es pecado saber lo que debes hacer y luego no hacerlo.
3. Pero si tienes dudas sobre si debes o no comer algo, estás pecando si sigues adelante y lo haces.Porque no estás siguiendo tus convicciones.

Made in the USA
Columbia, SC
13 April 2025